Berndt Anwander

UNTERIRDISCHES WIEN

Ein Führer in den Untergrund Wiens.
Die Katakomben, der Dritte Mann
und vieles mehr

Mit 160 Fotos von Thomas Reinagl

FALTER VERLAG

VORWORT
Vorwort *7*
Einleitung *9*
Zum Inhalt *12*

BETRACHTUNGEN
Unterirdisch zu einem neuen Vergangenheitsbewußtsein/ *Ortolf Harl* *14*
Unterwelt im Untergrund/*Harald Seyrl* *20*
Fremde unter Wien/*Brigitte Timmermann* *28*
Nach unten gehen/*Peter Menasse* *33*

RÖMER
Vindobona – *Römerfunde und Ausgrabungen in Wien* *39*
Römische Ruinen unter dem Hohen Markt *41*
Die römische Wasserleitung im 23. Bezirk *43*
Römerskelett in der Hypobank Tirol *47*

GRÜFTE
Grüfte, Katakomben und unterirdische Begräbnisstätten *53*
Die Katakomben unter St. Stephan *55*
Virgilkapelle *64*
Kaiser- oder Kapuzinergruft in der Kapuzinerkirche *66*
Michaelergruft *76*
Trinitariergruft *80*

KLÖSTER UND STIFTE
Klöster und Stifte *83*
Franziskanerkloster *84*
Schottenstift *88*
Heiligenkreuzerhof *92*

MIKWE – *Die Mikwe, das jüdische Kultbad* *97*

HOFBURG
Die Untergründe der Hofburg *101*
Der kaiserliche Eiskeller *105*
Theseustempel *106*
Das Gipsdepot im Keller des Leopoldinischen Traktes *108*
Nationalbibliothek *113*

SCHÖNBRUNN – *Der Neptunstollen in Schönbrunn* *123*

BELVEDERE – *Belvedere, der Schacht ins Unbekannte* *129*

NEUGEBÄUDE – *Schloß Neugebäude* 133

BEFESTIGUNGSANLAGEN – *Befestigungsanlagen, Bastionen und Kasematten* 137

SCHUTZRÄUME
- Schutzräume 147
- Schutzraum Yppenplatz und Esterhazypark 149
- Yppenplatz 149
- Esterhazybunker 151
- Schirachbunker 152
- Schutzraum Bundesamtsgebäude Radetzkystraße 154

THEATER
- Untergründe der Theater und Bühnen 163
- Burgtheater 165
- Staatsoper 170
- Ensemble Theater am Petersplatz 178
- Fledermaus 179

MUSEEN
- Museen, alte Depots und neue Tiefspeicher 185
- Kunsthistorisches Museum 187
- Naturhistorisches Museum 188
- Museum für angewandte Kunst, MAK 195
- Technisches Museum, TMW 198

PARLAMENT 203

LANDESGERICHT 209

WASSER, KANAL, FERNWÄRME
- Unterirdische Infrastruktur der Großstadt 213
- Die I. Wiener Hochquellwasserleitung 215
- Wasserspeicher Rosenhügel 219
- Ehemaliger Wasserbehälter auf der Schmelz 224
- Die Kanalisation 225
- Tatsachenbericht einer unautorisierten Kanalexpedition 233
- Heizbetriebe Wien, Fernheizwerk Spittelau 238

ALTES AKH 245

NEUES AKH 248

STADTHALLE 257

DONAUTURM *261*

VERKEHRSUNTERGRÜNDE *263*

NEUE NUTZUNGEN
Sektkeller, Bierbrauerei und „Gewandkeller" *257*
Sektkellerei Schlumberger *281*
Ottakringer Brauerei *286*
Echter Karmelitengeist im Karmeliterkloster *291*
Studio Motiva *294*
Grams & Co, Weingroßhandlung *296*
Emis *298*
Trachten Tostmann *300*
Centro Form *302*
Haas Korbstudio *303*
Der Kundentresor der Bank Austria *306*
Schießstand Waffen Seidler *309*

WEINKELLER
Kellerschänke und Weinkeller *311*
Esterhazykeller *319*
Augustinerkeller *321*
Zwölf-Apostel-Keller *322*
Melker Stiftskeller *325*
Thomaskeller *327*
St.-Urbani-Keller *329*
Wiener Rathauskeller *331*

SAGEN UND LEGENDEN *335*

ANMERKUNGEN *345*

LITERATURVERZEICHNIS *351*

Vorwort

Es sind schon acht. Ein Ende ist nicht abzusehen. Eine Reihe reiht sich fort. Wien, das Wiener Umland, schließlich ganz Österreich für eine ganz besondere Art des Kulturkonsums zu erschließen ist ihre Absicht. Kultur nicht nur als bauliche Sehenswürdigkeit, geschichtliches Monument oder landschaftliche Schönheit zu sehen, sondern sie auch im Verborgenen, Abseitigen, im Alltäglichen und Unscheinbaren aufzuspüren ist ihr Anliegen. Fundstücke zu präsentieren, Zugänge zu öffnen, Einsichten zu ermöglichen ist ihre Aufgabe.

Die Rede ist natürlich von den Kulturführern des Falter Verlags, deren achter Band Ihnen nun den Wiener Untergrund erschließt. Diente „Wien von allen Seiten" als Werbeslogan für diese Reihe (was er könnte, aber nicht tut), dürfte die Unteransicht der Stadt ohnehin nicht fehlen. Und wären Erforschung sowie Widerlegung sämtlicher Wiener Klischees durch deren genaue Inspektion unsere Anliegen (was sie nur teilweise sind), möchte man Keller, Grüfte und Moderdüfte sowieso nicht missen.

Uns geht es um weit weniger, was bekanntlich ein bisserl mehr sein darf. Uns genügt es, wenn ein Führer wie dieser Einheimischen wie Fremden die Stadt aus immer neuen, unverhofften Perspektiven zeigt. In jahrelangen Recherchen ist es Autor Berndt Anwander und Fotograf Thomas Reinagl gelungen, ein Bild der Unterstadt Wiens aufzuzeichnen, das ein für die meisten völlig unvertrautes, dafür umso spannenderes Wien-Bild entwirft.

In diesem Sinne öffnen wir Kanaldeckel und Kellertür und wünschen Spaß beim Lesen. Für Anregungen, Ergänzungen und Kritik sind wir, wie immer, dankbar.

Der Verlag

Unterirdisches Wien

So vielschichtig und unterschiedlich wie die Geschichte einer Stadt ist auch der Boden, auf dem sie steht. Ein Querschnitt durch ihren „Untergrund" gibt weit mehr als die geologischen Verhältnisse und Bodenbeschaffenheiten preis, er gibt wie die Jahresringe eines Baumes Auskunft über die Geschichte, ruhige und stürmische Zeiten, Zeiten der Gefahr, des Aufschwunges und der Expansion einer Stadt.

Handelt es sich dabei um den „Untergrund“ Wiens, kommt zur Geschichte auch noch ein wichtiges Klischee hinzu: das Labyrinth der Wiener Seele, der angebliche Hang zum mehr oder weniger fröhlichen Untergang und die vielzitierte Todessehnsucht. Allesamt Wesenszüge, die auch häufig mit „Untergrund“ und „unter der Erd’“ gleichgesetzt werden. Spricht man von Wien und dem Wiener Untergrund, dann führt natürlich kein Weg an den Katakomben und Grüften, der Kanalisation und Carol Reeds „Drittem Mann“ vorbei.

Unter Wien verbirgt sich aber noch viel mehr, Bekanntes wie Unbekanntes, von sagenhaften Flucht- und Verbindungsgängen über sehr reale Weinkeller, Luftschutzbunker, historische Befestigungsanlagen, Produktions- und Lagerstätten, Museumsspeicher, Theaterkeller und Kellertheater bis hin zur modernen großstädtischen Infrastruktur und den privaten Hauskellern, bedeutende und weniger bedeutende Orte, Einrichtungen und Nutzungen, Geschichte und Gegenwart.

Der Untergrund der Stadt präsentiert sich je nach Perspektive und Phantasie – ob in einer modernen unterirdischen Klimazentrale oder einem mittelalterlichen Gewölbe – auf die verschiedensten Arten: Einmal kann das unterirdische Wien durchaus mit einem sich durch den Boden der Stadt schlängelnden, da und dort ans Tageslicht dringenden und wieder verschwindenden geheimnisvollen organischen Wesen verglichen werden, das unter der Erde eine eigenartige und rätselhafte Existenz führt und nur selten daran denkt, einen von uns zu verschlingen.

Ein andermal präsentiert sich der Untergrund der Stadt als mächtiges „Fundament“ und geschichtsträchtiger „Keller“ eines großen Hauses, in dem Historisches neben Modernem liegt, alte Räume leer stehen, andere mit neuen Inhalten gefüllt werden, Verbindungen ermöglichen und die notwendigen technischen Einrichtungen beherbergen. Oder der Untergrund wird eben als das gesehen, was er ist: die jahrhundertealte Geschichte der Stadt, zum Teil bekannt, zum Teil unbekannt, neu adaptiert oder in der historischen Form erhalten, mit Legenden und Sagen behaftet und geprägt von allen geschichtlichen Epochen, die bis in die Gegenwart ihre Spuren hinterlassen haben.

So unterschiedlich wie die Bilder des „Untergrundes“ sind auch die Vorstellungen über die „unterirdische Welt“. Nur wenige Orte verleiten wie der „Untergrund“, das „Unterirdische“ zu so vielfältigen Spekulationen und Mutmaßungen und sind so mit Sehnsüchten, Wünschen und Urängsten besetzt, selten gedeiht die Lust am Geheimnisvollen, Irrationalen und Phantastischen so sehr wie unter der Erde. Was kann man „da unten“ wohl erwarten? Vielleicht ein Phantom der Oper oder ein Rudel tollwütiger Ratten und Schlangen wie Indiana Jones, den weißblonden Saxophonisten aus dem Film „Subway“, neue Perspektiven und unheimliche Begebenheiten, lichtscheues Gesindel, Orte dunkler Mächte, schwarzer Messen, wilder Orgien und ungesühnter Verbrechen, Wege ins unergründliche Tier der Stadt, ein wenig Klarheit in der immerwährenden Dunkelheit, einen dampfenden Riesenwurm, Flattertiere und Albinoechsen, stumme Singvögel oder gar einen See voll blinder Fische, wie es die Sage prophezeit?

Oder ganz einfach einen Blick hinunter in die unsichtbare Infrastruktur, zu Telekabeln, Wasserleitungen, Tiefgaragen, Geldspeichern, Großküchen, Heizzentralen, Kanalrohren, U-Bahn-Stationen und Schutzräumen?

Alles zusammen wichtige und interessante Fragen und gute und gewichtige Gründe, den Untergrund der Stadt genauer zu erforschen, bekannte und unbekannte Orte zu besuchen und kennenzulernen.

„Das unterirdische Wien“ ist ein Reiseführer zu wirklichen und unwirklichen, zugänglichen und unzugänglichen Orten im Wiener Untergrund und der Versuch, alte Legenden zu widerlegen und neue aufleben zu lassen und vielleicht einige Antworten auf nie gestellte Fragen zu finden.

Zum Inhalt

Die Erfahrungen bei den Recherchen zu diesem Buch haben gezeigt, daß, wer zumindest zwei verschiedene „Untergründe“ Wiens ungefähr in Ausmaß, Größe, Nutzung und der dazugehörigen Geschichte kennt, ein(e) anerkannte(r) Fachfrau(mann) in Sachen Wiener Unterwelt ist.

Gerüchte und Legenden, deren Richtigkeit und Echtheit meist auch noch mit Schwüren wie: „Tatsache!“ oder „Echt wahr!“ unterlegt und verstärkt werden, bestimmen das Wissen und die Vermutungen um die unterirdischen Orte und Einrichtungen Wiens.

Es soll mit dem „Unterirdischen Wien“ aber durchaus auch ein Beitrag zum Weiterspekulieren und Rätselraten geboten werden, vielleicht aber mit anderen Voraussetzungen und Informationen.

Beschrieben und angeführt sind natürlich bei weitem nicht alle unterirdischen Orte und Einrichtungen Wiens. Zum einen, um dem Leser die Freude an eigenen Entdeckungen und Geheimtips (Motto: „Das Wichtigste haben sie natürlich vergessen“) zu erhalten, und zum anderen aus rein pragmatischen Überlegungen: In einer Stadt, die bereits um 1444 nach einer Beschreibung Enea Silvio Piccolominis (dem späteren Papst Pius II.) unter der Erde gut ebenso groß war wie darüber, alle unterirdischen Orte aufzählen zu wollen wäre ein Ding der Unmöglichkeit.

Vielmehr sind die wichtigsten, bekanntesten und interessantesten Untergründe der Stadt nach Kategorien systematisch gegliedert, dargestellt und beschrieben, mit Fotos illustriert und, wo dies möglich und sinnvoll ist, die Geschichte und Geschichten, die infrastrukturelle Bedeutung und technische Notwendigkeit skizziert.

Wo ein Besuch der beschriebenen Orte möglich ist, werden Öffnungszeiten oder dgl. angegeben.

Mit Ausnahme einiger weniger „Untergründe“, die selbst nach monatelanger Recherche verschlossen oder unauffindbar blieben, wie zum Beispiel der Speicher der Nationalbank, der kaiserliche Eiskeller in der Hofburg und die sagenhaften Flucht- und Verbindungsgänge, vor allem jener zwischen der Hofburg und dem Schloß Schönbrunn, wurden alle Orte und Einrichtungen tatsächlich und (unter)gründlich besucht und aufgenommen.

Als Einstieg zum unterirdischen Thema geben einige „Betrachtungen" verschiedene Positionen zum Wiener Untergrund wieder.

Anschließend daran folgt der umfangreiche Beschreibungsteil mit circa 160 Fotos sowie als Schlußkapitel eine kurze Zusammenfassung der wichtigsten Wiener Sagen, Legenden, Gerüchte und der bekannten und „unbekannten" Verbindungsgänge und Fluchtwege.

Unbekanntes unterirdisches AKH

Unterirdisch zu einem neuen Vergangenheitsbewußtsein

Der Wiener mit seinem Sinn für morbide Sentimentalität denkt bei der Frage, was denn das unterirdische Wien eigentlich sei, sofort an den Kultfilm „Der dritte Mann", an die Kaisergruft oder an den Zentralfriedhof. Kultur kam in dieser Vorstellungswelt bis dato nicht vor. Dies hat sich in letzter Zeit etwas geändert. Denn als mitten auf dem Michaelerplatz ein kreisrundes Loch mit einem Gewirr uralter Mauern aus dem Pflaster ausgespart wurde, dämmerte den kulturell sensibleren Stadtbewohnern, daß Wien doch mehr sein muß als ein exportfähiges Gemenge aus staubigen Habsburgern, Opernball und Heurigenromantik. Dieses Fenster steht in einem spannungsgeladenen Kontrast zur Fassade der Hofburg und führt in ein fremdes, faszinierendes Wien. Zugleich appelliert es an Gefühle, die wir unter der klinisch sauberen Oberfläche unseres Lebensstils verbergen. Wir werden mit der Nase darauf gestoßen, daß wir in einer langen Reihe von Generationen stehen, die an derselben Stelle gelebt, die gleichen Nöte zu bewältigen und die gleichen Herausforderungen zu bestehen hatten. Mit anderen Worten: Das Loch im Michaelerplatz führt an unsere Wurzeln. Vielleicht war es gerade deshalb so umstritten. Doch liegt der beste Beweis für die Richtigkeit seiner Botschaft gerade in der Tatsache, daß seine Ablehnung mit dem Bildungsgrad der Kritiker steigt: Denn jene einfache Wahrheit, die der Boden vermittelt, wollen die urbanen Asphaltläufer nach Möglichkeit verdrängen.

Wien – das klassische Einwanderungsland

Ihren unverwechselbaren Charakter bezieht diese Stadt aus mehreren Wurzeln. Da ist zum einen die einzigartige Lage Wiens im Herzen von Europa: Wer Europa je von West nach Ost (und umgekehrt) sowie von Nord nach Süd (und umgekehrt) durchqueren mußte, hatte fast zwangsläufig seinen Weg über Wien zu nehmen. Denn wie das Donautal den europäischen Ost-West-Verkehr kanalisiert, so lassen die Alpen eine wintersichere Nord-Süd-Verbindung nur an ihrem östlichen Ende zu. Beide Routen kreuzen sich im Wiener Becken, sodaß eine Siedlung von europäischem Zuschnitt allein schon aufgrund der geographischen Lage nicht in Regensburg, Komárom oder gar Grammatneusiedl entstehen konnte. Zur einzigartigen Verkehrslage gesellt sich ein ausgesprochen günstiger Lebensraum: hochwassersichere Terrassen für die Siedlung, fruchtbare Lößböden für die Landwirtschaft, sonnenbe-

schienene Hänge für den Weinbau, Flüsse mit reichen Fischbeständen und Wälder mit Holz für den Hausbau und mit vielerlei Wild für die höfischen Jagdgesellschaften. Wen wundert es, daß unter diesen Voraussetzungen gerade das Wiener Gebiet durch die Jahrtausende hindurch ein klassisches Einwanderungsland war. Der Zuzug begann, soweit wir das feststellen können, als sich im sechsten Jahrtausend vor Christus die jungsteinzeitliche Bauernkultur vom Balkan donauaufwärts bis nach Niederösterreich und Wien ausbreitete. Die Siedlungen dieser Kulturperiode sind in erster Linie auf den Randhöhen des Wienerwaldes zu finden. Die nächste große Zuwanderung folgte im 13. Jh. v. Chr., als Völker aus dem nördlichen Mitteleuropa nach Süden vorstießen, in Griechenland die sogenannte dorische Wanderung und in Ägypten den Seevölkersturm auslösten. Diese Völker zogen nicht nur durch das Wiener Becken, sondern sie blieben auch zum Teil hier hängen. Es ist die Welt des aufkommenden Adels, der sich erstmals in der europäischen Geschichte Burgen errichtete. Im Wiener Becken wurde der Leopoldsberg, der sich zum Burgenbau geradezu aufdrängt, für eintausend Jahre zur wichtigsten Höhenfestung. Gegen Ende des letzten Jahrtausends vor Christus kamen die Kelten ins Land und wurden um die Zeitenwende von den Römern überlagert. Diese brachten die Hochkultur des Mittelmeerraumes ins Land, das sie nach absolut modern anmutenden Gesichtspunkten ausbauten und durch ein Siedlungs-, Festungs- und Straßensystem bis auf den heutigen Tag prägen. Nach vier Jahrhunderten kultureller Hochblüte versank das römische Wien im Strudel der Völkerwanderungszeit: Zuerst kamen die Germanen, dann die Hunnen, dann wieder Germanen, denen folgten im Jahre 568 die Awaren, ein asiatisches Steppenvolk, das um 800 von Karl dem Großen besiegt wurde und den sich schnell ausbreitenden Slawen weichen mußte. Danach kamen Deutsche, dann Ungarn, und erst als um 1000 wiederum Deutsche vordrangen, entschied sich das Schicksal: Bis auf den heutigen Tag ist Wien eine deutsche Stadt geblieben. Daran konnten in weiterer Folge weder Ungarn, Türken, Kuruzzen, Franzosen oder Russen, die alle mit der Waffe in der Hand nach Wien kamen, etwas ändern, noch die stillen Zuwanderer aus allen Teilen der Habsburgermonarchie.

Archäologie als Prüfstein für wienerisches Selbstbewußtsein

Wozu, bitte schön, werden in einem Artikel über das unterirdische Wien die vielen Fremdvölker, die sich an Wien versuchten, so penibel aufgelistet? Die Antwort ist einfach: Wien war immer polyethnisch und multikulturell. Alle, die hier durchzogen, und alle, die sich hier niederließen, haben ihr Erbe weitergegeben, genetisch wie materiell. Genetisch sind wir Wiener die kühnste Mischung, die man sich vorstellen kann, und dazu leben wir auf einem Berg von jahrtausendealtem Kulturgut. Neben dem genetischen ist es das materielle Erbe, das den Untergrund der Stadt so interessant macht, daß man meint, es stehen einander zwei verschiedene Städte gegenüber: die vom täglichen Umgang her gewohnte „Gebrauchsstadt“, die sich über ihrem Gegenstück, der „Herkunftsstadt“, erhebt. Dazwischen befindet sich Asphalt, der nicht nur der Gebrauchsstadt eine pflegeleichte Oberfläche verleiht, sondern auch die beiden städtischen Erlebnissphären scharf voneinander trennt.

Die Herkunftsstadt ist unsichtbar und, wenn gelegentlich Teile von ihr ausgegraben werden, a priori unscheinbar. Sie besteht aus gut gefügten oder schmächtigen Mauern, aus Gruben der verschiedensten Art, von den Aborten bis zu den Pfostengruben der Holzhäuser, aus Brand- und Körpergräbern mit einfacher oder reicher Ausstattung und Abertausenden von Einzelfunden aus allen Kulturperioden. Natürlich sind es nur in seltenen Fällen spektakuläre Objekte, die im Boden die Epochen überstanden haben. Es sind vorwiegend Gegenstände des täglichen Gebrauchs, die durch sich und durch ihren Fundzusammenhang direkt zu uns sprechen.

Sie verstummen dagegen, wenn sie von ihrem Fundort getrennt und im Museum in gläserne Käfige gesperrt werden.

Mögen auch Mykene oder Tarquinia, Athen oder Rom, Ravenna oder Aachen mit weitaus spektakuläreren Funden aufwarten, so ist doch kaum eine anderen Region in Europa in der Vielfalt des archäologischen Erbes mit Wien vergleichbar. Aber nicht so sehr Wien ist anders, wie ein Slogan weismachen will, sondern die Wiener sind anders. Denn stets haben sie einen großen Scheffel zur Hand, um das eigene Licht darunterzustellen, will sagen, stets schielen sie anderswohin, in der Meinung, dort sei alles besser. Wie oft höre ich bei Verhandlungen, daß sich diese oder jene Ausgrabung in Wien nicht lohne. Denn wenn man etwas dergleichen sehen wolle, könne man ja getrost anderswohin fahren, wo das auf jeden Fall schöner und eindrucksvoller sei. In Wien will man eben nicht wahrhaben, daß neben der von der Werbung gepflegten Bilderbuchvergangenheit noch eine andere Vergangenheit existiert, die unter der offiziell anerkannten Oberfläche zum Vorschein kommen könnte. Diese Art von Vergangenheit spricht nicht so sehr den Intellekt als vielmehr das Gefühl an. Von dieser geht die Gefahr aus, daß der abstrakte Begriff der „Herkunftsstadt" vom Hirn ins Herz rutscht und sich dort unversehens zu „Heimat" wandelt. Heimat, das wissen wir alle, ist ein geächtetes Wort, weil politisch mißbraucht. Weil wir uns aber als Musterschüler der Geschichte beweisen wollen, haben wir nicht nur das Wort, sondern auch seinen Inhalt eliminiert. Deshalb soll alles, was in Richtung „Heimat" geht, möglichst nicht vorkommen. Von daher wird eine am Rande des Lebensstromes liegende Sache wie die Stadtarchäologie plötzlich zum Gradmesser des Selbstbewußtseins: Ausgrabung geht nicht nur in die Tiefe der Erde, sondern auch in die Tiefe der eigenen Vergangenheit und ist ein Prozeß der Auseinandersetzung mit der eigenen Herkunft.

Im Jahre 1992 wurden einige Mauern aus der Vergangenheit Wiens, die in der Mitte des Michaelerplatzes freigelegt worden waren, von einem der führenden Architekten zu einer Freilichtanlage ausgestaltet. Dies war kein Fehdehandschuh eines Kulturkampfes, der der

Die Ausgrabungen am Michaelerplatz

Hofburgfassade ins kalt-protzige Angesicht geschleudert wurde. Es war vielmehr der Ausdruck eines neuen Selbstbewußtseins, eines Selbstbewußtseins, das nicht jeden Überrest der Vergangenheit danach beurteilt, wie einzigartig oder spektakulär er ist und ob er einem vermeintlichen internationalen Standard entspricht, sondern das ihn so akzeptiert, wie er ist. Wahrscheinlich wird das spannungsgeladene Geschichtsfenster am Michaelerplatz gerade deshalb von den Bildungsbürgern so vehement abgelehnt, weil es ihren mühevoll aufgebauten Internationalismus relativiert. ***Ortolf Harl***

Unterwelt im Untergrund

Als im Jahre 1870 bei Hartleben der Roman „Die Katakomben von Wien" erschien – ein mehrbändiges, etwas triviales Werk von einem Autor namens Arthur Storch –, wurden die Wiener an einen Umstand erinnert, der eigentlich zum Selbstverständnis dieser Stadt gehörte und nun neue, romantisch-geheimnisvolle Dimensionen annahm – das unterirdische Wien, die Stadt unter der Stadt. Die unterirdischen Begräbnisstätten in der Inneren Stadt, vorrangig im Bereich des Domes zu St. Stephan gelegen und in Anlehnung an die Fluchtstätten verfolgter Christen im antiken Rom als „Katakomben" bezeichnet, waren den meisten Bewohnern der oft noch mittelalterlichen Häuser bekannt, war doch von vielen der mehrstöckigen Keller unter den Wohnhäusern ein direkter Zugang zu den Begräbnisstätten aus Türkennot und Pest möglich. Als aber Arthur Storch seine Schilderung der unterirdischen Anlagen mit der Geschichte einer Banknotenfälscherwerkstätte und eines geheimen Versammlungsraumes der verbotenen Freimaurer zwischen den Särgen und Skeletten der abgelebten Wiener verband, betrachtete man plötzlich das unterirdische Wien mit anderen Augen. Auch der in dem Roman angesiedelte Doppelmord an zwei Priestern war so recht nach dem Geschmack vieler Romantiker dieser Zeit. Noch aber bot das unterirdische Wien in jenen Jahren – wir sprechen von der Mitte des vorigen Jahrhunderts – wenig wirklich realen Bezug zum Untergrund menschlicher Existenzen, und man war mit seiner Phantasie an romanhafte Schilderungen oft zweifelhafter Autoren gebunden.

Dies sollte sich jedoch in nicht allzu ferner Zeit ändern. War die Begräbnisstätte unter den Straßen und Plätzen der Inneren Stadt noch eher räumlich beschränkt, erfuhr nun das unterirdische Wien durch die Errichtung des großstädtischen Kanalnetzes eine gewaltige Erweiterung.

Das Fallen der Stadtbefestigungsanlagen und die Verbauung des Glacis ließen Wien ab den sechziger Jahren immer mehr mit

Einzelne Exemplare:
Morgenblatt 8 Heller, Abendblatt 4 Heller.

Abonnementspreise:

Für Wien:
Morgen- und Abendblatt:
monatlich, zum Abholen im Expeditionslocale . . . . . Kronen 3.—
monatlich, zum Abholen in den k. k. Trafiken . . . . . „ 2.90
monatlich mit einmaliger Zustellung . . . . . „ 3.30
monatlich mit zweimaliger Zustellung . . . . . „ 3.50

Für die Provinz:
monatlich . . . . . Kronen 3.60
vierteljährlich . . . . . „ 10.80
Mit separater Zusendung des Abendblattes:
monatlich . . . . . Kronen 4.40
vierteljährlich . . . . . „ 12.80

Für Deutschland:
monatlich . . . . . Kronen 4.80
vierteljährlich . . . . . „ 14.40

Für die übrigen, dem Weltpostverein angehörigen Länder:
monatlich . . . . . Kronen 6.—
vierteljährlich . . . . . „ 18.—

Illustrirtes Wiener Extrablatt.

Das Morgenblatt erscheint täglich, auch Montag, das Abendblatt täglich mit Ausnahme der Sonn- und Feiertage.

Redaction und Druckerei:
(wohin alle Zuschriften zu richten sind)
IX., Berggasse 31.
Interurb. und Local-Telephon: Nr. 12080, 14252, 14253.

Administration, Expedition und Inseraten-Aufnahme:
I., Schulerstraße 16.
Telephon Nr. 778.

Inserate vom Auslande übernehmen für unser Blatt auch die Firmen A. Dannenberg, M. Dukes, Haasenstein & Vogler, Rudolf Mosse, A. Oppelik, H. Schalek in Wien, sowie alle Annoncen-Agenturen in den Hauptstädten Europas.

Manuscripte werden nicht zurückgestellt. — Unfrankirte Briefe werden nicht angenommen.

Nr. 332. Wien, Donnerstag, 4. December 1902. 31. Jahrgang.

Kalender für Alle:
[illegible]: Barbara.
Barbara.
Maria E.

Sehenswürdigkeiten:
Naturhistorisches Museum, von 10 bis 5 Uhr. — „Albertina," Kupferstich-Sammlung, I., Augustinerbastei von 9 bis 2 Uhr. (Feiertage ausgen.) — Heeresmuseum, Arsenal, von 10 bis 3 Uhr, an Feiertagen geschlossen. — Museum für Kunst und Industrie, Stubenring, von 9 bis 12 und 2 bis 4 Uhr. — Beethoven-Sammlung, I., Rathhaus. — Museum für österreichische Volkskunde, I., Börsengebäude, von 10 bis 4 Uhr. (Eintritt 60 H.) — Museum der Gesellschaft der Musikfreunde, I., Lothringerstraße 11, von 10 bis 12 Uhr. — Historisches Museum der Stadt Wien (Neues Rathhaus), von 9 bis 2 Uhr. — Technologisches Gewerbemuseum, IX., Währingerstraße Nr. 59, von 9 bis 12 Uhr und von 2 bis 4 Uhr. (Eintritt 20 H.) — Stephansthurm von 8 bis 5 Uhr. — Börse-Galerie, an Wochentagen von 1/2 1 bis 1/2 3 Uhr. (Karten beim Thorwart.)

Die Geheimnisse des unterirdischen Wien.

Eine Streifung in den Gewölben des eingedeckten Wienflusses.

(Der Text zu diesem Bilde befindet sich im Innern des Blattes.)

Die heutige Nummer ist 20 Seiten stark und enthält mehrere Bilder.

den ehemaligen Vorstädten und später auch Vororten verschmelzen, und der Mobilität der Bewohner war nun keine Grenze mehr gesetzt. Ein Umstand, der die Kriminalität erheblich verstärkte – sowohl ober- als auch unterhalb der Erde.

Am 2. April des Jahres 1894 berichteten die Wiener Tageszeitungen von einem Doppelmord in den Kellern des „Obersten Rechnungshofes“ – auch als „Staatsschuldenkassengebäude“ bezeichnet, in der Johannesgasse gelegen.

Zwei Heizer – Eduard Lechner und Franz Mayer – waren von ihrem Kollegen Johann Hahn durch Hiebe mit einer Axt in schrecklicher Weise ermordet worden. Die drei Männer waren seit Jahren beim Obersten Rechnungshof als Heizer und „Holzzerkleinerer“ beschäftigt, und ihre Arbeitsstätte lag in den labyrinthartigen Kellergewölben des Komplexes zwischen Johannes- und Annagasse. Eifersucht und abgrundtiefer Haß hatten den labilen Johann Hahn zum Mörder seines tüchtigeren und fleißigeren Kollegen und leiblichen Onkels Lechner und seines Mitarbeiters Mayer werden lassen. Hahn hatte – wie die zeitgenössische Presse ausführlich und geradezu genüßlich berichtete – die Hacke vor der Tat besonders scharf schleifen lassen.

Die Auffindung der Leichen der ermordeten Heizer wurde von den Pressezeichnern jener Tage in größter Dramatik dargestellt – das unterirdische Wien war, nicht nur im Roman, sondern auch in der Realität, zum Tatort geworden. Ab der Jahrhundertwende übte das Wiener Kanalnetz eine geradezu magische Anziehungskraft für all die Elemente der Großstadt aus, die das Tageslicht scheuten oder durch die Not dazu gezwungen wurden. So waren die unzähligen Stollen, Gänge und Kammern der geradezu ideale Unterschlupf für die in dieser Zeit bestehenden organisierten Einbrecherbanden, die man in Wien mit einem fast liebevoll-respektvollen Unterton „Platten“ nannte. Ein Pendant und eine Kopie der legendären „Apachen“ von Paris, deren kriminelles Raffinement und brutale Vorgangsweise glücklicherweise jedoch in Wien nicht erreicht wurden.

Die „Beer-Platte“, die „Kopetzky-Platte“ oder wie auch sonst die nach ihren Anführern genannten Banden hießen, hatten dank der „unterirdischen Stadt“ oft leichtes Spiel. Kaum war ein Einbruch von Erfolg gekrönt oder waren die verängstigten Gäste eines Lokals „abgestaubt“, verschwanden die Täter noch vor dem Eintreffen der Polizei, da ja der nächste Einstieg in das Kanalnetz meist nahe war. Die einfachen Schlüssel zu den Einstiegen der Sammelkanäle hatte man sich in einschlägigen Kreisen ja bald angefertigt oder auch angeeignet, und die Lokalkenntnis im unterirdischen Gewirr war gewissermaßen Voraussetzung bei der Ausübung dieses „Gewerbes“.

Willfährige und meist zutiefst verängstigte Helfer der „Platten“ bei Flucht vor der Polizei oder beim Verstecken der Beute waren aber meist Menschen, die auch in den Untergrund der Stadt – in das Kanalnetz – abgesunken waren: Obdachlose, durch das Schicksal aus der Bahn geworfene und durch mangelnde soziale Vorsorge und oft auch eigene Schwäche nicht mehr im normalen Leben verankert, hatten meist als einzigen Unterschlupf die Tiefe der Kanäle.

Den kriminellen Elementen im Wiener Untergrund diente das Kanalnetz der Stadt jedoch nicht nur als willkommene Fluchtstätte – es war auch Ausgangspunkt für manch gewagte Aktion. Begehbare Hauskanäle, in die Sammelkanäle einmündend, erlaubten es manch verwegenem Einbrecher, direkt in die Keller oder unter die Innenhöfe der angestrebten Objekte zu gelangen, und durch das Heben eines Kanaldeckels war man oftmals bereits am Ziel seiner Wünsche. Auch das Durchbrechen des oft sehr alten Mauerwerkes führte manchmal zum Ziel, d.h. in den Fußboden eines Goldschmiedeladens oder einer kleinen Wechselstube – Rififi auf wienerisch. Erst durch das Abmauern und Verrohren vieler Hauskanäle konnte dieses so erfolgreiche Betätigungsfeld der Wiener Unterwelt weitestgehend eingedämmt werden.

Als im Jahre 1908 in Wien das Buch „Durch die Wiener Quartiere des Elends und Verbrechens“ von Emil Kläger erschien,

13. Jänner 1906. Illustrierte Kronen-Zeitung. Nr. 2167. Seite 7.

Die Wohnung im Sammelkanal.

Der Polizei kam vor einigen Tagen die Meldung zu, daß sich im Sammelkanale in der Karl Waldergasse in Rudolfsheim eine mehrköpfige Gesellschaft aufhalte, sich dort häuslich eingerichtet habe und auch dort zu übernachten pflege. Auf Grund dieser Mitteilung nahmen Polizei-Agenten und Wachmänner eine Durchsuchung des Sammelkanales vor und es wurden wirklich vier Burschen angetroffen und verhaftet.

wurde die breite Öffentlichkeit erstmals auf die erschreckenden Zustände im unterirdischen Wien aufmerksam gemacht. „Ein Wanderbuch aus dem Jenseits“, wie der Untertitel des Werkes lautete, wurde vom Autor als Anklage gegen die Mißstände der Zeit gesehen und vom Leser auch so verstanden. Erschreckendes Bildmaterial begleitete die aufrüttelnde Sozialkritik.

Ungefähr zur gleichen Zeit erschien in Wien ein Sammelwerk mit der Bezeichnung „Wiener Leben“, in dem Einzelstudien mit dem Titel „Großstadt-Dokumente“ vereinigt waren. Bedeutende Namen wie Felix Salten, Alfred Deutsch-German oder Emil Bader

Der Doppelmord in den Kellern des k. k. Staatsschuldenkassen-Gebäudes in Wien.
Die Auffindung der Opfer.

zählten zu den Autoren des Sammelwerkes. Auch Max Winter, engagierter Sozialdemokrat seiner Zeit, verfaßte einen Beitrag, der ebenso wie das Werk Klägers die Öffentlichkeit aufrüttelte und den er „Im Unterirdischen Wien" nannte.

Der Beginn des Ersten Weltkrieges mit seiner gewaltigen Not und die Jahre des Elends in der Ersten Republik trugen natürlich nicht dazu bei, daß sich das Schicksal der Menschen im unterirdischen Wien wesentlich änderte. Wie immer in Zeiten, in denen der Hunger regierte, fand auch das Kanalnetz stärkeren und neuen Zuspruch, und die steigende Kriminalität blieb auch auf das Wien unter der Erde nicht ohne Auswirkung.

Besonders ein Fall dieser Jahre, die Tat des Kanalräumers Josef Wrbik, ließ das unterirdische Wien der Bevölkerung noch unheimlicher erscheinen, als dies ohnehin bereits der Fall war. Längst betrachtete man die „Stadt unter der Stadt" nicht mehr wie in der Mitte des 19. Jahrhunderts mit den Augen des Romantikers, die Werke von Max Winter und Emil Kläger hatten die Tiefen der Stadt endgültig entzaubert.

Josef Wrbik hatte am 6. März 1931 eine Frau zu sich in die Kanalräumerstube im Amtshaus des dritten Wiener Gemeindebezirks in der Sechskrügelgasse gelockt und ermordet. Im Keller, der den Zugang zum Kanalnetz einleitete, verbarg der Täter den Rumpf der zerstückelten Leiche seines Opfers. Wieder einmal war der Wiener Untergrund Schauplatz eines Verbrechens geworden.

Aber auch die Entdeckung von Kriminalfällen stand und steht oftmals in Zusammenhang mit dem unterirdischen Wien. Und hier waren es oft die Allerärmsten unter den Armen – die „Fettfischer", wie man sie nannte –, die zu Helfern der Polizei wurden.

Diese „Fettfischer" oder auch „Knochenfischer" zählten zu jenem Strandgut menschlicher Existenzen, mit denen auch der „normale" Obdachlose oder „Sandler", wie man diese Menschen in Wien bezeichnet, nichts gemein hatte. Während sich andere nächtliche Bewohner des Kanalnetzes meist untertags als Bettler auf den Straßen der Stadt befanden und erst zu nächtlicher Stunde in den

Untergrund abstiegen, hielten sich die Fettfischer ganztägig in den dunklen Gewölben der Kanäle auf. Sie hatten sich bei den Einmündungen zu den Sammelkanälen meist sogenannte „Fettfallen“ aus Netzen und Gittern errichtet, von wo sie das angeschwemmte Fett, aber auch Knochen abschöpften, um es für wenige Kreuzer, Heller oder Groschen an die Seifensieder zu verkaufen.

Immer wieder verfingen sich in diesen Fangvorrichtungen auch tierische, aber auch menschliche Körper oder Organe. Es kam vor, daß Fettfischer – meist nicht ohne Grund – den Kontakt mit der Polizei mieden und Entdeckungen dieser Art verschwiegen. Manchmal jedoch, so wie an jenem 10. April 1932, war das anders:

Den Fettfischern Johann Böhm, Josef Ovzenijek und Johann Wazlawik war eine große Anzahl – insgesamt 280 Stück – von Fleisch- und Fettstücken in die Netze gegangen. Eindeutig menschliche Körpermerkmale ließen die Identität des Schwemmgutes deutlich erkennen. Den verständigten Organen des Sicherheitsbureaus gelang es wenig später, aufgrund der genauen Angaben der Fettfischer den Tatort eines Frauenmordes zu lokalisieren und den Fall zu klären. Marie Walter, eine Büglerin, war das Opfer eines Mörders geworden, der wenig später in der Person des Hilfsarbeiters Franz Gruber verhaftet werden konnte. Ein Kriminalfall mehr, der mit dem unterirdischen Wien und seinen Bewohnern untrennbar verbunden ist.

Bis in die Tage der frühen Zweiten Republik hinein waren die Wiener Kanäle „Quartiere des Elends und Verbrechens“, wie sie Emil Kläger in seinem Buch bezeichnet. Dann jedoch zog auch unter der Erde langsam die neue Zeit ein. Ein dichtes soziales Netz und die ständige Präsenz der Polizei und ihrer streifenden „Kanalzüge“ ließen manch gestrandeter Existenz den Abstieg in den Untergrund weder notwendig noch zielführend erscheinen.

Geblieben sind jedoch Geschichten und Erinnerungen an das Wien und seine Bewohner im Untergrund – eine „Unterwelt“ im wahrsten Sinne der doppelten Bedeutung .

Harald Seyrl

Fremde unter Wien

Zur Stadtführung „Unbekanntes unterirdisches Wien" findet sich eine erstaunlich große Gruppe von Wienern und Touristen beim Treffpunkt vor der Michaelerkirche ein. Es ist eine buntzusammengewürfelte Mischung, einige ältere Herrschaften sind darunter, auch zahlreiche Kinder, ja sogar eine Handvoll deutscher Schüler. Alle haben sie eines gemeinsam: Sie wollen sich auf Spurensuche in die unterirdischen Gefilde der Stadt begeben – was auch immer das sein möge. Ausgrabungen, Grüfte, Keller, geheime Türkentunnel, die Wiener Kanalisation?

Keiner kann sich trotz der einleitenden Erklärung und Routenbeschreibung eine genaue Vorstellung machen, wo es hingehen wird. Aber es klingt nach Abenteuer, nach Unbekanntem, nach Rätselhaftem – der Entdeckungstrieb regt sich. Es ist auf jeden Fall etwas Ausgefallenes, etwas, was die Freunde vielleicht noch nicht kennen, nichts, das in die üblichen Klischees von Wien paßt. Schon die ersten erwartungsvollen Fragen lassen erahnen, daß die hoffnungsvollen Stadtspaziergänger ihrer Phantasie bereits freien Lauf gelassen haben: „Kann ich die Kinder auch mitnehmen, wird es ihnen nicht zu gruselig werden?" – „Mein Mann hat schon mit mir geschimpft, weil ich heute meinen schönsten Mantel angezogen habe, wird ihm doch eh nichts passieren?" – „Normale Straßenschuhe genügen doch, oder?" – „Wie weit kann man denn da durchgehen?" – „Da unten wird es doch wärmer sein, oder?" – „Zeigen Sie uns auch das Kanalnetz, Dritter Mann und so?" ... Also, die Erwartungen sind hoch, die Antworten im ersten Moment eigentlich enttäuschend. Ein Pärchen ist schon nahe daran kehrtzumachen: Na, wenn das so ist ...

Und da liegt ja auch der Hund begraben: Eine Wanderung durch das unterirdische Wien hätte man im Krieg oder in der Zeit unmittelbar danach machen müssen, da hätte man seine Lust nach schaurig-modrigen Gewölben und dem Pfeifen der Ratten noch recht leicht befriedigen können. Aber Luftschutzkeller, heulende

Sterndeckel Girardipark – Eingang in die Kanalisation

Sirenen, Brandbomben waren eigentlich das einzige, was man damals mit den Katakomben von Wien verband – und daß sie Tausenden von Menschen das Überleben ermöglicht haben. Heute sind diese Kellerschluchten größtenteils abgemauert und durch Tiefgaragen und U-Bahn-Bau verstümmelt oder gänzlich zerstört. Wir können heute nur mehr an einzelnen Stellen einen Blick in die Unterwelt werfen, die letzten zusammenhängenden Durchgänge, wenn überhaupt noch vorhanden, sind nur der Exekutive oder der Post zugänglich, für normal Sterbliche aber verbotenes Terrain.

Auch das Kanalnetz, durch das Harry Lime seinen Verfolgern zu entrinnen hoffte, entpuppt sich als Flop: Die Dreharbeiten für die berühmtesten Szenen des Thrillers beschränkten sich auf nicht mehr als rund 100 Quadratmeter Wienflußsammelkanal unter dem Karlsplatz und ein Stückchen eingewölbten Wienfluß! Aber wie wunderbar filmisch aufbereitet! Da hat Hollywood zugeschlagen. So geschickt ausgeleuchtet, so raffiniert aus den verschiedensten Winkeln heraus fotografiert, daß Generationen von Kinogehern in der ganzen Welt hinters Licht geführt worden sind und nach wie vor von kilometerlangen, rattenverseuchten Tunneln träumen, in der sich die Unterwelt ein Stelldichein gab. Natürlich gibt es viele Tausende Kilometer von Straßen- und Hauskanälen, die leider aber nur aus schmalen, kaum einen Meter hohen Röhren bestehen.

Also vorerst Enttäuschung – wenn sie nur wüßten, welche Schätze sich wirklich im Bauch von Wien verbergen! Daß man Tage brauchen würde, um alles zu entdecken, was uns der Lauf der Zeit noch erhalten hat. Die älteren Wiener, ja, die erinnern sich noch an die legendären „Katakomben", wie sie landläufig das Kellernetz unter ihrer Stadt bezeichnen, und daß es dort auch Führungen gegeben hat, z. B. in der Kattus-Sektkellerei unter dem Platz Am Hof. Manche erinnern sich auch noch an die Rampen, die in die unterirdischen Stallungen der Bürger- und Adelshäuser, aber auch der Hofburg geführt haben. Aber die jüngere Generation? Und die Fremden? Sie können sich kaum eine Vorstellung von der Welt unterhalb des Straßenniveaus machen, haben keine Ahnung von ihrer Ausdehnung oder ihrer einstigen oder heutigen Nutzung. Auch kommt es einem kaum in den Sinn, daß jenes unterirdische Wien einmal das tägliche Brot von Tausenden gewesen ist, von Schankwirten und Schankknechten, von Weinmessern, Bindern und Branntweinern oder von Handlangern, deren Aufgabe es war, mörderische Lasten in den ausgedehnten Warenlagern, Weinkellern und Salzgewölben zu verschieben und zu stapeln. Man weiß auch nichts von den Legionen von ausgezehrten

Kindern, die in den Werkstätten und Manufakturen unterhalb der Straßenläden und Gewerbebetriebe, dem Blick der Öffentlichkeit entzogen, unmenschlicher Ausbeutung ausgesetzt waren.

Grüfte, ja, da können sich die meisten schon Konkreteres vorstellen, wenn auch an erster Stelle der Assoziationen nur die kunstvoll gearbeiteten Prunksarkophage der Habsburger in der Kaisergruft stehen. „Die haben uns eigentlich enttäuscht", wirft einer der deutschen Schüler ein. „Wir haben uns das viel gruseliger, viel schauriger vorgestellt." Na, da kann man ja abhelfen: Wenn auch die Katakomben unter dem Stephansdom nur mehr fragmentarisch erhalten sind, geben die teilweise penibel gestapelten, teilweise wirr übereinandergehäuften Knochen und die Schädelberge doch einen ganz guten Einblick in den Charakter dieser ehemals weitläufigen unterirdischen Totenstadt. Auch die Michaelergruft vermittelt den im wörtlichen Sinn hautnahen Kontakt mit den Bestattungssitten des ausgehenden 18. Jahrhunderts. Schade, daß der größte Teil der Wiener Pfarrgrüfte wegen Einsturzgefahr unzugänglich ist, bis zur Unkenntlichkeit mit Schalbeton saniert oder durch Umbau seines ursprünglichen Zwecks beraubt worden ist.

Einen anderen Zutritt in die Wiener Unterwelt bieten die wenigen Weinkeller, die das große Kellersterben des 19. Jahrhunderts überlebt haben. Man kann sie an den Fingern zweier Hände abzählen: Esterhazy-, Melker-, Urbani- oder Zwölf-Apostel-Keller, um nur die bekanntesten zu nennen. Zaghaft versuchen einige Lokalbesitzer, ihren eigenen Kellergewölben wieder Leben einzuhauchen – mit viel Spürsinn für Altes und Romantisches, aber auch dem Beistand des Bundesdenkmalamtes. Begeistert betrachtet die Gruppe die sandgestrahlten Verstrebungen und Stichkappengewölbe, die Entlüftungsschächte und die in das mittelalterliche Mauerwerk integrierten Reste der römischen Stadtmauer. So also hat man sich das unterirdische Wien vorzustellen! Wenn dann auch noch ein schneller Blick in das zweite Untergeschoß gestattet wird, sehen sich die Wienentdecker am Ziel ihrer Wünsche angelangt. Ja, dieses Wien wollten sie sehen, das in keinem Baedecker und keinem Michelin beschrieben wird, sondern das sie selbst entdeckt haben! Und wieviel mehr sollte noch auf sie warten: das in einer unscheinbar kleinen unterirdischen Grabkammer versteckte pseudoromanische Mausoleum Herzog Heinrichs II. Jasomirgott, der Wien 1156 erstmals zur fürstlichen Residenzstadt erkor, Reste römischer Zivilisation, mit Kunsthandwerklichem belebte und für Modeschauen und Vernissagen adaptierte Privatkeller und die Reste des Stubentors, durch das Mozarts letzter Weg zum Friedhof von St. Marx führte und das an eine Zeit erinnert, als Wien noch Festungscharakter hatte. Nicht zu vergessen die 1905 von Adolf Loos entworfene und auf dem Graben installierte erste öffentliche Bedürfnisanstalt Wiens mit Wasserspülung und Patenturinoir, geschliffenen Glasscheiben und vergoldeten Wasserhähnen. Erst langsam wird klar, um welche Errungenschaften es sich hier handelt: Wurden doch bis zur Erfindung der englischen water closets und der allgemeinen Kanalisierung der Stadt nur wenige Jahre vorher die Fäkalien noch in Tonnen gesammelt und der Landwirtschaft des Marchfeldes als Dünger zugeführt!

„Das unbekannte unterirdische Wien“ ist daher mehr als eine normale Stadtführung, es ist sogar eine Einweihung in die intimsten Geheimnisse unserer Stadt, eine Nahaufnahme, ein staunendes Kennenlernen, der Eintritt in eine unbekannte und ungeahnte Welt.

Brigitte Timmermann

Nach unten gehen

Kommen Sie, lieber Freund, die jungen Leute wollen unter sich sein. Wir werden in den Keller gehen und eine gute Flasche Wein auswählen. Ich muß nur noch die Schlüssel nehmen, und Sie sollten Ihre Jacke überziehen, es ist ein wenig kalt dort unten. So, das letzte Stück müssen wir zu Fuß zurücklegen. Der alte Aufzug denkt gar nicht daran, in die Tiefe abzugleiten. Ein wenig kann ich ihn verstehen, wer wollte denn nicht hinaufschweben, dem Licht entgegen, wie ein Vogel zur Baumkrone. Mezzanin, Hochparterre, 1. Stock, hinauf bis zum Dachgeschoß, wo letzthin elegante Wohnungen entstanden sind. Stellen Sie sich jedoch vor, einer würde die Schilder in den Stockwerken entfernen, man könnte die feinen Etagen nicht mehr voneinander unterscheiden. Gut, das Licht mag ein wenig kontrastieren, hier ein protziges Namensschild, da eine verschlissene Türmatte. Aber seine Eigenart zeigt das Haus nur an seiner Wurzel, dem Keller. Sie meinen, das würde bei den neuen Häusern keinesfalls zutreffen. Aber eben da können Sie doch sehen, daß ich recht habe. Die Zweckbauten einer wesenlosen Zeit haben keine Fassade und keinen Charakter. Ihre Bauweise ist von der Dimension der Garagen bestimmt, da bleibt für die Kellerabteile gerade noch so viel, daß man vier Autopneus unterbringen kann. Alte Häuser hingegen sind eigen, wie die Menschen, die in ihnen wohnen. Sie haben Körper und Sinnlichkeit, und der Keller ist ihr Bauch.

Achtung auf den Kopf, die Tür ist etwas nieder. Kommen Sie, setzen wir uns hin, da, auf einen dieser Sessel. Vorsicht, sie sind schon ein wenig wackelig. Ihnen ist es ergangen wie allem Alten. Als sie ihren Dienst geleistet hatten, ging es nach unten. So ist das Schicksal der Dinge – und das der Menschen. Noch sind die Eigentümer sentimental und wollen nicht zum Müll tragen, was ihnen lange Freude bereitet hat, aber das Ende ist schon vorgezeichnet. Bald einmal wird einer sich die Ärmel aufkrempeln und Unnützes entfernen. Alte Dinge, alte Menschen.

In meiner Kindheit hat der Untergrund eine wichtige Rolle gespielt. Meine Mutter hat oft von den Bombenangriffen der deutschen Flieger auf London erzählt und wie sie jedes Mal voll Angst in die U-Bahn flüchtete. Tausende Menschen haben dort Schutz gesucht. Ausgerüstet mit warmer Kleidung, Decken und Pölstern saßen und lagen sie in den dunklen Tunnels und warteten die Entwarnung ab. Ich war sehr jung, als sie mir das berichtete, und sie noch voll von ihren Ängsten, und so haben sich ihre Gefühle und Gedanken auf mich übertragen, als hätte ich alles selbst erlebt. Ich bin lange in meinem Leben zusammengezuckt, wenn ich ein Flugzeug vorbeifliegen hörte, und die langen Röhren der U-Bahn waren mir ein häufiges Bild in unruhigen Nächten. Ja, sogar heute steige ich nicht gerne in ein Flugzeug ein, fürchte diese brüllenden Symbole einer stets flüchtigen Zeit.

Hier ist es völlig ruhig, nicht wahr, auch der Straßenlärm ist nicht zu hören. Sie wollen wissen, warum meine Mutter damals in London war. Meine ganze Familie ist dorthin geflüchtet, jedenfalls der Teil, der überlebt hat. Wissen Sie, wenn ich daran denke, was man aus dieser Geschichte hätte lernen können, stimmt es mich traurig, daß heute wieder so viele Menschen in Kellern zittern. Doch, entschuldigen Sie, ich wollte nicht trübsinnig werden. Dort links im Regal steht ein Burgunder, der wartet schon ein paar Jahre auf eine gute Gelegenheit. Ja, natürlich habe ich auch Gläser mitgebracht. Würden Sie die Flasche öffnen?

Der Keller meiner Kindheit war auch in einem solchen alten Haus. Zwei Stockwerke ging es nach unten, und dort hatten wir die Brennstoffe gelagert. Einmal in der Woche wurde ein Sack voll Kohle in die Wohnung getragen und unter lautem Getöse in eine große Holzkiste im Vorzimmer geleert. Wenn wir zuviel heizten, hieß es selbst hinuntersteigen, um Nachschub zu holen. Manchmal ging ich alleine und mußte meinen ganzen Mut zusammennehmen. Im ersten Stock unter der Erde schimmerte noch ein wenig das Licht der Parterrelampe und ließ die Rohre und Leitungen schemenhaft erkennen. Aber dann, im zweiten Keller, war es

stockdunkel, und nur der Schein der Taschenlampe übertrug mein Zittern auf den aus Lehm gestampften Boden. Ich habe dort immer sehr laut gepfiffen.

Unsere Nachbarin, Frau Janitschek, hatte solche Angst, Kohlen zu holen, daß sie sich ihre Katze unter den linken Arm klemmte und ihren Pudel unter den rechten. Dann nahm sie noch einen Kübel in jede Hand und wagte sich nach unten. Sie ist solcherart jedesmal heil und glücklich wieder in ihrer Wohnung angelangt, nur die Tiere wirkten deutlich befreit, wenn endlich das Frühjahr kam und ihre Qual beendete.

Nun, wie schmeckt Ihnen dieser Wein? Mir mundet er sehr, und ich sehe das Land vor mir, die sanften Hügeln des Burgund und seine freundlichen Menschen. Schenken Sie sich doch nach, wir öffnen später einfach noch eine Flasche.

Meine Kellererfahrung war mir sehr nützlich, als ich dann in die Schule kam. Eine der Mutproben, die einem viel Ehre unter den Buben einbrachte, bestand darin, unter scharfer Kontrolle der Mitschüler in ein altes Haus in unserer Gasse einzutreten, um wenige Minuten später und triumphierend aus dem Nebenhaus zu kommen. Dazu mußte man die Keller der beiden Häuser, die miteinander verbunden waren, durchqueren. Jedem, der das zum ersten Mal riskierte, wurde von den bereits Erprobten erzählt, es lauere ein Wahnsinniger in den Gewölben und nicht alle, die sich hineingewagt hatten, seien später auch wieder herausgekommen.

Das war auch das Alter, in dem wir Erich Kästner lasen, seine Geschichte über einen Buben, der mit seinem Onkel durch die Hinterwand eines Kasten tritt und zu wunderbaren Abenteuern gelangt. Wie oft habe ich mir vorgestellt, hinunter zu gehen, in den ersten Keller, den zweiten und weiter über eine enge Wendeltreppe, hinein in eine fremde, aufregende Welt, bewohnt von Fabelwesen und guten Geistern.

Der Wein ist auch aufregend, nicht? Aber leider schon zu Ende. Kommen Sie, versuchen wir noch diesen Burgenländer. Sie übernehmen doch wieder das Öffnen?

Vorsicht, stoßen Sie sich nicht. Hinter Ihnen steht ein Brett. Diese Eisenbahnanlage war ein großartiges Projekt elterlichen Unternehmergeistes und ist doch alsbald zu einer argen Fehlinvestition verkommen. Als unsere Töchter geboren wurden, haben wir uns vorgenommen, sie wider jedes geschlechtliche Vorurteil zu erziehen. Ihr Spielzeug sollte nicht nur aus Puppen bestehen. Wir wollten ihnen auch all das geben, was früher den Buben vorbehalten war. So legten wir ihnen an einem Weihnachtsabend eine elektrische Eisenbahn unter den Baum. Die ersten Tage bestätigten unsere Ansichten auf das glänzendste. Die Mädchen bastelten eine wunderschöne Landschaft, und bald fuhr ein kleiner Zug durch alpine Täler und romantische Kleinstädte. Doch das war es auch schon, rasch verloren die Kinder ihr Interesse, und ich konnte es ihnen gar nicht verdenken, denn, ehrlich gesagt, ich hatte als Bub auch keine Freude an Eisenbahnen. Blicken Sie sich um, irgendwann ist alles Spielzeug, das wir schenkten, hier im Keller gelandet. Dort der Lieblingsteddybär, ohne den das Schlafengehen seinerzeit völlig undenkbar gewesen wäre, hier ein kleines Auto, mit beträchtlichen Lackschäden von unzähligen häuslichen Unfällen und überall die Reste von Bastelstunden und Malversuchen.

Ja, so versinkt seit jeher alles, was die Menschen nicht mehr brauchen, unter der Erde, um irgendwann später wieder aufzutauchen. Dann tritt das Alte in einer neuen Rolle auf, ist nicht mehr nutzlos gewordener Gegenstand des täglichen Bedarfes, sondern geschätzte Erinnerung an eine vergangene Zeit. Dieser Kreislauf allerdings wird immer kürzer. Früher mußten die Dinge Tausende Jahre in der Erde geruht haben, um ihren Platz in den Schaukästen der Museen zu erhalten. Jetzt werden bereits die Industrieprodukte der fünfziger Jahre ausgestellt, und ältere Menschen stehen verwirrt vor den Grammophonen und den Nierentischen ihrer Jugend. Vermutlich wird bald schon das Gestern und nicht viel später dann das Heute Vergangenheit sein.

Kommen Sie, mir wird jetzt kalt, wir wollen wieder nach oben gehen und uns der Gesellschaft anschließen. Ich habe Ihnen zu danken, daß Sie mich begleitet haben. Und Vorsicht, stoßen Sie sich nicht, in diesen alten Kellern gibt es noch viele Kanten.

Peter Menasse

Vindobona – Römerfunde und Ausgrabungen in Wien

Im Jahre 15 v. Chr. wurde das Wiener Becken dem Römischen Reich eingegliedert und gegen Ende des 1. Jh.s n. Chr. mit dem Bau einer Grenzbefestigung begonnen. Das Legionslager Vindobona übernahm dabei den westlichen Flankenschutz der Provinz Pannonien und des weit wichtigeren Lagers Carnuntum. Die 13. Legion, die bald durch die 14. Legion abgelöst wurde, begann gegen Ende des 1. Jh.s n. Chr. mit dem Bau des Lagers Vindobona. 114 n. Chr. wurde auch die 14. Legion durch die 10. Legion, die „Kriegerische und Siegreiche", wie sie hieß, ersetzt, die bis zum Ende der Römerzeit in Vindobona blieb. In den Jahren 167 bis 180 n. Chr. führte ein „gewaltiger Germaneneinbruch" zur Zerstörung des Lagers und der Zivilstadt. Erst Kaiser Marc Aurel gelang es, die Germanen über die Donau zurückzuwerfen und durch wirkungsvolle Gegenangriffe zum Frieden zu zwingen. Im 3. Jh. erlebte die Provinz Pannonien und mit ihr Vindobona ihre größte Blüte. Gegen Ende des 4. Jh.s nahmen die Angriffe der Germanen überhand, und kurz nach 400 ging Vindobona im Sturm der Völkerwanderung unter. „Doch blieb sein Mauerring erhalten und spielte für das Werden des mittelalterlichen Wien eine große Rolle. Das römische Legionslager zeichnet sich noch heute im Weichbild der Wiener Innenstadt ab, seinem Umriß entsprechen die Straßenzüge Tiefer Graben – Naglergasse – Graben – Kramergasse – Rotgasse – Seitenstettengasse."[1]

Die Römer sind nicht nur im Weichbild der Innenstadt gegenwärtig, sondern auch – wortwörtlich – unter uns. Wo immer in der Inneren Stadt Bauarbeiten durchgeführt werden, beinahe könnte man sagen: ein Pflasterstein gehoben wird, treten Überreste der römischen Vergangenheit zutage. Weit häufiger übrigens als Zeugnisse der mittelalterlichen Stadt. Die Reste der Römerzeit in Wien sind so mächtig, daß der Übergang ins 20. Jh. fast nahtlos vor sich geht.

Drei Ausgrabungen römischer Vergangenheit, die römischen Ruinen am Hohen Markt, die bereits 1948 entdeckt wurden, die Funde im Zuge des Umbaues der Hypobank Tirol 1992 und die römische Wasserleitung im 23. Bezirk, geben einen kurzen Überblick über die Römerfunde in Wien. Die Funde im Haus Renngasse 9 (Hypobank Tirol) sind insofern eine Besonderheit, als hier nicht nur römische Reste, sondern die fast zweitausendjährige Geschichte der Bebauung an diesem Ort freigelegt wurde.

Ausgrabung der römischen Wasserleitung an der Anton-Krieger-Gasse

Römische Ruinen unter dem Hohen Markt

Die Stadtarchäologie wird oft von Bauarbeiten wesentlich unterstützt, in diesem Falle waren es Kanalbauarbeiten vor dem Haus Hoher Markt 3, die 1948 zur Entdeckung von Gebäuderesten des römischen Lagers führten. Die Ausgrabungen wurden als Häuser der Stabsoffiziere, die mit dem Legionskommando und dem Palast des Kommandanten zu den wichtigsten Gebäuden eines römischen Lagers zählten, identifiziert. Ein weit größerer Teil, als freigelegt werden konnte und heute zu sehen ist, befindet sich noch „unberührt" unter dem Hohen Markt. Die ausgegrabenen Baureste sind Teile zweier großer Häuser, die durch eine Gasse getrennt sind. Der Aufseher des Schauraumes hat seinen Platz übrigens mitten auf dieser Gasse. Die Funde erstrecken sich über vier Zeitperioden, von der Entstehung im 1. Jh. n. Chr. bis zum Untergang des Lagers im 4. Jh. Innerhalb dieser Zeitspanne sind zum Teil massive bauliche Veränderungen an den Gebäuden feststellbar. Die verschiedenen Zeitperioden konnten in unterschiedlichen Schichten lokalisiert werden, so befinden sich z. B. die Reste aus der Entstehungszeit des Lagers, das 167 durch die Germanen zerstört wurde, unterhalb des Fußbodens des Schauraumes, während der Fußboden des Gebäudes, das sich zur Zeit des Unterganges des Lagers an dieser Stelle befand, etwa in Höhe der Decke des heutigen Schauraumes lag. Die Gebäude waren mit Boden- und teilweise auch mit Wandheizungen ausgestattet, ein Standard, der auch lange Zeit nach den Römern nicht überall erreicht wird. In den Ruinen fanden die Archäologen zerbro-

Römische Ruinen unter dem Hohen Markt 3
Tel. 535 56 06
Öffnungszeiten:
täglich außer Mo 9–12.15, 13–16.30

Der Schauraum unter dem Hohen Markt

chene Tongefäße, Reliefabgüsse etc. und den Grabstein eines Standortkommandanten der 10. Legion, der noch in der Antike zu einem Mühlstein umgearbeitet wurde (der Stein). Der Schauraum der Ruinenstätte wurde um 1960 erweitert und präsentiert sich seither in unveränderter Form. Auf diese Weise ermöglicht ein Besuch der römischen Ruinen unter dem Hohen Markt eine doppelte Zeitreise: „Die sechziger Jahre proudly present den Untergang des Römischen Imperiums", eine archäologische Sensation.

Die römische Wasserleitung im 23. Bezirk

Während der Recherchen zum „Unterirdischen Wien“ wurde gerade ein Teil der römischen Infrastruktur, ein spektakulärer Fund eines Teiles einer römischen Wasserleitung, für kurze Zeit freigelegt und ausgegraben. Spektakulär war der Fund insofern, als es sich dabei um das längste erhaltene Stück einer römischen Wasserleitung in Wien handelte. Bereits vor dem Ersten Weltkrieg wurden im Zuge des Ausbaues der „modernen“ Wasserversorgung, d. h. der Wiener Hochquellwasserleitung, erste Hinweise auf eine römische Wasserleitung gefunden. Bald neunzig Jahre später konnten Reste der Wasserleitung, aufgrund dieser Hinweise, tatsächlich in der Baugrube einer großen Wohnhausanlage Ecke Anton-Krieger-Gasse und Rudolf-Zeller-Gasse im 23. Bezirk gefunden werden.

Die Arbeit der Stadtarchäologen ähnelt oft stark jener von Detektiven. Zuerst werden unendlich lange und mühsame Recherchen betrieben, und wenn es endlich soweit ist, muß alles sehr schnell vor sich gehen. So war es auch im Falle der römischen Wasserleitung in der Anton-Krieger-Gasse.

Im Umgang mit archäologischen Funden bestehen oft verschiedene Sensibilitäten. Für die Baufirmen handelt es sich dabei meist nur um eine besondere Art von Bauschutt, der noch dazu den Baufortschritt behindert, für die Stadtarchäologie um einen möglicherweise sensationellen Fund. Da der Bauzeitenplan der Wohnhausanlage kaum aufzuhalten war, mußte der Fund sehr schnell geborgen werden. Innerhalb von wenigen Tagen gelang es, ein über 12

Meter langes Stück der Wasserleitung freizulegen, zu vermessen und abzutransportieren.

Bei der Vermessung und Aufnahme wird neben Fotografien auch eine sogenannte „steingleiche“ Zeichnung angelegt, die bereits an Ort und Stelle bei der Kartierung eine Interpretation des Fundes erlaubt und so weitere wichtige Rückschlüsse ermöglicht. Für den Abtransport wurde die Leitung in „handliche“, ca. 60 Zentimeter lange Stücke zersägt und auf das Historische Museum der Stadt Wien, das Bezirksmuseum, das Wasserleitungsmuseum in Kaiserbrunn und einige andere Orte „aufgeteilt“.

Die Wasserleitung führte in der Römerzeit, ausgehend vom Fundort, über eine Entfernung von mehr als 11 Kilometern Luftlinie mit einem sehr geringen Höhenunterschied zum Legionslager in der heutigen

Vermessung und Aufnahme der römischen Wasserleitung

Inneren Stadt. Auf dieser Strecke mußten einige kleine Bäche und das Wiental mit Aquädukten, die heute aber vollkommen verschwunden sind, überquert werden. Die Einspeisung der Leitung erfolgte möglicherweise aus dem Liesingtal und von Brunn am Gebirge her.

Aus dem Querschnitt der Wasserleitung – die Leitung war ursprünglich ein geschlossener rechteckiger „Kanal“ – und dem Gefälle lassen sich Rückschlüsse auf die Fließgeschwindigkeit, die möglichen Durchflußmengen und daraus wieder auf die Versorgungssituation Vindobonas ziehen. „Das bedeutet, daß diese Wasserleitung die einzige einigermaßen verläßliche Möglichkeit bietet, die Einwohnerschaft von Vindobona zu schätzen.“[2]

Im Laufe der Jahrhunderte hat sich allerdings durch natürliche und menschliche Einflüsse das

„Querschnitt“ durch die röm. Wasserleitung

Gelände dermaßen verändert, daß das Wasser in der römischen Wasserleitung heute, zumindest streckenweise, in die falsche Richtung fließen würde.

Der Grund, weshalb sich die Römer über so große Entfernungen und aufwendige Bauten das Wasser in ihr Lager holten und sich nicht, wie die Menschen jahrhundertelang nach ihnen, mit Quellwasser oder Wasser aus den Bächen, z. B. dem Ottakringer Bach, zufrieden gaben, liegt nach Einschätzung der Fachleute einfach an den Qualitätsansprüchen der Römer, die ihr Trinkwasser, wo immer möglich, aus der Kalkzone bezogen. Untersuchungen der Ablagerungen in der aufgefundenen Rinne sollen diese These erhärten.

Die Arbeit der Archäologen, die den geschichtlichen Überresten, ausgerüstet mit kleinen und großen Schaufeln und kleinen Handbesen, was ja bekanntlich den richtigen Archäologen kennzeichnet, in gebückter Haltung auf der Spur sind, wirkt, zumindest bei schönem Wetter, höchst interessant und animierend. Unversehens beginnt man selbst ein wenig in der Erde herumzuwühlen in der Hoffnung, auf einige Sesterzen aus der Handkasse des römischen Wasserinkassanten zu stoßen. Aber der Hund, der das Archäologenteam unterstützte und sich anfänglich als Suchhund mit archäologischen Ambitionen ausgab, entpuppte sich schnell als normaler und zudem noch außerordentlich bequemer Hund, der bestenfalls bereit wäre, einen Knochen, der direkt vor seinen Augen eingegraben wird, zu suchen.

Römerskelett in der Hypobank Tirol

Hypobank Tirol
1., Renngasse 9
Öffnungszeiten: übliche Banköffnungszeiten.
Eine Besichtigung der Ausgrabungen muß beim Schalter angemeldet werden.

Für die Einrichtung einer Filiale der Hypobank Tirol im ersten Bezirk waren Erweiterungs- und Umbaumaßnahmen im Kellergeschoß des Hauses Renngasse 9 notwendig. Da die in den „historischen Kulturschichten" geplanten Aushubarbeiten entsprechende Funde vermuten ließen, wurde die Forschungsgesellschaft Wiener Stadtarchäologie mit archäologischen Ausgrabungen betraut. Die Ergebnisse der Ausgrabungen stellen einen regelrechten Querschnitt durch die Geschichte der Stadt dar.

Die Geschichte dieses Teiles der Innenstadt ist so alt wie die Stadt selbst, sie beginnt mit der Gründung des Legionslagers und reicht bis in die jüngste Vergangenheit. Alle wichtigen Zeitepochen haben hier, wie in der ganzen Innenstadt, ihre Spuren und Zeichen hinterlassen. Ein großer Teil der bewegten Geschichte des Standortes Renngasse 9 ist bekannt und gut dokumentiert, nicht zuletzt dank der jüngsten Ausgrabungen.

Das heutige Grundstück Renngasse 9 lag zur Römerzeit im Vorfeld des Legionslagers, unmittelbar an der Limesstraße. Bereits in der Römerzeit wurde ein darauf befindliches Gebäude bis auf die Fundamente abgebrochen, da es vermutlich zu nahe am Lager stand und für die Verteidigung desselben hinderlich war.[3] Im Vorfeld der Lagermauer und an der Stelle des ehemaligen Gebäudes wurden in der Folge Werkstätten errichtet, was durch die Ausgrabung eines kreisrunden Ofens sowie Kupfer- und Eisenschlackefunde belegt ist. Der lehmhaltige Boden des Standortes wurde für die Keramikherstellung genutzt. Bei den Ausgrabungen konnte eine Tonabbaugrube bis 9 Meter unter dem heutigen Niveau festgestellt werden. Derartige Keramikgruben wurden bis zur Freyung nachgewiesen. Nach der Einstellung des Tonabbaues wurde die Grube mit Gefäßscherben verfüllt, sodaß im Untergeschoß der heutigen Bank die reichsten Keramikfunde des Stadtgebietes gemacht werden konnten. Gegen Ende der Römerzeit waren die ursprünglich 5000 bis 6000 Mann starken Legionen auf knapp 1000 Mann reduziert, indes häuften sich die Germaneneinfälle und machten das Leben zusehends unsicher. So wurden die außerhalb des Lagers gelegenen Werkstättenanlagen hinter die schützenden, meterdicken Mauern des Legionslagers verlegt und auf dem ehemaligen Werkstättenplatz die Toten bestattet. Vom Ende der Römerzeit im ausgehenden 4. Jahrhundert bis ins späte Hochmittelalter liegen kaum Informationen und Grabungsfunde zur weiteren Geschichte des Standortes oder der Stadt selbst vor.

Anfang des 14. Jahrhunderts wurde auf dem Gelände der Grabungsstelle, und natürlich darüber hinausgehend, unter dem Salzburger Erzbischof Chunrat der spätere „Salzburger Hof" errichtet. Dieser Standort scheint also auf die westlichen Länder (s. a. Hypobank Tirol) einen besonderen Reiz auszuüben. Der „prächtige" Garten des Salzburger Hofes hatte während der ersten Türkenbelagerung auch eine strategische Bedeutung: „Bei der Türkenbelagerung von 1529 stellten die Verteidiger im Garten des Salzburger Hofes Geschütze auf, eine Singerin und eine Notschlange, die im Verein mit der Artillerie auf dem Salzturm die türkische Donauflotte bombardierten und wirkungsvoll in Schach hielten."[4]

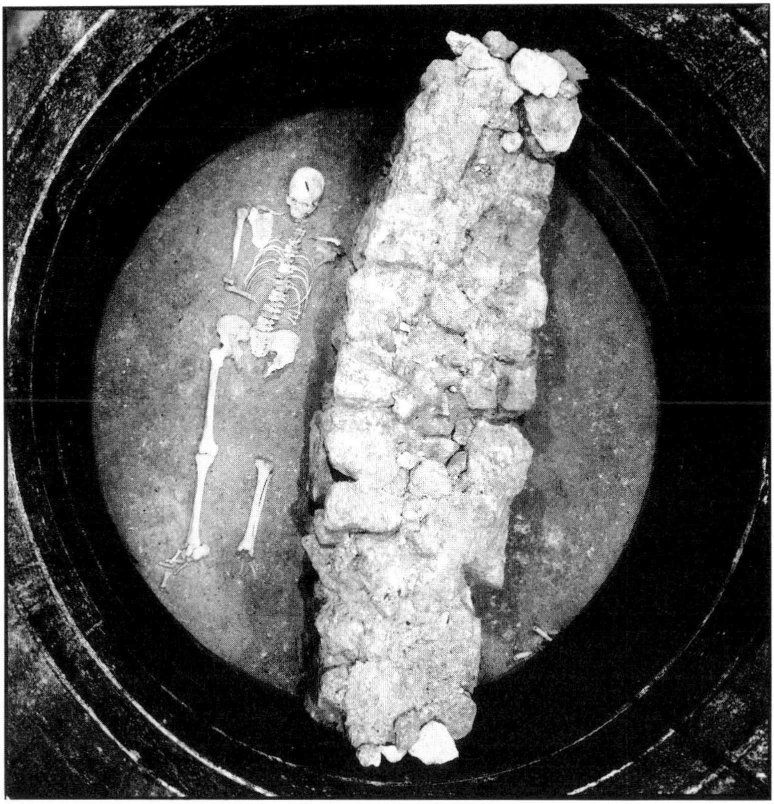

Unter Erzherzog Maximilian, dem späteren Kaiser Maximilian II., wurde der Salzburger Hof, der bereits in „landesfürstliches Eigentum" übergegangen war, zu einem lange Zeit provisorischen Waffenlager umfunktioniert, bis an seiner Stelle das kaiserliche Zeughaus errichtet wurde. Der Abbruch des alten Gebäudes erfolgte offensichtlich sehr gründlich, da außer einem aus Steinen gemauerten Brunnen keine Funde auf den Salzburger Hof hinweisen. Das zwischen 1584 und 1587 errichtete Zeughaus wurde

Römisches Skelett und Römermauer in der Hypobank

1672 vergrößert und erhielt den Grundriß eines „kasernenartigen Vierecks“. Das kaiserliche Zeughaus war berühmt für die theatralische Präsentation oder Inszenierung seiner kostbaren und umfangreichen Waffensammlung. Diese Waffensammlung wird von Joseph Edler von Kurzböck 1779 als eine der „Merkwürdigkeiten Wiens“ in den schillerndsten Farben beschrieben: „Das kaiserliche Zeughaus kann in dem Stande, in welchem es sich heute befindet, von Niemand ohne Bewunderung angesehen werden, wegen der Menge der Waffen sowohl, auch hauptsächlich wegen der bewundernswürdigen Eintheilung, mit welcher alle auf das zierlichste, und in der schönsten Ordnung aufgestellt sind.“[5] Neben der beeindruckend arrangierten Waffensammlung fand man hier auch „viele andere besondere Merk-

Alte und neue Gewölbe im Keller der Hypobank

würdigkeiten“, z. B. „den Koller aus einem Büffelsleder des Königs in Schweden Gustav Adolphs, von einer Kugel durchbohret, die im Jahre 1632 diesem kriegerischen Monarchen in der Schlacht bey Lützen in Sachsen seine Tage abkürzet“[6] usw. Im Revolutionsjahr 1848 wurde das Zeughaus während der „Wiener Oktoberrevolution“ von Aufständischen gestürmt, „entwaffnet“ und schwer beschädigt. Ein Rest des Zeughausfundaments ist im Archivraum der Bank erhalten. Am Standort des ehemaligen Zeughauses, das vorübergehend als erstes Amtslokal der Börse diente, wurden in den siebziger Jahren des vorigen Jahrhunderts nach Plänen des Architekten Heinrich von Ferstel Wohn- und Geschäftshäuser errichtet. Eines dieser Gebäude ist das Haus Renngasse 9.

Typisch für Wiener Verhältnisse ist, daß die deutlichsten Spuren aus der Römerzeit stammen und die archäologischen Funde aus dieser Zeit die Ausgrabungen dominieren. Ein Teil der Ausgrabungsfunde ist in der Bank ausgestellt.

Im Untergeschoß der Bank sind, zum Teil noch im alten Ziegelgewölbe, ein Mehrzweckraum, der Tresorraum und Archivräume untergebracht. Im Abgang zum Untergeschoß werden in einer Nische wie in einem kleinen Museum Fundstücke der Ausgrabungen präsentiert.

Anhand von Plänen werden die Funde erklärt und der schichtweise Aufbau des Untergrundes dargestellt. Die Schichten sind an einem Grabungsquerschnitt ablesbar: Da die Gebäudereste vor der Errichtung neuer Bauten immer wieder planiert wurden, „wuchs“ zur Zeit der Römer das Niveau des bebauten Gebietes durchschnittlich um einen Meter pro Jahrhundert, dadurch ist auch erklärt, weshalb einige der Funde erst metertief unter dem Niveau des heutigen Kellerbodens gemacht wurden. Dieses „Wachstum“ hielt bis ins Mittelalter an.

Der spektakulärste Teil der Ausgrabungen sind die aus dem 4. und 5. Jahrhundert stammenden Reste des spätantiken Friedhofes und die Funde einiger gut erhaltener Skelette bzw. Skelettreste. Eines der Skelette blieb im Mehrzweckraum der Bank. Ungefähr drei Meter unter dem Niveau des Kellergeschoßes ist durch ein „Fenster“ im Fußboden in einem kreisrunden Schacht der Rest einer römischen Mauer und daneben ein Skelett zu sehen.

Das Loch in der Schädeldecke des Skeletts darf allerdings nicht als Todesursache des antiken Wieners diagnostiziert werden, es stammt vielmehr vom Krampen eines Ausgräbers.

Grüfte, Katakomben und unterirdische Begräbnisstätten

In Wien, der Stadt, der eine so große Neigung zum Sterben und zum Tod nachgesagt wird, zählen die Grüfte und unterirdischen Begräbnisstätten schon seit ihrer Entstehung, noch lange vor der Kanalisation und dem „Dritten Mann", zu den bekanntesten Untergründen. Die unter den Kirchen befindlichen Grüfte hatten oft eine doppelte Funktion: Zum einen waren sie Begräbnisstätten für einige privilegierte Familien, Adelsangehörige, reiche Kaufleute oder auch Handwerker, zum anderen waren sie Karner für die Gebeine der vom Kirchhof exhumierten Toten. Mit den Katakomben und Grüften ist viel Wiener und österreichische Geschichte verbunden, aber auch viele Geschichten, die im Lauf der Jahrhunderte über die unterirdischen „Totenstädte" und Beinhäuser erzählt und erfunden wurden. Die bekanntesten unterirdischen Grüfte Wiens sind die Katakomben unter St. Stephan, über deren Ausdehnung die wildesten Gerüchte kursieren, die etwas weniger bekannte, aber in unmittelbarer Nachbarschaft zu diesen Katakomben gelegene Virgilkapelle und die Kapuzinergruft. Neben dem herkömmlichen Sterben, das auch in Wien mit dem Tod endet, ist ein weiterer Grund für die Pracht und Berühmtheit der Grüfte, vor allem jener der Kaisergruft, das „postmortale" Verhalten der Habsburger, die sich kunstvoll in mehrere Teile zerlegen ließen und so die Begräbnisveranstaltung zu einem, wie man heute sagen würde, dreifachen Event gestalteten. Die Kaiser- oder Kapuzinergruft hat als Beisetzungsstätte der Habsburger schon immer eine besondere Anziehung auf Einheimische und die Besucher Wiens ausgeübt – schon aufgrund der Tatsache, daß nirgendwo anders eine so große Nähe zu so vielen gekrönten Häuptern möglich ist, verbunden mit dem unüberbietbaren Vorteil des Besuchers, sich auf der richtigen Seite der metallenen Behältnisse zu befinden. Die Michaelergruft unter der Mi-

Die Kaisergruft unter der Kapuzinerkirche

chaelerkirche ist neben diesen beiden Grüften die meistbekannte und -besuchte Gruft Wiens. Die ebenfalls hier beschriebene Trinitariergruft in der Alser Straße unter der Minoritenkirche ist demgegenüber eher als eine „normale" Gruft zu sehen.

Die Katakomben unter St. Stephan

Stephansgruft
1., Stephanspl.
Führungen:
Mo–Sa
10–11.30,
14–16.30,
So 11–11.30,
14–16.30

Die Katakomben unter St. Stephan sind neben der Kaiser- oder Kapuzinergruft die berühmteste Wiener Gruft, im Gegensatz zur Kapuzinergruft aber bei weitem nicht so prachtvoll, sondern vielmehr dem eigentlichen Zweck entsprechend gestaltet. Die Stephansgruft hatte eine klassische Doppelfunktion als Begräbnisstätte privilegierter Familien und als Karner oder Beinhaus für die am Stephansfreythof bestatteten Toten. In der „Herzogsgruft" wurden entsprechend dem Begräbnis- und Trauerzeremoniell des Wiener Hofes die Intestina (Eingeweide) der durchlauchtigsten, „dreigeteilten" Verblichenen beigesetzt. „Eben bey St. Stephan werden die Eingeweide der aus dem Hause Österreich verstorbenen Fürsten und Fürstinnen in eine Gruft beygesetzt, welche schon vom Rudolf IV. erbauet worden; die aber nachher also in Vergangenheit gekommen, daß niemand von ihrem Daseyn, oder Platze etwas wußte, endlich ist sie aber unter der Regierung K. Ferdinands III. (1637–1657, B. A.) durch einen ohngefähren Zufall wieder entdeckt worden. Es waren die Gebeine Albrechts III. (gestorben im Jahr 1390) Albrechts IV. (gestorben im Jahre 1404) und einiger anderen höchsten Personen aus dem Hause Österreich darinnen (...), darunter Friedrich der jüngste Sohn Albrechts II. welcher im Jahre 1362 unglücklicherweise auf der Jagd erschossen wurde."[1] Bis 1783 Josef II. die Bestattung der Toten in den Grüften der Stadt aus hygienischen Gründen verbieten ließ – die Bestattung auf dem oberirdischen Stephansfriedhof war schon 1735 verboten worden –, wurden am Stephansfriedhof mehrere zehntausend Tote, unter ihnen viele Opfer der immer wiederkehrenden verheerenden Pest, bestattet. Zeitgenössische Berichte sprechen davon, daß aufgrund mangelhaft verschlossener Grüfte, zu seichter Erdgräber und zu früher Exhumierungen in der warmen Jahreszeit der Fäulnisgeruch die Luft der Umgebung verpestete und den Dom zeitweise unbenutzbar machte.

Die größte Ausdehnung hatten die Katakomben nach der Auflassung des oberirdischen Friedhofes, als zwischen 1735 und 1783 noch über 10.000 Leichen beigesetzt wurden.

Da die Gebühren für Beisetzungen in den Grüften eine wichtige Einnahmequelle der Pfarre darstellten und die Begräbnisstätte, soweit dies eben möglich war, bei der Bevölkerung „sehr beliebt" war, stieß die Schließung der Gruft auf großen Widerstand. Ein von der Stadtpfarre eingebrachter Antrag auf Rücknahme der Gruftsperre konnte sich sogar auf ein medizinisches „Unbedenklichkeitsgutachten" des berühmten Arztes van Swieten stützen, jedoch ohne Erfolg.

Die Katakomben zu St. Stephan hatten für Einheimische und Fremde immer schon eine besondere Bedeutung, sei es des besonderen Beerdigungsortes oder des Besuches und der Besichtigung wegen, die allerdings erst in jüngerer Zeit im heute üblichen Ausmaß möglich sind. Bereits 1873 wies der anläßlich der Weltausstellung verfaßte „Kiessling's Wiener Baedeker" auf die Katakomben unter der Stephanskirche hin: „Unter der Kirche die alte Fürstengruft mit 17 Särgen von Mitgliedern des Kaiserhauses vom 14.–17. Jhd. und die sich stundenweit unter der Erde

Ausgang bzw. Eingang bei der „Capistrankanzel"

erstreckenden Katakomben, deren Besuch jedoch nur nach besonderem Ansuchen beim Kirchenmeisteramt gestattet ist."[2] Die Anmeldung beim Kirchenmeisteramt ist heute nicht mehr nötig, es genügt, sich zu den angegebenen Führungszeiten im linken Kirchenschiff einzufinden, das hat allerdings sehr pünktlich zu geschehen, denn eine Minute nach der angegebenen Zeit ist das Tor in die Katakomben schon wieder verschlossen. Dabei ist noch zu berücksichtigen, daß die Angaben des Führungsbeginns an den verschiedenen Anschlagtafeln stark differieren. Tatsächlich finden die Führungen, zumindest in der Hochsaison, alle 30 Minuten statt.

Die Führung durch die Katakomben beginnt im ältesten Teil der Gruft, in der Unterkirche, führt zur Bischofsgruft, in der die Wiener Erzbischöfe beigesetzt sind, und geht weiter in die Herzogsgruft. Die Zerstörungen im Zweiten Weltkrieg betrafen auch die Katakomben und machten umfangreiche Sanierungen und Wiederaufbauarbeiten notwendig. Dies führte zu der etwas paradoxen Situation, die auch bei jeder Führung ausführlich, beinahe entschuldigend erklärt wird, daß der älteste Teil der Gruft am jüngsten wirkt und nichts von einem jahrhundertealten Bauwerk an sich hat. Was auch oft zu enttäuschten Reaktionen der Besucher führt. Um dieses Manko auszugleichen, wird in der Herzogsgruft bedeutungsvoll auf die Dreiteilung der Habsburger, die Eingeweidebehälter, die Karner und die „Pestgrube" im „neuen Teil" der Gruft hingewiesen. Der Weg dorthin führt aber noch durch das „Lapidarium", das Steinmuseum, und die Domherrengruft, die Grabstätte der Wiener Weihbischöfe. Die in mehrfachem Sinn schlichte Gestaltung dieser Grabstätte – mit Marmorplatten verschlossene Kolumbarnischen – läßt allerdings regelmäßig in mehreren Besuchern den Wunsch nach möglichst baldiger Beendigung der Exkursion aufkeimen. Aber es geht weiter, eine Umkehr ist ohnedies nicht möglich. Durch die sechs Meter starken Fundamentmauern führt der Weg in den „neueren" Teil der Gruft, der nach Schließung des Friedhofes im Jahr 1735 angelegt wurde. Hier herrscht endlich „Gruftstimmung", einige Besucher

Herzogsgruft in den Katakomben unter St. Stephan

atmen erleichtert auf, endlich ist doch noch etwas vom erwarteten Schauer und Gruseln zu erleben. Stolz weist der Führer nun auf die wild durcheinandergeworfenen Knochen, vermoderten Kleider- und Sargreste in den Karnern und einer sogenannten Pestgrube hin. Auf dem Weg zum Ausgang erfolgt noch ein kurzer Halt bei einem kleinen Raum mit ordentlich sortierten und geschlichteten Knochen und Schädeln, die durch eine „Fensteröffnung" von den Besuchern ergriffen bestaunt werden. Ein wenig schauriger und unheimlicher wird es erst zum Schluß der Führung, wenn am Ende der steilen Treppe, die zu einer Tür neben der Capistrankanzel führt, das Tageslicht wieder sichtbar wird. Oben am Ausgang steht nämlich der „Katakombenführer" und kassiert anstelle eines Eintrittes offensichtlich eine

„Austrittsgebühr". Diese Verzögerung führt bei manchen Gruftbesuchern, die schon an die frische Luft drängen, hin und wieder zu einem kleinen Schweißausbrüchlein oder Atemnötchen.

Gerhard Roth beschreibt die Katakomben als „unappetitlich und unwürdig und nur wegen ihres ekelerregenden Zustandes eine Sehenswürdigkeit"[3] Und er hat nicht ganz unrecht, sie sind zum Teil wirklich abscheulich, aber ein Friedhof bzw. eine Gruft wird in den meisten Fällen eben nicht für Besucher in einigen hundert Jahren gebaut, sondern ist bestenfalls ein ziemlich funktionales Bauwerk.

Zu einer Zeit, als der Besuch der Katakomben noch nicht so leicht möglich und die Wirkung der Gruft wohl auch etwas eindrücklicher war als heute, beschreibt Adalbert Stifter einen „Gang durch die Katakomben"[4]. Indem Stifter dem Leser ein ernstes Stück Vergangenheit der Stadt vorführt, hofft er, „daß er (der Leser) etwa anfange, über Gott, über Weltgeschichte, Ewigkeit, Vergeltung usw. nachzudenken, um vielleicht ein anderer zu werden"[5]. Die von Stifter erhofften Persönlichkeitsveränderungen infolge eines Gruftbesuches treten heute allerdings auch nach mehrmaligem Besuch nur mehr sehr selten auf. Bevor Stifter den Leser an einem „feuchten, neblichten Novembernachmittag" aber in die Katakomben führt, macht er noch einen kurzen städtebaulichen Exkurs, indem er die Errichtung großer Friedhöfe in den Stadtzentren vorschlägt: „Und wie wäre es religiös feierlich, wenn jede Kirche, selbst in den Städten, mit einem großen Garten der Toten umgeben wäre."[6] Endlich in den Katakomben, geht es durch allerlei Gänge und Gewölbe. „Nach Art unserer Vorältern sind die Gänge schmal und die Gewölbe verhältnismäßig klein und niedrig, aber das Mauerwerk fest und dicht, als wäre es aus einem einzigen riesenhaften Granitblock gegossen worden.“[7] Zur Zeit Stifters waren die Katakomben allerdings noch weit eher eine „weitläufige unterirdische Totenstadt“ als die heutigen touristengerechten Gewölbe und voll mit halb und ganz verfallenen Särgen und Leichenresten, die er sehr eindrücklich beschreibt: „Und zwischen den Brettern, die vom Alter geschwärzt und nur mehr lose zusammenhängend waren, lag der einstige Bewohner dieses gezimmerten Hauses, eine Frau – – ach! wer war sie? mit welchem Pompe mag sie einst begraben worden sein! und in welchem Zustande liegt sie jetzt da! bloßgegeben dem Blicke jedes Beschauers, schnöde auf die bloße Erde niedergestellt, und unverwahrt vor rohen Händen.“[8] Die Toten und die mumifizierten Leichenreste verhelfen Stifter dann auch, wie erwünscht, zu den weitschweifenden Betrachtungen über das Dies- und Jenseits: „Und dann das, daß wir sie uns schon jenseits jenes Vorhanges denken müssen, der so geheimnisvoll zwischen Diesseits und Jenseits hängt, daß sie schon wissen, wie es ist – und dennoch mit dem ehernen Schweigen da vor unseren Augen liegen, fremde Bürger einer andern Welt.“[9] Besonders eindrucksvoll muß eine andere Halle mit mumifizierten Leichen gewesen sein: „Ein großer nackter Mann lehnte starr an der Mauer; zu seinen Füßen saß ein anderer zusammengekauert, die Hände über der Brust gefaltet, und den Kopf, der nur mehr an einem losen Bande des Halses hing, über die Schulter seitwärts gesunken – eine Frau in sich gebückt und eingesunken, gleichfalls mit gefalteten Händen, lauerte im Winkel, und an den Wänden lehnten oder saßen, oder lagen andere – und wie ich so vor mir herleuchte, wieder andere und wieder andere – lauter Leichen und lauter Mumien.“ [10] „Immer weiter, immer verwickelter und größer entfaltete sich diese Stadt der Grüfte, immer neue Tote waren zu treffen; Trümmer von Särgen, Hügel und Wälle von getrocknetem Moder, dann kommen wieder Knochen, dann leere Gewölbe und Gänge.“ [11] Immer weiter führen auch Stifters Gedanken über die Toten, die er hier abschreitet in der Stadt der Grüfte: „Wie sie nun auch liegen: – vorüber gegangen ist der Traum, und beide (Jungfrau und Jüngling, B. A.) sind sie eine wertlose Masse – – vielleicht liegen auch solche da, deren Glieder Samt und Purpur deckte, auf deren Wimper tausend Augen blickten, ob sie freundlich zucke, oder zürne, die aus Gold und Silber aßen, jedes Rauhe und Ekle von sich ferne hielten, und nun selber ärmer und ekler sind als das Tier des Berges, welches in die Felskluft stürzte, und dort in der Mittagssonne dörret und von den Winden der Nacht getrocknet wird.“ [12] Solcherart beeindruckt verläßt Stifter nach einigen bangen letzten Minuten die Gruft: „Fast fing es mir an in diesen massiven Kreuzgängen und Überwölbungen drückend zu werden – immer Mauer, eisenfeste Steinmauer, keine Fenster, keine Öffnung. Es schien mir als entbehrte ich der Luft selber – – .“ [13] Wie im schweren Traum ging er nach Hause, „während an mir vorüberhuschte der Strom des unbegreiflichen Lebens der Menschen“[14].

Ganz anders verläßt Gerhard Roth auf seiner „Reise in das Innere von Wien“ die Katakomben: „Genug, denke ich, genug, und eile aus den Katakomben“.[15].

Im Zusammenhang mit der Beschreibung einer Führung durch die „Katakomben am Stefansfreithof“

Knochen, Kleider- und Sargreste in einem der Karner

ist die Schilderung Wilhelm Kischs von besonderem Interesse. Auch er ist wie Stifter mit Freunden um 1849 in die Katakomben gestiegen.[16] Das Interessante daran aber ist, daß er mit den, teilweise wortwörtlich, selben Eindrücken wie Adalbert Stifter, allerdings bei einem anderen Ausgang wieder ans Tageslicht zurückkehrte. Ob nun Kisch und Stifter gemeinsam in der Gruft waren und ihre Eindrücke intensiv ausgetauscht, sozusagen sich gegenseitig diktiert haben oder ob der eine die Eindrücke des anderen für so treffend hielt, daß er sie kurzerhand übernahm, ist ein weiteres Geheimnis der Katakomben zu St. Stephan.

Virgilkapelle

Virgilkapelle
1., Stephanspl.
U-Bahn-Station
Tel. 513 58 42
Öffnungszeiten:
Di–So 9–12.15
13–16.30

Eine weitere, allerdings sehr rätselhafte Gruft am Stephansplatz ist die Virgilkapelle. Neben der Pfarrkirche St. Stephan stand auf dem Stephansfreythof eine Kapelle, die Maria-Magdalena-Kapelle, unter der sich ein Karner befand, in dem die oft schon bald nach der Bestattung wieder exhumierten Gebeine der Toten gelagert wurden. Die im 14. Jahrhundert erbaute Kapelle brannte 1781 infolge eines während einer kirchlichen Feier beim Hochaltar entstandenen Feuers ab und wurde nicht wieder aufgebaut. Als im Zuge des U-Bahn-Baues bei der Station „Stephansplatz" die Fundamente der Maria-Magdalena-Kapelle, deren Lage bekannt war, freigelegt wurden, fanden die Ausgräber, völlig überraschend, unter der Kapelle ein weiteres unterirdisches Gewölbe, das mit Schutt verfüllt war. Dieses Gewölbe entpuppte sich als die Virgiliuskapelle, deren Existenz zwar bekannt war, nicht aber, daß sie sich unter der Magdalenakapelle befand. Vielmehr war man davon ausgegangen, daß die Magdalenakapelle an der Stelle der Virgilkapelle errichtet worden war. Mit der Entdeckung der Virgilkapelle, die möglicherweise bereits um 1230, „gleichzeitig mit dem unter dem letzten Babenbergerherzog Friedrich dem Streitbaren (1230–1246) gebauten Westwerk von St. Stephan"[17], errichtet wurde, sind ihre Geheimnisse aber noch lange nicht gelöst. Alles deutet darauf hin, daß das Gewölbe der Virgilkapelle von Anfang an als Gruft geplant war. „Doch sicher nicht für die Aufnahme schlichter Bürgergebeine; dazu wirkt die Anlage zu monumental und eigenwillig. So erscheint die kürzlich von Rupert Feuchtmüller geäußerte Ver-

Die Virgilkapelle unter dem Stephansplatz

mutung bestechend: Er meint, daß Friedrich der Streitbare, der die Erhebung Wiens zum Bistum energisch betrieb, die Virgilkapelle als Krypta für den als Patron der neuen Diözese ausersehenen hl. Koloman habe bauen lassen.“ [18] Durch den vorzeitigen Tod des Streitbaren konnte dieser Plan allerdings nicht ausgeführt werden, und die Kapelle kam in den Besitz der Bürgerfamilie Chrannest. Nach dem Aussterben dieser Familie wurden in der Gruft Gedächtnismessen gelesen, war sie Sitz der Gottesleichnamsbruderschaft und der Kaufmannsbruderschaft, diente im 16. und 17. Jahrhundert wieder als Grabstätte und wurde schließlich nach dem Brand der Magdalenenkapelle aufgegeben und geriet in Vergessenheit, bis sie 1972 wiederentdeckt wurde.

Kaiser- oder Kapuzinergruft in der Kapuzinerkirche

Kaisergruft i. d. Kapuzinerkirche
1., Tegetthoffstraße 2
Besichtigung: täglich 10–16

„Die Kapuzinerkirche und das Kloster, welche Kaiser Mathias und seine Gemahlin Anna von Österreich (1618) gestiftet haben, konnten, wegen dem zu frühzeitigen Hinscheiden der durchlauchtigsten Stifter, bey ihrem Lebzeiten nicht mehr erbauet werden.“ [19] Statt dessen übernahm Ferdinand II. im Jahre 1622 die Grundsteinlegung der Kirche, die im Jahre 1632 vollendet war. Bereits 1633 wurden die Leichname der Stifter Mathias und Anna aus dem Königskloster als erste Beisetzungen in die Kapuzinergruft überführt. Kaiser Ferdinand III. (Regierungszeit 1637–1657) bestimmte die Kapuzinergruft schließlich zur Grabstätte aller Habsburger. Seither sind mit wenigen Ausnahmen, z. B. Kaiser („der letzte“) Karl I., der im Exil auf Madeira weilt, alle Habsburger hier beigesetzt. Die letzte Beisetzung fand am 1. April 1989 mit Zita, der Gemahlin Karls I., statt. Der 1. April als Tag der Beisetzung war bedeutungs- und absichtsvoll gewählt, da dies auch der Sterbetag Kaiser Karls I. war (1. April 1922).

Die Ermittlung der Zahl der Särge und der bis jetzt in der Gruft beigesetzten Personen erinnert an ein mathematisches Rätsel: „In der Gruft sind die sterblichen Überreste von 146 Personen, nicht aber 146 Personen beigesetzt: 103 Särge sind zu sehen, drei Herzurnen wurden ohne dazugehörige Körper beigesetzt, macht 106, drei Sarkophage sind ‚doppelt belegt', d.h. zum Beispiel Mutter mit Kind, macht 109, 37 Särge sind in die Wände eingemauert und nicht sichtbar, das ergibt insgesamt 146 Beisetzungen."

Die auf den ersten Blick kurios anmutende Tatsache, daß einzelne Herzen ohne dazugehörige Körper beigesetzt wurden, war keine Ausnahme, sondern die Regel. Nur war es in der Regel so, daß die Körper und nicht die Herzen in der Kapuzinergruft bestattet wurden. Diese „Regeln" folgten dem am Wiener Hof üblichen Begräbnis- und Trauerzeremoniell: „Bey dem Erz-Herzoglichen Hause Österreich haben jedesmahl drey Kirchen in Wien an dem Leichnam eines regierenden Herrn Antheil."[20] Die Aufteilung auf die drei Kirchen sah dabei folgendermaßen aus: Die Eingeweide kamen in einem kupfernen Kessel in die alte Herzogsgruft bei St. Stephan, die Herzen in silbernen Urnen, in denen sich oft auch die Zungen befanden[21], in die Lorettokapelle bei St. Augustin und die mit Wachs ausgefüllten Körper schließlich in die Kapuzinergruft, wo die Holzsärge in prunkvollen zinnernen Übersärgen stehen.

„Die Trennung der inneren Organe vom Körper gehörte zum Einbalsamierungsritus der Völker des Vorderen Orients. Es galt, dem Leichnam eine unveränderte Beständigkeit zu sichern, mit dem Zweck, der Seele dereinst ein Wiedererkennen zu ermöglichen. Im Mittelalter entsprach die Teilung in Herz, Intestina und Körper oder nur des Skelettes der Notwendigkeit des Konservierens bei Überführungen oder lange dauernden Leichenfeiern."[22] Dies führte mitunter auch zu einer ganz besonderen, heute etwas makaber anmutenden, allerdings schon 1300 verbotenen Verfahrensweise mit auf Kriegsschauplätzen, Kreuzzügen und Eroberungen verstorbenen Fürsten, nämlich „daß zum Zwecke des Transports der Skelette und auch zur besseren Reliquiengewinnung von heiligmäßig Verstorbenen der more Teutonico geübt wurde – das Abkochen der Leiche und die Bestattung der Weichteile vor Ort"[23]. Diese Sitte blieb bei den mitteleuropäischen Kreuzrittern trotz des Verbotes durch Bonifaz VIII. erhalten. Die Teilbestattung von Herz, Eingeweiden und Körper aber wurde als Bestattungs- und Trauerzeremoniell des Wiener Hofes institutionalisiert, das eine Blütezeit im barocken „pompa funebris" erlebte.

Seit ihrem Bestand mußte die Kapuzinergruft ständig erweitert werden und besteht heute eigentlich aus mehreren Grüften.

„Im Jahre 1703 vergrösserte Kaiser Leopold den Begräbnisort der Fürsten aus seinem kaiserlichen Hause mit einer neuen Kapelle."[24]

1753 fand eine der zahlreichen Erweiterungen im Auftrag Maria Theresias statt: „Die allergnädigste Monarchin hat im Jahre 1753 ein neues Mausoleum, weil das vorige schon angefüllt war erbauen lassen. Die gewölbte Decke hat Herr Ignatz Mühldorfer gemalt; das Grabmal (Maria Theresiens und Franz I. Stephan) aber nebst mehreren anderen kleineren, und grösseren, in welcher die aus der k. Familie verstorbenen Personen ruhen, der Herr Balthasar Moll

Der „jüngste" Teil der Kapuzinergruft

verfertigt." [25] 1824 erfolgte mit der Franzensgruft eine weitere Erweiterung.

„Im Jahre 1844 liess Kaiser Ferdinand I. abermals einen Theil der Gruft neu erbauen, so gross, dass derselbe hinlänglichen Raum für einige Jahrhunderte gewähren dürfte." [26] Eine Prognose, die nicht sehr lange Zeit hielt, bereits 1908 wurde mit dem Ausbau der Franz-Josephs-Gruft begonnen. Die letzte Erweiterung ist die sogenannte Neue Gruft, die in den Jahren 1959/60 nach Entwürfen des Architekten Karl Schwanzer ausgeführt wurde. „Die Erweiterung der Kapuzinergruft, deren Überfüllung als entwürdigend empfunden wurde, hat Schwanzer als bewußte Nichtanbiederung an den historischen Baubestand vorgenommen und mit den ‚Mitteln der Zeit' zu lösen versucht. Die unterschiedliche Körnung der Schüttwände, das gegenläufig gestaltete Faltwerk der schalreinen Stahlbetondecke und die schweren eisernen Türen (von Rudolf Hoflehner) demonstrieren eindrucksvoll das Verständnis von zeitloser Würde im Jahrzehnt des zweiten Aufbruchs in die ‚Moderne'." [27]

Die Sarkophage der Kapuzinergruft erfuhren entsprechend der jeweiligen Zeit unterschiedlichste Gestaltungen und Verzierungen. „In der Kapuzinergruft stehen Rokokosärge, Särge aus der Renaissance und dem Hochbarock, geschmückt mit Brokat aus Zinn, Blumengehängen, Wappenschildern, Reichsäpfeln, Herzogshüten, Kronen und Kreuzen, Särge, die auf Vogelfüßen ruhen oder mit historischen Darstellungen verziert sind, wie dem Einzug Franz Stephans in Florenz." [28] Der eindrucksvollste Sarg aber ist der riesige, tatsächlich unbeschreibliche Doppelsarkophag für Maria Theresia und Franz I. Stephan.

Interessant ist die Gegenüberstellung zweier knapp hundert Jahre auseinanderliegender Beschreibungen der Gruft anhand des Sarkophages Josefs II.: W. T. Bauer im „Wiener Friedhofsführer": „Und davor, in provokanter Schlichtheit und offensichtlicher Verhöhnung dieses kalten Prunks (des Sarges von Maria Theresia, B. A.) steht der Sarkophag ihres Sohnes Kaiser Josef II." [29] Hundert Jahre früher schreibt Kisch: „Er, der störrige Sohn (Josef

Sarkophag Josefs II., dahinter der Maria Theresias und Franz' I.

II., B. A.), der so oft im Leben der Mutter widersprochen, gehorsam liegt er jetzt im Tode zu ihren Füssen, schlicht, im einfachen Sarge gebettet.“ [30]

Ein geschichtsträchtiger Ort wie dieser kann natürlich auch nicht ohne Geschichten bleiben. Wilhelm Kisch hat einige denkwürdige „geschichtliche Vorfälle bei den Kapuzinern im Kloster und in der Gruft“ zusammengefaßt. Vielleicht historisch nicht immer belegt, aber auf jeden Fall ganz interessant und ein Teil dessen, was an Geschichte und

Geschichten um die Kapuzinergruft erzählt wurde und zum Teil auch heute noch erzählt wird: Zum Beispiel die Frage eines gebührenden Bestattungsortes für den verehrten Kapuziner Marcus d'Aviano und seine beinahe Beisetzung in der Kapuzinergruft. Im Kapuzinerkloster starb 1699 der Kapuziner Marcus d'Aviano, der beim Entsatz Wiens von den Türken 1683 die Fürsten und Fahnen segnete und beim „Volke im Rufe eines Wundermannes" stand. „Leopold I. selbst hatte seinem alten Freunde Marcus auf dem Sterbebette die Augen zugedrückt und er war nur mit Mühe abzuhalten, ihn in der kaiserlichen Gruft beisetzen zu lassen."[31]

Eine sehr berührende Geschichte weiß Kisch von Maria Theresia zu berichten, die nach dem Tod ihres „plötzlich in Innsbruck vom Schlage gerührten" Gemahles Franz von Lothringen, vom Schmerz überwältigt, die Regierungsgeschäfte niederlegen und sogar ins Kloster gehen wollte. Von diesem Schritt konnten sie ihre Kinder nur mit Mühe abhalten. Die Trauer machte die Kaiserin trübsinnig und ernst, man sah sie fortan nur mehr in Trauerkleidern. Ihren Privatschmuck und ihre Kleider verteilte sie unter ihre Kammerfrauen, das üppig reiche Haar sah man kurz abgeschnitten und glattgekämmt. „Oft dreimal in der Woche kam sie zu den Kapuzinern in die Gruft, nicht selten zur Nacht, wo sie bei Fackelschein am Grabe ihres geliebten Gatten ihr Gebet verrichtete. (...) In den letzten Jahren, als ihre Körperfülle bedeutend zunahm, wurde hier, wie in der Hofburg und zu Schönbrunn, eine Maschine aufgestellt, an der sie sich selbst hinablassen und wieder hinaufziehen konnte."[32] Am 20. November 1780 besuchte sie zum letzten Mal die Gruft: „Eine ungewöhnliche Rührung bemächtigte sich ihrer und sie begann, gegen ihre Gewohnheit, laut zu weinen. Wahrscheinlich fühlte sie schon die zunehmende Schwäche des Alters. Im Hinaufziehen blieb die Maschine dreimal stecken, und die Kaiserin sagte zu dem sie begleitenden Kämmerer in bedeutungsvollem Tone: ‚Mir scheint, die Gruft will mich nicht mehr herauslassen'. Und wirklich, es war dies ihr letzter Besuch. Mit Todesahnungen erfüllt kehrte sie in die Burg zurück, schon am dritten Tage verliess sie nicht mehr ihr Gemach, und schon am 29. November hauchte sie ihre grosse Seele aus." [33]

Ein ebenso berührendes, aber erschütternderes Schicksal im Zusammenhang mit der Kapuzinergruft ereilte Jahre zuvor die schöne, liebreizende Prinzessin Josefa, die sechste Tochter Maria Theresias, die am 15. September 1767 mit Ferdinand IV. vermählt werden sollte. Zuvor aber verlangte die gottesfürchtige Kaiserin, daß die Braut noch in der Kapuzinergruft an den Särgen ihrer Ahnen ihr Gebet verrichte. „Die kaum sechzehnjährige Prinzessin fühlte aber eine unüberwindliche Abneigung gegen diesen Ort und beschwor ihre Mutter, ihr diese Ceremonie zu erlassen, da sich ihrer eine unerklärliche Todesfurcht bemächtige. Die strenge Mutter schenkte ihr aber kein Gehör, und so musste das zarte, äusserst empfindsame Geschöpf widerwillig, von Thränen überströmend, zur traurigen Behausung der Todten gebracht werden. Kaum hatte sie dort ihre Andacht verrichtet, befiel sie ein grauenhafter Schauer, sie fühlte sich unwohl, statt zum Traualtare musste sie in's Krankenbett gebracht werden, und einen Monat später, am 15. October, raffte der unerbittliche Tod ein junges, hoffnungsvolles Menschenleben dahin. Die schöne Josefa hatte nicht geahnt, den von ihr so verabscheuten Ort so bald wieder und diesmal für immer zu betreten." [34]

Zwar nicht direkt in der Gruft, aber in den unterirdischen Räumen des Klosters ereignete sich am 1. Februar 1782 ein eigenartiger Vorfall, der schon bei „Realis" im „Curiositäten und Memorabilienlexicon" falsch angeführt ist. An diesem ersten Februar nämlich fand eine Regierungskommission „in den unterirdischen Räumen des Klosters viele dem Kapuzinerorden angehörige Patres als Gefangene gefesselt, die den damaligen geheimen ‚Kirchenstrafen' verfallen waren"[34].

Dabei handelte es sich aber, wie neuere Forschungen belegen, weder um Gefesselte noch um Gefangene, sondern um die zu jener Zeit durchaus übliche Art der Unterbringung Geisteskranker.

Kaiser Franz Josephs Gruft

Ein weiteres Ereignis oder besser: ein Gruftbesuch wird von allen Chronisten als besonders bedeutsam gewertet. Und zwar der Besuch Napoleon Bonapartes bei „Fackelschein“ in der Nacht von 5. auf 6. Oktober 1809 in der Kapuzinergruft, 23 Jahre bevor sein Sohn, der Herzog von Reichstadt, hier beigesetzt werden sollte. Dieser Herzog von Reichstadt, dessen Leichnam von der französischen Regierung reklamiert wurde, war lange Zeit so etwas wie ein Faustpfand der Habsburger im Tausch gegen den Leichnam Marie Antoinettes. Die hiesige Regierung erklärte sich zur Herausgabe nur im Tausch gegen die Leiche der Königin Marie Antoinette, „die aber bekanntlich nicht aufzufinden war“ [35], bereit. Am 12. Dezember 1940 schließlich wurde der Herzog samt Sarkophag in einer Nacht-und-Nebel-Aktion von den Nationalsozialisten aus der Gruft entwendet und anläßlich der hundertsten Wiederkehr der Überführung Napoleons von St. Helena nach Paris nach Frankreich überstellt, als „Geschenk des Führers an die Franzosen“. „Übrigens vergaßen die Nazis in der Eile oder aus Unkenntnis, die Eingeweideurne und den Herzbecher mitzunehmen.“ [36]

Die eindrucksvollen und zum Teil prachtvoll gestalteten Särge in der einzigartigen Gruft haben der Kapuzinergruft zu jener Berühmtheit verholfen, die Jahr für Jahr Tausende Besucher anzieht. Manche der Besucher bringen auch kleine Sträußchen und Blumengestecke mit, die dann vor einem der Särge, meist dem Franz Josephs I., Elisabeths, Zitas und dem Rudolfs, deponiert werden, andere hingegen versuchen, einen Teil der Gruft mitzunehmen, und brechen Kreuze und Verzierungen von den Zinnsärgen.

Für die Erhaltung der Gruft und vor allem zur Restauration der wertvollen Sarkophage, die unter der hohen Luftfeuchtigkeit und teilweise auch unter den Besuchern leiden, wurde schon vor Jahren die „Gesellschaft zur Rettung der Kapuzinergruft" gegründet, deren Aufgaben mit Einnahmen aus Beiträgen, Spenden und hin und wieder durch Erbschaften finanziert werden.

Michaelergruft

Michaelergruft
1., Michaelerpl.
Führungen:
tägl. 11 und 15,
Sonntag 11

Das Verlangen, dem Haus Habsburg, dem man im Leben treu ergeben war, auch im Tode nahe zu sein, ließ in der Zeit des Barocks jene Toteninsel für Adel und Volk im Herzen Wiens entstehen, die heute weltweit bekannt ist unter dem Namen Michaelergruft." [37]

Die Michaelerkirche – „Man weiß das Jahr ihrer ersten Erbauung eben nicht genau" – wurde um 1221 von der Pfarre St. Stephan gegründet, 1276 durch eine große Feuersbrunst in Asche gelegt und brannte 1327 neuerlich ab. 1626 übergab Ferdinand II. die Kirche, an der zuvor „Weltpriester" den Gottesdienst besorgt hatten, an die von ihm nach Wien berufenen Barnabiten. Ursprünglich war die Kirche freistehend, nur vom „Freithof" umgeben, der 1510 auf Befehl Maximilians I. ausgeräumt und planiert wurde. Die Leichen waren daraufhin künftig bei St. Stephan beizusetzen. Nach der ersten Türkenbelagerung 1529 wurden aber schon wieder Bestattungen auf dem „Freidhöfl zum Öhlberg" durchgeführt. Erst nach dem Erwerb eines eigenen Friedhofes im heutigen sechsten Wiener Gemeindebezirk 1656 und nach letzten Beerdigungen während der zweiten Türkenbelagerung wurde der alte Friedhof endgültig aufgelassen. Ab der zweiten Hälfte des 16. Jahrhunderts ist der Ausbau von Einzelgrüften für Adelsfamilien mit der ersten Gruft der Familie Herberstein urkundlich belegt. Diese Einzelgrüfte waren aber bis ins 18. Jahrhundert noch nicht so wie heute durch Gänge verbunden. Seit 1668 fanden Bestattungen auch in den sogenannten Pfarrgrüften, die Massengrüfte für das Bürgertum, wohlsituierte Kaufleute und Handwerker waren, statt. Die Gebühren für die Belegung der Grüfte stellten eine wichtige Einnahmequelle für die Pfarre dar. Sie betrugen entsprechend der Umgebung, die man sich ausgesucht hatte, zwischen 10 und 40 Gulden. 1759 betrug die Gebühr in der eigenen Familiengruft für Erwachsene 10 und für Kinder 5 Gulden. „Die vornehmste der Pfarrgrüfte war die ‚Maria-Candia-Gruft'. 1751 kostete hier ein Begräbnisplatz 40 Gulden, in der großen Pfarrgruft 15 Gulden und in der Taufstubengruft 10 Gulden. Armenleichen waren gratis." [38] Die etwas abseits gelegene Taufstubengruft wurde bis heute noch nicht geöffnet. Mit einem Hofdekret untersagte Josef II. 1783 aus hygienischen Überlegungen weitere Bestattungen in der Michaeler-, aber auch in der Stephansgruft, bis 1784 fanden jedoch noch Bestattungen statt. Zwischen 1631 und 1784 wurden in der Michaelergruft rund 4.000 Tote beigesetzt. Um Platz für neue Bestattungen zu schaffen, verbrannten Kirchendiener die verfallenen alten Holzsärge, den Inhalt der Särge, Kleider und Knochenreste bedeckten sie mit einer dicken Schicht Sand und Lehm und stampften sie in den Gruftboden ein. Diese Schicht hat heute eine Mächtigkeit von etwa 1,5 Metern.

Die Salvatorianer übernahmen 1924 die Verwaltung der Michaelerkirche. In der Gruft fanden sie die Särge zu viert und zu fünft übereinandergeschlichtet vor. „Aus den geborstenen Särgen hingen Kleiderfetzen, Hobelspäne und Knochen heraus. Schon 1861 bemerkte ein Gruftbesucher: „Es macht einen wahrhaft grauenerregenden Eindruck, in diese mit Särgen überfüllten Gewölbe zu treten.“ [39] Ein Teil der Gruft wurde während des Zweiten Weltkrieges infolge beschädigter Wasserleitungen überschwemmt. Heute sind in der Gruft noch knapp 250 erhaltene Särge mit zum Teil mumifizierten Leichen zu sehen, die bei den durch zahllose hervorragende und aufwendige Filmtricks schon etwas verwöhnten Besuchern kaum mehr einen „wahrhaft grauenerregenden Eindruck“ zu hinterlassen vermögen, aber dennoch beeindrucken; zum Beispiel W. T. Bauer: „In den größeren Gewölben jedoch finden sich lange Reihen mit Blumen und Totenköpfen bemalter Holzsärge, ähnlich alten Bauernmöbeln. (...) In den teils offenen Särgen liegen hervorragend erhaltene mumifizierte Leichen, eingenäht in Leinen, (...) ‚grausig schön‘ anzusehen“ [40] oder Gerhard Roth: „An den Toten findet man Schuhe, den kurzen barocken Gehrock, auf dem Kopf des einen oder anderen das Netz einer Perücke. In einem Sarg ist das Tuch aufgeschnitten, die Tote liegt wie in einem Hochzeitskleid da, um den Kopf ein kleines Gewölk von Holzscharten, wie ein vertrockneter Blumenkranz.“ [41] Einer der berühmtesten Toten in der Gruft ist der Hofdichter Pietro Metastasio, der unter anderem für Mozarts Opern Libretti verfaßte, die „bekannteste

Tote in der Gruft ist eine Frau, die während der Schwangerschaft gestorben ist. Ihr Gewand ist rückstandlos zerfallen, aber das Kind blieb unter der Bauchdecke als Abdruck sichtbar.“ [42]

Seit 1977 ist die Michaelergruft wieder öffentlich zugänglich und bei Führungen zu besichtigen. Sie „stellt die mit Abstand ‚sehenswerteste‘ der unterirdischen Begräbnisstätten Wiens dar“ [43].

Trinitariergruft unter der Minoritenkirche

Trinitariergruft

Trinitariergruft
8., Minoritenkirche
Alser Straße 17
Tel. 42 72 25
Öffnungszeiten: Ein Besuch der Gruft ist nach vorheriger Anmeldung im Sekretariat möglich

Die Trinitarier (Mitglieder des Ordens der Hl. Dreieinigkeit), im Volksmund „Weißspanier" genannt, kamen 1688 nach Wien und erwarben 1689 in der Alser Straße den „Adelspurgischen Gartengrund", auf dem sie Kirche und Kloster errichteten. 1783 kamen, nach Aufhebung des Ordens, Kirche und Kloster an die Minoriten, die ihrerseits mit der Versetzung in die Alser Straße ihre Kirche am Minoritenplatz der italienischen Kongregation übergeben mußten. Über Berufung Erzherzog Franz Ferdinands kehrten die Trinitarier 1900 nach Wien zurück. In der Kirche, deren Grundstein 1695 gelegt und die 1698 geweiht worden war, fand am 27. November 1827 die Leichenfeier für Ludwig van Beethoven statt. Unter der Kirche befindet sich eine große Gruft, die in etwa den Ausmaßen des Kirchenschiffes entspricht. Hier war über knapp hundert Jahre die Begräbnisstätte der Trinitariermönche und der Wohltäter der Kirche. Die Särge sind in sogenannten Kolumbarnischen, d.h. in Wandnischen, eingemauert. Während der Besetzung Wiens durch Napoleonische Truppen 1809 waren französische Soldaten in der Gruft einquartiert, dabei wurden etliche Grabnischen, wohl auf der Suche nach wertvollen Grabbeigaben, aufgebrochen und zerstört. Der „Groner" bemerkt zur Trinitariergruft: „Die unter der Kirche befindliche Gruft enthält sehr viele Grabstellen; viele Leichname sind eingemauert, andere liegen frei und sind mumifiziert."[44] Davon ist zumindest heute nichts mehr zu sehen. Auf den noch erhaltenen zahlreichen Kolumbarnischen sind kunstvoll gestaltete schwarze Inschriften aus der ersten Hälfte des 18. Jahrhunderts zu erkennen. Zwischen den Kolumbarnischen sind einige Zeichnungen angebracht, darunter eine schöne Darstellung des Sensenmannes mit Schaufel, Flügelkrone und einer Sanduhr auf dem Kopf, die angeblich aus der Zeit der Franzosenkriege stammt. Andere Zeichnungen und Beschriftungen sind ganz eindeutig jüngeren Datums. Der vordere Teil der Gruft dient seit 1973 wieder als Begräbnisstätte der Minoritenmönche. Aus der Gruft zweigen zwei Gänge zu den großen, jedoch leerstehenden Klosterkellern ab. Ein Kartonschild an der Wand mit Verhaltensrichtlinien für den Fall eines Luftangriffes ist ein Hinweis auf eine mögliche Schutzraumnutzung der Gruft während des Zweiten Weltkriegs – oder ein „Fake“. Im Vergleich zu anderen Grüften wie Michaeler- und vor allem Kapuziner- und St.-Stephansgruft wirkt die Trinitariergruft fast sympathisch und unkompliziert.

Sensenmann und Kolumbarnischen

Klöster und Stifte

Die Klöster und Stifte gehören zu den ältesten Häusern und Gebäuden der Stadt mit einer meist bis an ihre Anfänge zurückverfolgbaren Geschichte. Klöster und Stifte hatten schon immer entsprechend der Größe der oberirdischen Anlage große und tiefe Keller, die meist als Weinkeller oder Lagerkeller genutzt wurden, da die Klöster meist über Weingärten und landwirtschaftliche Besitzungen verfügten. Viele der Klöster hatten und haben in ihren Untergründen auch Grüfte für Ordensmitglieder und Wohltäter ihrer Häuser und Kirchen. Einige dieser Grüfte sind auch heute noch zugänglich. Wie bei allen alten geschichtsträchtigen und großen Gebäuden kursieren selbstverständlich auch um die Klöster unzählige Legenden und Geschichten über geheimnisvolle Gänge und Verbindungswege, meist auch mit der Variante einer Verbindung zur Stephansgruft. Aber auch bei den Klöstern und Stiften stimmen die Angaben über Flucht- und Verbindungswege meist nicht, und falls doch welche bestanden haben, so waren es wenig komfortable Gänge, die lange nicht so weitläufig waren wie allgemein angenommen, sondern eben kurze Wege ins Freie, die zudem heute großteils nicht mehr eruierbar sind. Was hingegen mit Sicherheit stimmt, ist, daß die Klöster- und Stiftsuntergründe ebenso wie die meisten anderen Keller der Stadt während des Krieges als Luftschutzkeller genutzt wurden. Manche der Stiftskeller sind so wie der Keller des Stiftes Melk heute gastronomisch genutzt, die meisten aber stehen leer oder finden lediglich als Lagerkeller Verwendung und sind für Besichtigungen meist leider unzugänglich. So können zum Beispiel die Untergründe des Schottenstiftes zum Teil im Rahmen einer Führung durch das Stift besichtigt werden, die des Franziskanerklosters über den Umweg in die Weinhandlung Grams, an die große Teile der „franziskanischen" Kellers vermietet sind, und die Untergründe des Heiligenkreuzerhofes praktisch überhaupt nicht oder nur über vorherige Anmeldung bei der Stiftsverwaltung.

Franziskanerkloster

Franziskaner-Convent 1., Franziskanerplatz 4

Das erste Ordenshaus der Franziskaner in Wien war St. Theobald auf der Laimgrube im heutigen sechsten Wiener Gemeindebezirk, das 1451 von Johann von Capistran für seine zwölf aus Italien mitgenommenen Ordensbrüder in Besitz genommen wurde. Das unter Friedrich III. vergrößerte Kloster bot schon bald Platz für 200 Mönche. Während der ersten Türkenbelagerung wurden am 25. September 1529 Kloster und Kirche zerstört und rund 100 Mönche getötet. Bis die Franziskaner schließlich 1589 ihren heutigen Standort am Franziskanerplatz erhielten, waren sie noch kurz in einem alten Pfarrhaus bei St. Ruprecht und ab 1545 im sogenannten Benefiziatenhaus in der Singerstraße untergebracht. Das Haus am nunmehrigen Franziskanerplatz hatte, bevor es von den Franziskanern übernommen wurde, als „Büßerinnenkloster" eine sehr bewegte Geschichte. Das Büßerinnenkloster, „ein Haus für bekehrte Frauen, die sich aus dem sündigen Leben zur Buße und zu Gott wendeten"[1], bestand möglicherweise schon 1306. Die Frauen waren angehalten, verschiedene nützliche Arbeiten im Haus zu verrichten, und durften dieses nur mehr verlassen, wenn sie sich verheirateten. Im „Memorabilienlexicon" gibt „Realis" einen kurzen Überblick über das Leben der Büßerinnen.[2] Am 24. 2. 1384 erhielten die Büßerinnen, die armen freien Frauen, die sich nach sündigem Vorleben zu Buße und Gott gewendet hatten, von Herzog Albrecht III. mit dem Zopfe oder auch mit der Locke die Befreiung von allen Steuern, Mauten und Zöllen und alle Freiheiten außer der Gast- und Schankfreiheit.

Die neue Gruft der Franziskaner

Bald schon genossen die Büßerinnen hohes Ansehen und auch Reichtum infolge der Steuerfreiheit und vielfacher Schenkungen und wurden gerne und häufig neu verheiratet. „Bei Strafe an Leib und Gut dürfen diese Frauen von niemandem auf ihr Vorleben angesprochen werden.“ [3] Fiel allerdings eine der Büßerinnen in ihr altes Sünderleben zurück, wurde sie kurzerhand in der Donau ertränkt.

Ab ca. 1500 nahmen Buße und Reue deutlich ab. Der große Stadtbrand von 1525 zerstörte auch das Kloster der Büßerinnen, „wodurch sein Niedergang eingeleitet wurde. Nur notdürftig restauriert, verwilderten die Sitten, viele Büßerinnen entsprangen, und 1548 wurden anläßlich einer Klostervisitation nur mehr acht Frauen festgestellt; die Meisterin Juliane Kleeberger wurde, da sie Orgien geduldet und mitveranstaltet hatte, in Untersuchung gezogen“[4] und lebte bis zu ihrem Tode 1553 im Kloster; eine Grabtafel im heutigen Franziskanerkloster erinnert noch an sie. Die Skandale mehrten sich, und 1571 war keine Nonne mehr im Haus. Ab 1572 war hier eine städtische „Jungfrauenzuchtschule“ für sechs- bis siebenjährige Mädchen untergebracht, bis schließlich 1589 die Franziskaner das Haus übernahmen. Die Reste des Büßerinnenklosters wurden zum Großteil demoliert und Kirche und Kloster ab 1603 wahrscheinlich nach Plänen des Paters Bonaventura Daum „in Formen süddeutscher Renaissance mit starken gotischen Nachklängen“[5] erbaut. Zur Zeit Josefs II. waren über 250 Brüder im Kloster, heute sind es knapp dreißig. Die weitläufigen, zweigeschoßigen Kelleranlagen des Franziskanerklosters sind zum Großteil an fremde Nutzer wie z. B die Weinhandlung Grams (siehe auch Kapitel „Sektkeller, Bierbrauerei und ‚Gewandkeller‘, Neue Nutzungen in alten Kellern“) oder eine Blumenhandlung Ecke Franziskanerplatz/Singerstraße vermietet. Als das Kloster noch stärker besetzt war, wurden die Keller vor allem als Weinkeller genutzt. Hier lagerte die sogenannte „Klosterperle“, ein verschnittener „Brünnerstraßler“-Wein, der von den Brüdern, die ja keine eigenen Weingärten besaßen, gesammelt wurde. Der heutige Weinkeller der Franziskaner hat nur noch bescheidene Ausmaße. Die interessant konstruierten Gewölbe sind Lagerkeller oder Rumpelkammer und beherbergen die alte Heizanlage – seit einiger Zeit ist das Kloster an die Fernwärme angeschlossen – und das „Vermächtnis" eines vor wenigen Jahren im 89. Lebensjahr verstorbenen Paters. Dieser Pater, der ein Leben lang alle anfallenden Arbeiten im Kloster, von Hilfsarbeiten in der Küche über Tischlerarbeiten bis zur Instandhaltung des Hauses, übernahm – „An seinem Sterbetag hat er noch Erdäpfel geschält" –, hat die Kellerräume als Lager benützt und hier eine umfangreiche Sammlung alltäglicher Gegenstände, vor allem aber von Holzstücken, defekten Sesseln, Tischen etc. angelegt, sodaß der Keller über weite Strecken heute wie das erste „Strandgutmuseum" wirkt. Ein Teil des Kellers wurde 1974 zur neuen Gruft der Franziskanerpatres umgebaut, nachdem neue gesetzliche Bestimmungen ab 1970 Grüfte wieder als Bestattungsort für Ordensmitglieder zuließen. Die alte Gruft unter der Kirche, in der Mönche und Wohltäter, die sich das Recht auf eine Bestattung in der Gruft erworben hatten, bestattet sind, ist seit Jahren aus gesundheitlichen Gründen gesperrt.

Keller bei den Franziskanern

Schottenstift

Schottenstift
1., Freyung 6
Tel. 533 76 78
Besichtigung der Gruft ist im Rahmen von Führungen durch das Stift möglich

Herzog Heinrich II. Jasomirgott berief 1155 irische Benediktiner aus St. Jakob in Regensburg, die fälschlich als Schotten bezeichnet wurden, nach Wien und stiftete ihnen, ursprünglich vor den Stadtmauern gelegen, einen Grund zur Erbauung von Kloster und Kirche. Das mit vielen „Gerechtigkeiten und Freiheiten" ausgestattete Kloster wurde 1418 den deutschen Benediktinern übergeben. „Die ‚Schotten', unter denen Kirche und Kloster in Verfall geraten waren – sie versetzten sogar Turmglocken und Ornate –, zogen in ihr Stammkloster nach Regensburg zurück." [6] Der Komplex des Schottenstiftes wurde wiederholt umgebaut und verändert, aber auch durch Brände zerstört. „Schon vom Anfange ihrer ersten Errichtung scheinen diese Gebäude zu mehrmaligen Feuersbrünsten bestimmt gewesen zu seyn. Im Jahre 1275 ist das Kloster samt der Kirche, und dem ganzen Schottenviertel, im Jahre 1488 sind die Thürme dieser Kirche, und die größte Glocke mit noch fünf anderen; im Jahre 1635 ist wieder der Kirchthurm, und im Jahre 1683 die Kirche, der Thurm, das Kloster, und alle anstossende Gebäude durchs Feuer verzehret worden. Im Jahre 1529 wurde das Kloster von der eingelegten Miliz sehr mißhandelt, und die Bibliothek verheeret." [7]

Das Schottenstift hat also eine sehr bewegte Geschichte hinter sich. Ein Teil dieser Geschichte ist auch an den Kellern ablesbar. Praktisch das ganze Areal um das Stift ist mit Gewölben aus verschiedensten Bauperioden unterkellert, von romanischen Resten über barocke Gewölbe bis zu Biedermeierkellern ist unter dem Schottenstift alles anzutreffen.

Die interessantesten Keller des Schottenhofes befinden sich im zweiten Tiefgeschoß, die darüberliegenden Keller sind kleine Kammern, die als Lagerräume der Hausparteien genutzt werden. Der Abgang in die Keller führt über eine steile Holztreppe fast zehn Meter in die Tiefe.

Beinahe einzigartig sind die großen Gewölbe der ehemaligen Weinkeller, des Aula-, Refektoriums- und Johannes-Kapellen-Kellers, die im Zuge des Neubaues des Schottenklosters zwischen 1826 und 1832 nach Plänen des Architekten J. Kornhäusl errichtet wurden. Das Besondere dieser Keller ist neben ihrer Größe aber vor allem der für Kornhäusl typische „Apsidial-Abschluß" der Gewölbe, der sonst in anderen Gebäuden praktisch kaum ausgeführt

Refektoriumsgewölbe mit Apsidial-Abschluß

wurde. Kornhäusl ist noch eine weitere Eigenart der Schottenstift-Keller zu verdanken, nämlich die, daß er Spolien aus dem Mittelalter, d.h. große Mauer- und Gesteinsbrocken von Vorgängerbauten, in seinen Gewölben weiterverwendete und die barocken Keller, wo es der Neubau zuließ, erhielt.

Die Kelleranlagen, die früher als Weinkeller des Stiftes genutzt wurden, stehen heute zum Großteil leer, lediglich ein kleiner Teil wird noch von einem Gastbetrieb im Stiftsareal genutzt. Der Refektoriumskeller ist als Werkstätte für Tischler und Restauratoren des Stiftes eingerichtet. Die absurdeste Nutzung befindet sich aber im Aulakeller, dem größten der Gewölbe: Hier sind am Ende des Raumes einige nicht mehr benötigte Luster aus der Kirche auf

„Luster-Lager“ im Refektoriumskeller

einem schmalen Balken aufgehängt. Da sich sonst praktisch nichts in dem großen Raum befindet, wirkt das ganze Arrangement wie eine witzige künstlerische Installation, der unnützeste Ort für einen Luster.

Einige der Keller ragen, wie es früher üblich war, über die Grundmauern des Gebäudes hinaus unter den Straßenraum. Unter den Kellern wird zumindest teilweise noch ein weiteres Kellergeschoß vermutet, da bei Grabungsarbeiten schon Hinweise gefunden wurden, z. B. „Entlastungsbögen" von Gewölben, die tief in die Erde reichen. Ein weiteres Geheimnis der Keller ist ein Fluchtgang aus dem Stift, der beim „Kolroser-Eck" unter der Stadtmauer durch in Richtung heutiger Votivkirche auf das Glacis geführt haben soll. Das Schottenstift war eines der ersten Gebäude in Wien, die bereits vor der Jahrhundertwende an das Telefonnetz angeschlossen und mit Telefonanlagen ausgestattet wurden. Bei der Verlegung der Telefonleitungen stießen die Bauarbeiter auf ebenjenen Verbindungsgang, der von den Ausmaßen her von zwei Personen im „Gegenverkehr" gerade passierbar gewesen sein soll, und das dritte Kellergeschoß. Über beide Bauwerke sind von einem gewissenhaften Baupolier Vermerke in den Bauprotokollen angeführt, lediglich die Lage ist nicht eruierbar. Unter der Kirche des Schottenstiftes befindet sich eine große Gruft, die den Umrissen des dreischiffigen Kirchenbaues entspricht. Die Krypta, die noch 1902 als voll mit mumifizierten Leichen und Särgen über Särgen beschrieben wurde, ist heute ein fast leerer Raum mit wenigen Grabplatten an den Wänden und einigen Sarkophagen darin. In der Gruft sind unter anderem der Verteidiger der Stadt während der zweiten Türkenbelagerung, Graf Rüdiger v. Starhemberg, und Feldmarschall Graf v. Kevenhüller, „welcher durch die in Oberösterreich, und Bayern erfochtenen herrlichen Siege mit Lorbeeren gekrönet, zu Anfang des Jahres 1744 verstorben ist“[8], sowie der bekannte Freskenmaler Paul Troger beigesetzt. In der sogenannten Stiftergruft, die 1774 bei Bauarbeiten entdeckt wurde, befinden sich möglicherweise die Gebeine des Stifters, Herzog Heinrich Jasomirgotts, und seiner Frau Theodora und ihrer Tochter Agnes. „Herzog Heinrich, welcher im Jahre 1177 verbliechen, hat in der ersten Kirche dieser Abtey, die er erbauet, sein Begräbnis erwählet.“[9] Der Abgang zur Krypta durch das von J. Kornhäusl gestaltete „Mausoleum“ sowie der Altarbereich der Gruft wurden 1959/60 vom Architekten R. Kamreiter neu angelegt.

Heiligenkreuzerhof

***Heiligenkreuzerhof* 1., Schönlaterngasse 5, Grashofgasse 3**

Der Heiligenkreuzerhof, urkundlich schon 1201 und 1242 erwähnt, ist eine Gründung des Stiftes Heiligenkreuz, die im Laufe der Zeit aus mehreren Hofeinheiten zusammengewachsen ist. Zwischen 1659 und 1676 wurde der Hof umgestaltet, teilweise neu errichtet und zu einem großen Bau zusammengefaßt. Die Gesamtanlage wurde 1746 erneuert. Der Stiftshof bildet mit der barocken Kapelle und den Zinshäusern einen Durchgang von der Grashofgasse zur Schönlaterngasse, wo im Haus Nummer 7 der „Basilisk“, das bekannte unterirdische Wiener Sagentier, im Brunnen lebte (siehe auch Kapitel „Sagen und Legenden“). Im Mittelalter handelten im

Ehemaliger Weinkeller im Heiligenkreuzerhof

Heiligenkreuzerhof die Mönche des Stiftes mit Fischen, Wein und Lederwaren.

Aus dem Mittelalter stammen zum Teil auch die bemerkenswerten Keller mit mächtigen Kreuzrippengewölben im nordöstlichen Teil des Hofes. Im Heiligenkreuzerhof sind die großen Gewölbe im zweiten Untergeschoß auf verschiedenen Niveaus angelegt. In den Gewölben sind zum Teil noch die Steinquader, die als Auflager für die Weinfässer dienten, erhalten, ansonsten stehen die Keller bis auf einen „Gerümpelkeller“ im ersten Untergeschoß leer.

Als wären die Keller des Heiligenkreuzerhofes nicht beeindruckend genug, werden immer wieder Geschichten über acht (!) Geschoße tiefe, verschüttete Keller und „Keller so groß, daß Pferdefuhrwerke darin aus und einfuhren“, erzählt. Bei einer durchschnittlichen Gewölbehöhe von drei bis vier Metern hätten sich die Mönche bei acht Kellergeschoßen 24 bis 32 Meter tief in der Erde befunden, was eher unwahrscheinlich ist, da der Grundwasserspiegel in Wien zumindest in der Inneren Stadt ca. 15 Meter unter Niveau liegt. Unklar bleibt auch immer, wie die Fuhrwerke in die Keller kamen und was sie dort wohl gemacht haben. Zwar gab es in verschiedenen Kelleranlagen sehr wohl unterirdische Stallungen, die über Rampen erreicht wurden, selten ist jedoch davon die Rede, daß gleich ganze Fuhrwerke zehn und mehr Meter tief unter der Erde in den Kellern auf und ab fuhren.

Frauenabteilung in der Mikwe, Tempelgasse 3

Die Mikwe, das jüdische Kultbad

Mikwe Agudas Yisroel 2., Tempelg. 3

Die Geschichte der Juden in Wien zwischen antijüdischen Exzessen, Toleranzpatent und „goldenem Zeitalter" ist seit dem Mittelalter geprägt von ihrer Bedeutung für die wirtschaftliche und kulturelle Entwicklung dieser Stadt und zum anderen durch die jahrhundertelange Verfolgung, Vertreibung, Ermordung und Zerstörung ihrer religiösen Einrichtungen und Gebäude. Was schon 1195 mit der Ermordung des Münzmeisters Schlom begann, endete nach zahlreichen blutigen und verheerenden Pogromen, etwa 1421 oder bei der Vertreibung 1670, unter der Naziherrschaft im Holocaust.

Die Zerstörungen betrafen aber nicht nur die Synagogen und Bethäuser, sondern auch die meist in Kellern und im Untergrund befindlichen, heute weitestgehend unbekannten „Mikwen". Die „Mikwe", „Mikwah" oder „Mikvaot", das rituelle Tauchbad, das den Zustand vom kultisch Unreinen zum rituell Reinen verändert, ist eine für die Religionsausübung orthodoxer Juden absolut notwendige Einrichtung. „Wichtiger noch als eine Synagoge. Beten kann man überall. Aber für die rituelle Reinheit braucht es eine Mikwe."[1] Bei der rituellen Reinigung in der Mikwe ist das Untertauchen des ganzen Körpers mit allen Haaren in ungeschöpftem, „lebendigem" Wasser, also in Grundwasser, in einer Quelle oder in gesammeltem Regenwasser, in uralten zeremoniellen Regeln festgeschrieben. Bereits im dritten Buch Moses heißt es: „Nur eine Quelle und eine Zisterne mit angesammeltem Wasser bleiben rein." Das Regen- oder Quellwasser darf nach genauen Vorschriften mit Leitungswasser gestreckt werden. „Es muß aber wie bei einer Quelle in das Becken fließen, Schöpfen und Gießen sind ungültig. Das Wasser im Tauchbecken muß über ein Rohr in direktem Kontakt mit dem Regenwasser im Sammeltank stehen. Während des Untertauchens darf Wasser weder zu- noch abfließen."[2] Mindestens vierzig Sea, ein antikes hebräisches Hohlmaß, das entspricht ungefähr 1000 Litern, müssen das Bad füllen, das Männern vor dem Sabbat und an den Feiertagen nur empfohlen wird, den Frauen jedoch nach der Halacha, dem jüdischen Religionsgesetz, vor der Hochzeit, nach einer Geburt und nach jeder Menstruation strikt vorgeschrieben ist. Vor dem Eintauchen in die Mikwe muß alles Körperfremde, die Kleider und der Schmuck, Ringe und Ketten, abgelegt, aber auch Make-up, Lippenstift, Lidstrich und Nagellack entfernt werden.

Bis 1938 existieren in Wien 95 Synagogen und jüdische Bethäuser, drei von der Kultusgemeinde betreute Mikwen und eine bis heute unbekannte Zahl „privater" Mikwen. Die größte und bekannteste Mikwe war in der Floßgasse 14 im zweiten Bezirk. Heute bestehen gerade noch drei Mikwen und auch diese sind nicht historisch, sondern nach 1945 neu errichtet. Die alten Mikwen wurden zerstört oder sind verschüttet und umgebaut. Bis heute waren sie jedenfalls noch nicht Gegenstand wissenschaftlicher Untersuchungen oder geschichtlicher Forschungen, auch das eine Art der Vergangenheitsbewältigung.

Die ersten Mikwen bestanden in Wien bereits im Mittelalter. Das Haus „Zum großen Jordan" am Judenplatz 2 wurde etwa im Jahre 1520 an der Stelle erbaut, an der sich die Mikwe des ersten Wiener Ghettos befand, das im 13. Jahrhundert unter dem

Druck der Bürgerschaft errichtet wurde.[3] Eine andere befand sich in der Kleeblattgasse. Ein weiterer Hinweis auf mittelalterliche Mikwen findet sich ebenfalls bei Hugo Gold: „Das strenge Verbot des Zusammenseins von Christen und Juden und der spezielle Baderitus der Juden führte auch früh zur Errichtung eigener Badehäuser, und zwar neben den eigentlichen ‚kalten Tauchbädern' auch zu solchen, die den öffentlichen Badestuben entsprachen. Als Tauchbad wird im Jahre 1426 die Badestube im Hause 348 bezeichnet."[4] Die Mikwen wurden oft sehr tief in die Erde, zum Grundwasser oder einer Quelle hin, gebaut. In Deutschland sind noch einige mittelalterliche „Monumental-Mikwen, ausgemauerte Schächte von der Dimension eines sich in den Boden bohrenden Burgturmes"[5], erhalten, zum Beispiel die bedeutendste in Worms, andere in Köln, Speyer, Offenburg, Andernach und Friedberg. Die Mikwe in Friedberg etwa reicht in 25 Meter Tiefe.

Die Mikwe der „Agudas Yisroel", eine der drei Mikwen in Wien, befindet sich im Keller des Hauses Tempelgasse 3 und wurde vor ungefähr sechs Jahren komplett renoviert und neu adaptiert. Das „lebendige" Wasser dieser Mikwe ist Regenwasser, das über Fallrohre, die vom Hausdach in den Keller führen, in das Tauchbecken bzw. einen Tank geleitet wird. In der Tempelgasse 5, dem angrenzenden Grundstück, befand sich bis zur „Reichskristallnacht" ein großer Tempel, der 1853 bis 1858 nach Plänen von L. v. Förster als Ziegelrohbau in arabischen Formen errichtet wurde.

Die Untergründe der Hofburg

Die Hofburg, einer der historisch und baugeschichtlich wichtigsten Gebäudekomplexe Wiens, besteht aus mehreren Trakten, die im Laufe von über siebenhundert Jahren entstanden sind. Sie war also nie ein einheitlicher Baukörper, sondern immer ein Komplex verschiedenster Bauformen und -stile, durch ständige Erweiterungen und Ausbauten vergrößert und verändert. „Jeder der Herrscher restaurierte die Burg, vergrößerte sie oder ließ Teile derselben umgestalten, fügte ihr einen neuen Flügel oder eine in ihrem Zeitstil geschmückte Fassade hinzu. Getreu einer Tradition benützten sie aus Pietät niemals die Wohnräume ihres Vorgängers, sondern richteten sich stets eigene Appartements ein.“ [1]

Der Bau der „alten Burg“, seit Mitte des 18. Jahrhunderts Schweizertrakt und Schweizerhof genannt, wurde bereits 1275 unter Premysl Ottokar II., an den nach dem Tod des letzten Babenbergers, Friedrichs II., die Herrschaft über die österreichischen Länder gefallen war, begonnen. Im 15. Jahrhundert fanden einige Vergrößerungen der Burg statt. Im 16. Jahrhundert entstanden, zunächst isoliert, die Stallburg und die Amalienburg, die unter Leopold I. (1658–1705) durch die „neue Burg“, den späteren „Leopoldinischen Trakt“, mit der „alten Burg“ verbunden wurde. Es folgten die Hofbibliothek, die heutige Nationalbibliothek, die Winterreitschule, die Reichskanzlei, der Michaelertrakt und schließlich die gewaltige Anlage der „Neuen Hofburg“ nach Plänen von Gottfried Semper und Karl Hasenauer.

Mit ihren 18 Trakten, 54 Stiegen, 19 Höfen und rund 2.600 Räumen wird die „Hofburg“ oft auch als „Stadt in der Stadt“ bezeichnet. So vielgestaltig wie die oberirdische Hofburg sind auch ihre Untergründe, die in der Broschüre „Die Hofburg zu Wien“ auch als „unterirdische Burg“ bezeichnet werden. Und genauso vielfältig wie die Geschichten der „sichtbaren“ Hofburg sind auch die Legenden der „unsichtbaren“ Hofburg. Wobei sich beinahe alle Geschichten und Legenden mit unterirdischen Verbindungs- und

Fluchtgängen beschäftigen, was auch nicht verwundern darf, da das „Volk“, seit es Burgen, Schlösser und Herrscher gibt, bis heute davon überzeugt ist, daß in Krisenfällen und Zeiten großer Bedrohung die dafür Verantwortlichen eine Tapetentüre öffnen, hinter der sie und ihre nächsten Kumpane mit einem beträchtlichen Teil der Staatskasse verschwinden. Diese Annahme ist durchaus richtig, nur fanden bzw. finden solche Vorgänge selten in ungemütlichen, schmutzigen und schlecht belüfteten und beleuchteten unterirdischen Gängen statt.

Das hartnäckigste Gerücht rankt sich aber nach wie vor um den Verbindungsgang zwischen Hofburg und Schönbrunn. Dieser Gang ist sozusagen die Krönung der unterirdischen Verbindungsphantasien mit beinahe schon Jules Verneschen Ausmaßen. Während der Bauarbeiten zum neuen Tiefspeicher der Nationalbibliothek wurden auch endlich Hinweise auf den Gang nach Schönbrunn gefunden. Große Gewölbe einige Meter unter der Erde, die auch nach Westen ausgerichtet waren. Tatsächlich handelte es sich aber dabei um Teile der alten Befestigungsmauern, Bastionen und Kasematten.

In der Tat sind die Untergründe der Hofburg riesengroß und ein richtiges Labyrinth. Natürlich bestehen eine ganze Menge unterirdischer Verbindungsgänge der Hofburgtrakte untereinander, aber auch zum Beispiel zu den großen Ring-Museen, zum Kunst- und zum Naturhistorischen Museum, oder auch zum Ballhausplatz. Ein wirklich langer Verbindungsgang führt in die Spittelau zum Fernheizwerk. Aber auch ohne Fluchtwege und Gänge bleiben die Hofburguntergründe eine der beeindruckendsten und größten unterirdischen Anlagen Wiens.

Die Hofburg birgt viele Geheimnisse in ihren Tausenden Zimmern und unübersehbaren Kellern, mit eines der größten Geheimnisse ist die Verwaltung des ganzen Komplexes, zu deren Einflußbereich zum Beispiel auch noch das Belvedere zählt, die sogenannte Burghauptmannschaft, die offensichtlich nach dem Motto „My castle is my home“, mit Betonung auf „my“, agiert. Was

damit wirklich bezweckt werden soll, Arbeitsersparnis oder Sicherheitsüberlegungen, und wer vor wem geschützt werden soll, ist nicht zu eruieren.

Als Beispiele, die einen ungefähren Eindruck der unterirdischen Hofburg vermitteln, waren das sogenannte Gipsdepot im Leopoldinischen Trakt und die Keller der Nationalbibliothek, allerdings über den Weg der Nationalbibliotheksdirektion, zugänglich. Unzugänglich hingegen waren der „Eiskeller", der Keller des „Theseustempels", die Heizanlagen in den unterirdischen Räumlichkeiten des Südteiles des Schweizertraktes, in denen „im Jahre 1953 aus dem

Zentralkesselhaus ein neues Fernheizkraftwerk geschaffen wurde, das außer der Hofburg auch die Staatsoper, das Burgtheater, den Hanuschhof, das Bundeskanzleramt und die Ring-Museen mit Wärme und elektrischer Energie versorgt"[2], alle anderen unterirdischen Technikräume, der Medizinalweinkeller der alten Hofapotheke, der ältesten Apotheke Österreichs, in dem heute noch „Medizinalweine und -liköre" lagern, „der guterhaltene Burggraben, wo sich unterhalb Kellergelasse (früher Kerker) befinden"[3], die Keller des Völkerkundemuseums und etliche andere Kellerräume, die eine Expedition wert wären.

Der kaiserliche Eiskeller

In den weitläufigen unterirdischen Räumen der Hofburg befindet sich auch irgendwo ein sagenhafter Eiskeller, der, im Winter mit Natureis gefüllt, das ganze Jahr über die Funktion unserer heutigen Eisschränke zu übernehmen hatte. Allerdings ist es sehr schwer bis unmöglich, diesen „kaiserlichen Refrigerator" zu sehen. „Nein, in den Eiskeller möchte ich jetzt eigentlich niemand reinlassen. Ich habe auch gar kein Interesse, daß da irgendwer reingeht, da ist momentan keine Nutzung drin, und überhaupt!" So die lapidare Antwort aus der Burghauptmannschaft. Na gut, mag ja sein, aber deshalb die totale Informationssperre – und überhaupt: Wo bleibt der Bildungsauftrag oder so ähnlich? Gibt's keinen? Aha.

Der Eiskeller, der zudem zu den Lieblingsobjekten des Burgoberhäuptlings zählt, kann also nur aus der Ferne und der Vermutung heraus beschrieben werden. Nach den Versuchen, einige Legenden auf ihren Wahrheitsgehalt hin zu überprüfen – Stichwort: Hofburg – Schönbrunn, eine Verbindung –, kann dies aber auch als Ausgleich am Legendenschatz verstanden werden: Tausche alte Legende gegen neues Gerücht. Den Eiskeller hat man sich also, laut vertraulichen Hinweisen, als Rundbau mit einem Durchmesser von ca. fünf Metern und einer Tiefe von ca. acht Metern vorzustellen. Um den zentralen Baukörper herum waren Kammern angeordnet, die eigentlichen „Kühlfächer". Dieser „Urgefrierschrank" muß also ein recht imposantes Bauwerk sein. Heute ist der Eiskeller angeblich ohne Nutzung und in einem ziemlich schlechten Bauzustand. Ähnliche „Eisschränke“ sind zum Beispiel noch in einigen Gegenden des Weinviertels erhalten.

Theseustempel

Theseustempel
1., Volksgarten

Ganz ähnlich wie beim Eiskeller verhält es sich auch mit dem ebenfalls unter der Verwaltung der Burghauptmannschaft stehenden Theseustempel. Der Raum unter dem Theseustempel ist an den Betreiber des Café-Restaurant Volksgarten vermietet und wird von diesem angeblich als „Sessellager“ genutzt. Im Unterschied zum „Eiskeller“ wird hier die Ablehnungsfront der Burghauptmannschaft in kongenialer Weise durch den Pächter des „Theseusschen Untergrundes“ ergänzt. Was man sich etwa folgendermaßen, oder so ähnlich, vorstellen darf (verkürzt): Burghauptmannschaft: „Wir haben da leider keine Schlüssel, und überhaupt ist das gar nicht interessant für Sie. Außerdem kommt da ohne Zustimmung des Mieters niemand rein, nicht einmal wir! Auch wenn Sie noch lange dessen Zustimmung haben, können Sie nicht rein, denn die Information der Kollegin, wir hätten einen Schlüssel, war schlicht und einfach falsch, der Herr, der den Schlüssel bei sich trägt, ist nicht zu erreichen, tut uns leid, momentan geht wirklich nichts.“ Diese Argumentationslinie wird vom Mieter des exklusiven Sessellagers übernommen und ergänzt. Mieter: „Nein, geht nicht, ich bin bald für längere Zeit im Spital, und vorher ist nichts möglich. Nein, den Schlüssel habe nur ich, den kann ich auch keinem meiner Mitarbeiter geben“ usw. usw.

Eine dermaßen massive Ablehnung über mehrere Wochen hin wirft natürlich auch die Frage nach dem

Warum auf. Weshalb wehren sich sowohl Burghauptmannschaft als auch der Mieter mit Händen und Füßen, Zutritt zum Keller des Tempels zu gewähren? Werden dort vielleicht gar keine Sessel, sondern Autoreifen, gebrauchte Servietten oder ausgestopfte Punschkrapferl gelagert? Oder ist es vielleicht tatsächlich eine Schande, wie ein Museumsdirektor aus der Umgebung meinte, daß hier im Gewölbe des Theseustempels ausrangierte Sessel und Tische eines Kaffeehauses lagern?

Der Theseustempel wurde 1820 bis 1823 für die Statue „Theseus im Kampf mit den Kentauren" von Antonio Canova (heute im großen Treppenhaus des Kunsthistorischen Museums), die Franz II. 1819 in Rom kaufte, im Volksgarten als Nachbildung des antiken Theseions nach Plänen Peter Nobiles errichtet. „Vor mehr als 3000 Jahren erbauten die Athenienser einem ihrer ehemaligen Könige, dem Theseus, in Athen einen herrlichen Tempel."[4] „Jetzt, so viele hundert Jahre später, jetzt tritt dieses Denkmahl alter Zeit, gleichsam wie aus dem Grabe neu hervor, und ist wie damahls die Zierde einer der größten und schönsten Städte der Welt. Unter dem Tempel sind Souterrains angebracht, wo verschiedenste Antiquitäten, als Sarkophage, Urnen, u.dgl. aufbewahrt werden. Die Stiege welche zu diesen neuen Katakomben leitet, ist in einem kleinen Nebengebäude angebracht, welches links des Haupttempels unter den vierfachen Pappel-Alleen versteckt sein wird, wenn sie den weiten Platz mit ihren stolzen Wipfeln dereinst umwehen werden. Auch zu diesen Katakomben entwarf der k.k. Hofbaurath und Direktor der Architectur Schule Herr Peter Nobile den Plan."[5]

Ab 1901 wurden im Theseustempel provisorisch Funde aus Ephesos ausgestellt und gelegentlich Kunstausstellungen veranstaltet. Während des letzten Krieges wurde das kleine Nebengebäude über dem Stiegenabgang zerstört und nicht wieder hergestellt. Seither fanden auch keine öffentlichen Nutzungen mehr in den „Souterrains" des Theseustempels statt. Heute werden eben Sessel darin gelagert.

Das Gipsdepot im Keller des Leopoldinischen Traktes

Gipsdepot im Keller des Leopoldinischen Traktes 1., Hofburg

Von 1660 bis 1666 ließ Leopold I. zwischen „Amalienburg" und „alter Burg" den späteren „Leopoldinischen Trakt" der Hofburg errichten. Bereits 1668 brannte das Gebäude fast zur Gänze ab. Gleich nach dem Brand wurde der Bau nach Plänen Pietro Tencalas wiederaufgebaut. Unter Maria Theresia erhielt er seine jetzige Gestalt. Im ehemaligen Maria-Theresien-Appartement und den Gemächern Josefs II. ist heute die Präsidentschaftskanzlei untergebracht. „Das ‚Maria-Theresien-Zimmer' war das Schlafgemach und Sterbezimmer der Kaiserin und ist heute das Empfangszimmer des Bundespräsidenten."[6]

Der Leopoldinische Trakt ist in seiner ganzen Länge dreigeschoßig mit großen Gewölben unterkellert. In diesen Kellern entstanden 1660 bis 1672 die Hofweinkeller. „In ihnen wurden die Zehentweine und der Tokajer von den österreichischen und ungarischen Hofgütern gelagert. Unter Kaiser Franz Josef I. waren österreichische, deutsche, ungarische und griechische Weine sowie Champagner, Spirituosen und Schnäpse vorhanden."[7] Einen ungefähren Ein-

druck vom Umfang dieses Weinlagers kann man sich anhand einer in das Gewölbe des ersten Untergeschoßes gemauerten Weinzisterne mit einem Fassungsvermögen von 70.000 Litern machen. Außer diesen 70.000 Litern wurden natürlich noch Unmengen an Flaschen und Faßweinen gelagert, um den offensichtlich recht durstigen Hof zu versorgen. Nach Kriegsende 1918 versteigerte der Kriegsinvalidenfonds die Restbestände an Flaschenweinen. Als

Verhüllte Majestäten

1805 und 1809 Napoleon Wien besetzte, wurden die Kellereingänge des Weinlagers als Schutzmaßnahme vor den Franzosen, die bekanntlich sehr begabte und ausdauernde Weintrinker sind, vermauert.

Im ersten der drei Untergeschoße des Leopoldinischen Traktes, in einem Teil des ehemaligen Weinkellers, befindet sich seit den fünfziger Jahren das lange Zeit vergessene sogenannte Gipsdepot, ein bizarres „Museum“ und eine groteske „Gruft“, die aus baupolizeilichen Gründen leider nie der Öffentlichkeit zugänglich gemacht werden kann. Die zwei weiteren Kellergeschoße unter dem Gipsdepot, auch sie ehemalige Weinkeller, stehen leer und werden nicht genutzt. In diesen Kellern, die sogar noch ohne Strominstallationen sind, finden nur hin und wieder Kontrollgänge statt.

Die zufällige Wiederentdeckung des Gipsdepots im Rahmen der Modernisierung der Heizanlagen der Hofburg (siehe auch Kapitel „Fernmärme“) ist einigermaßen kurios und vielleicht auch typisch. „Ein paar gebrochene Arme, einige eingeschlagene Engelsköpfe und ins Wanken geratene griechische Säulen waren das Resümee des allzu sorglosen Umgangs mit dem ‚Gipsglumpert‘, das da im Weg herumstand.“ [8]

Der „sorglose Umgang“ führte über Umwegen aber auch dazu, daß einige Jahre später rund 60 restaurierte Statuen, Friese und Architekturmodelle in einer großen Ausstellung der Öffentlichkeit präsentiert werden konnten und laufend, „nach Maßgabe der Mittel“, weitere Gipsmodelle restauriert werden. Insgesamt umfaßt das Gipsdepot etwa 500 Modelle von Statuen, Figuren, antiken Heroen, kaiserlichen Hoheiten, Dichtern, Musikern und Den-

kern und Friesen. Ein Großteil der Modelle sind Gipsoriginale der Ringstraßenskulpturen und Baureliefs, sie stammen „aus einer Zeit, in der es in Wien üblich war, Entwürfe von Bauten, Denkmälern und Statuen in Gips zu fertigen, um sie dem Bauherrn, der oft genug der Monarch selber war, zu präsentieren. Was vor den Augen seiner Majestät Gnade fand, wurde anschließend in Stein gehauen oder in Bronze gegossen“[9].

Gipsdepot im Leopoldinischen Trakt

Nicht alle der Gipsmodelle wurden später tatsächlich ausgeführt, manche Entwürfe, wie zum Beispiel der eines Maria-Theresien-Denkmales, bestehen nur in Gips. Unter den Modellen befinden sich auch die zwei Brunnengruppen der Michaelerfront, „Die Macht zu Lande“ und die „Macht zur See“ darstellend, und neben Franz Joseph I. und Sissi, Goethes Kopf und Mozart in zwei Teilen, irgendwo auch der Erzherzog von Tirol und noch eine ganze Menge bekannter und unbekannter Figuren und auch einige Originale in Stein, die trotzdem nur den Weg in den Keller gefunden haben.

Die Figuren und Baufresken, die „draußen“ oft nur ein Detail eines Ringstraßengebäudes, des Parlaments, der Museen, des Burgtheaters oder der Hofburg sind, wirken jetzt im Gipskeller einzeln oder in Gruppen wie ein eigenständiges Kunstwerk, das nicht mehr gestalterisches Beiwerk eines großen Entwurfes ist, sondern für sich selbst steht.

Einige der Figuren tragen kleine Schildchen mit ihrem Namen und dem ihres „Schöpfers“ an Hals, Händen oder Füßen, was fast den Eindruck eines Leichenschauhauses aufkommen läßt. Und auch die mit Nylonfolien abgedeckten bereits restaurierten Figuren wirken gespenstisch, wie sie, unbeweglich in einer eigenartigen Geste und einem weltfremden ins Unendliche gerichteten Blick erstarrt, dornröschengleich auf die Wachküssung warten, um vielleicht durch eine weitere Ausstellung dem unwirklichen Keller entfliehen zu können, an einen anderen Ort, für kurze Zeit.

Nationalbibliothek

Tiefspeicher der Österreichischen Nationalbibliothek
1., Hofburg bzw. Burggarten

Die Österreichische Nationalbibliothek mit dem gesetzlichen Auftrag des Sammelns und Archivierens des gesamten in Österreich erscheinenden Schrifttums, mit einem jährlichen Zuwachs von rund 100.000 Büchern, Zeitschriften, Zeitungen, Broschüren, Flugschriften, Plakaten, Landkarten, Notendrucken, Fotos, Handschriften, Nachlässen sowie neuen Medien wie Mikrofilmen und -fiches, Tonbändern, Ton- und Videokassetten, CDs und ähnlichem hat eine herausragende Bedeutung für Österreich und ist eine der traditionsreichsten Kulturinstitutionen der Welt." [10] „Statistisch gesehen bedeutet dies, daß beispielsweise per 31. Dezember 1990 ein Buchbestand von 2,611.696 Bänden Druckschriften, 100.183 Handschriften, 7.939 Inkunabeln, 2,592.384 audiovisuelle Objekte, 17.615 laufende Zeitschriften und täglich erscheinende Zeitungen sowie 1,750.633 sonstige Objekte 438.539 Lesern zur Verfügung standen." [11]

Daß die Lagerung dieser unglaublichen Mengen einige Schwierigkeiten bereitet, liegt auf der Hand, ist aber auch Teil der Geschichte der Bibliothek. Seit Bestehen der Nationalbibliothek, früher „Hofbibliothek", wurden immer neue Stauräume geschaffen, zum Teil bis in die Dachböden der Hofburg, und unterirdische Speicherräume angelegt und ausgebaut, zuletzt der „neue Tiefspeicher", der 1992 eröffnet wurde.

Die Anfänge der Nationalbibliothek reichen bis in das 14. Jahrhundert zurück, als die Bücher noch in der Hofburg und im Minoritenkloster gelagert wurden. Friedrich III. und Maximilian I. waren in der Frühzeit der Nationalbibliothek bedeutende Samm-

Alter Tiefspeicher

ler. Bereits 1680 wurde der Bau eines eigenen Bibliotheksgebäudes geplant. Der Bau konnte allerdings aufgrund der Türkenbelagerung und der folgenden Kriege nicht ausgeführt werden. Erst 1723 wurde unter Karl VI. mit dem Bau nach Plänen Bernhard Fischer von Erlachs begonnen, der 1726 von dessen Sohn Joseph Emanuel fertiggestellt wurde. Unter der Kuppel zeigten sich 1760 Senkungen, die erst nach langwierigen Arbeiten beseitigt werden konnten. „Das Gebäude des kaiserlichen Büchersales, welches vor einigen Jahren den Umsturz drohete, ist durch die allerhöchste Freygebigkeit, der izt glorwürdigst regierenden k.k. Majestäten im Jahre 1769 wieder in den besten Stand hergestellet worden.“ [12] Um 1780 umfaßte die Bibliothek rund 300.000 Bände,

Neuer Tiefspeicher

unter ihnen „die ältesten Manuscripte, welche in der Welt sind, vom Dioskorides und Titus Livius. Eine Menge Urkunden, und andere Denkmäler von der allerältesten Schreibart. Alle ältesten und seltensten Ausgaben der Bücher vom Anfange der Buchdruckkunst. Die Büchersammlung des Prinzen Eugen von Savoyen, die von diesem Prinzen mit so großer Sorgfalt gesammelt worden, und mehr als 15.000 ausgewähltesten Bänden bestund."[13] Weitere berühmte Sammlungen, außer der Prinz Eugens, sind die Johannes Sambucus, Philipp Fuggers, Georg Wilhelm Frh. v. Hohendorffs und die Bibliotheken der von Josef II. aufgehobenen Klöster.

„In den Jahren 1903 bis 1906 wurden zusätzliche Bibliotheksräume in den linken Flügel des Josefsplatz verlegt und nach Umbau der früheren Wagenremisen der kaiserlichen Leibkutschen Büchermagazine bis zu 14 Meter unter dem Josefsplatz durch Burgbaumeister Friedrich Ohmann eingebaut.“ [14] Langsam fraß sich die Nationalbibliothek in die Untergründe der Hofburg. Bereits in den dreißiger Jahren führten neuerliche Raumprobleme zur Diskussion einer Erweiterung der Nationalbibliothek oder einer radikalen Lösung in Form einer Standortverlegung. Der Architekt W. Theiss etwa schlug 1935 den Bau einer Zentralbibliothek für Wien als 26geschoßigen Rundbau an der Ecke Währinger Straße/Spitalgasse vor. Damit wäre eine der größten Bibliotheken der Welt entstanden. „Im Zuge der Erweiterung der Bibliothek wurden in den Jahren 1965 bis 1966 in der Neuen Burg neue Lesesäle mit einer Bücherbeförderungsanlage und modernsten technischen Einrichtungen erbaut.“ [15] Zur Zeit dieser Modernisierung umfaßte die Nationalbibliothek rund 1,7 Millionen Bände, heute umfaßt sie mehr als 2,6 Millionen.

Die Lage des 1988 begonnenen und 1989 fertiggestellten neuen Tiefspeichers der Nationalbibliothek mit den beachtlichen Maßen von 194 Metern Länge und mehr als 14 Metern Tiefe unmittelbar neben der Neuen Hofburg wurde in den dreißiger Jahren schon als mögliche Erweiterungsfläche diskutiert. Der alte Tiefspeicher, der Platz für ca. „30 Kilometer Bücher, Rücken an Rücken“, bot – bei einer mittleren Länge von 1,5 Meter Buch pro Wandverbau könnten damit immerhin rund 20.000 Wohnzimmer ausgestattet werden –, ist heute bereits zum Großteil in den neuen Tiefspeicher übersiedelt. Die alten Räume werden für Studiensammlungen adaptiert oder vielleicht bald schon wieder als Speicher genutzt. In einigen Kellern ist noch das „Flair“ des alten Tiefspeichers zu spüren, der oft mit einem Bergwerk verglichen wurde: „Früher herrschten hier Arbeitsverhältnisse wie in einem Bergwerk, oft waren die Leute auch mit Stirnlampen am Kopf unterwegs.“

Die Keller der Nationalbibliothek und der alte Tiefspeicher sind es auch, die einen großen Teil der Faszination der unterirdischen Hofburg ausmachen. Die bis zu 14 Meter tiefen Räume des alten Tiefspeichers hatten keine Zwischendecken, sondern nur Gitterroste, die die Geschoße trennten und über Wendeltreppen und Aufzüge miteinander verbunden waren. Einige alte Kellerräume unter der Neuen Hofburg werden auch heute noch als Bücherspeicher genutzt. Ein bewundernswertes Durcheinander von Räumen, ein Chaos von Kammern und Zimmern, hinter jeder Tür, die geöffnet wird, stehen Regale, vom Boden bis zur Decke über und über voll mit Büchern, die das Schicksal des aufeinanderfolgenden Erscheinungsdatums nebeneinandergestellt hat.

In diesen Kellerräumen, die von unterschiedlichen „Abteilungen“ genutzt werden, findet ein fast fließender Übergang zwischen den verschiedenen Nutzern der Hofburg statt: Einmal ist ein Keller unter dem Völkerkundemuseum, dann wieder in der Nähe der alten Heizanlagen usw. Die klimatischen Bedingungen für die oft einzigartigen Bücher und Bände waren im alten Tiefspeicher denkbar schlecht und ebenso die Sicherheitseinrichtungen schon lange nicht mehr auf dem letzten Stand. Als Mäuseabwehr war zum Beispiel lange Zeit ein Kater „Angestellter“ der Nationalbibliothek.

Ausgeräumter Teil im alten Tiefspeicher

An Orten wie jenen der Kellerdepots der Nationalbibliothek unter der Hofburg ist man unweigerlich der Gefahr der unnötigsten Frage ausgesetzt, und noch jedem Besucher kam sie über die Lippen: „Wer kennt sich hier nur aus, und wer findet die bestellten Bücher?“ Die Antwort ist denkbar einfach: die Angestellten und Bediensteten finden sich zurecht und finden auch die bestellten Bücher, eine Tätigkeit, für die sie auch bezahlt werden. Auch Gerhard Roth konnte der Versuchung der Frage nach der Orientierung nicht widerstehen: „Auf die Frage an den Fachinspektor, einen glatzköpfigen Mann, wie man sich in diesem – um es mit Musil auszudrücken – ‚Tollhaus von Büchern‘ zurechtfinden könne, erhielt ich eine ausufernde Antwort.“ [16]

Reserveflächen im neuen Tiefspeicher

Relativ selten „verschwindet" ein Buch, zum Beispiel durch falsche Einordnung. Durch den Umzug in den neuen Tiefspeicher ist vielmehr das Gegenteil der Fall, daß nämlich lange Zeit verschollen geglaubte Bände wieder auftauchen. Andererseits ist es auch für jeden, der schon einmal ein Buch in seiner eigenen Bibliothek gesucht hat, irgendwie tröstlich, daß auch den Profis mit ausgeklügeltsten Systematiken hin und wieder ein Buch verschwindet.

Die geheimnisvollen Keller der Nationalbibliothek, die das ganze Wissen der Welt bergen und vielleicht sogar auch mehr, waren oft Anlaß für unterschiedlichste Betrachtungen und Mutmaßungen. „Die Bediensteten im Tiefspeicher der Nationalbibliothek, die sich ihrer Umgebung scheinbar schon angepaßt haben, laufen in grauen Mänteln, gebückter Haltung und mit eigenartigen Büchertraggestellen auf ihren Rücken, Stirnlampen auf den Köpfen, Bergknappen nicht unähnlich, durch die Gänge und Regale, klettern in Schächte und Röhren und sind den ganzen Tag schweigsam im Inneren des ‚Weltgebäudes der Gedanken'" (R. Schneider) unterwegs, Bücher ausfassend und andere einsortierend. Anfänglich durch den Besuch von ‚außen' etwas irritiert, werden sie mit der Zeit umso freundlicher und gesprächiger. Unterirdische Zwerge oder Gnome, die durch ihre Tätigkeit, deren Sinn nur vordergründig im Herumtragen von Büchern besteht, die Stadt am Funktionieren erhalten und durch stetiges Zurechtrücken von in den Nationalbibliothekskellern angebrachten Wuchtgewichten ihr Auseinanderfallen verhindern." [17]

Ähnlich bildhaft beschreibt auch Gerhard Roth die Nationalbibliothek als „so etwas wie ein Bücherbergwerk. In seinen Flözen liegen 2,6 Millionen Bände. Mit Hilfe von Butten, einer Rohrpost und einer Materialseilbahn werden sie aus den Stollen an das Tageslicht gehoben. (...) An manchen Stellen hört man das Dröhnen und Stampfen der Entlüftungsanlage, so daß man sich im Maschinenraum eines Schiffes wähnt." [18] Die Bücherförderanlage ist auch heute noch funktionsfähig, aber nur mehr selten in Betrieb, sozusagen antiquarisch und zum Teil im „Verbindungsverkehr" zwischen altem und neuem Tiefspeicher.

Weniger romantisch, aber sicher ebenso beeindruckend präsentiert sich der neue Tiefspeicher vor der Gartenfront der Neuen Hofburg: ein viergeschoßiges Bauwerk, knapp 200 Meter lang und zwischen 12 und 36 Meter breit, ein bibliothekarischer

Mehrzweckraum mit Lesesaal für Großformate und Mikroformen (Mikrofilm und Mikrofiche) etc. und einer Speicherkapazität von über 4 Millionen Bänden. Diese Kapazität wird für mindestens dreißig Jahre ausreichen. Im neuen Speicher stehen noch große Teilflächen, wie zum Beispiel die zweite Ebene, als Reservezone leer, die ohne Einrichtungen wie eine riesenhafte U-Bahn-Station oder eine komfortable Tiefgarage wirkt. Selbstverständlich hat auch der neue Speicher eine hochmoderne Büchertransportanlage, ein „schienengebundenes Transportsystem", das schon bald die Wartezeit von heute einem halben bis ganzen Tag zwischen Bestellung und Aushändigung eines Buches auf knapp eine Stunde verkürzen helfen soll.

Ein besonderes Problem stellte bei der Einrichtung des neuen Speichers die Frage der Brandbekämpfung dar. „‚Kein Wasser' war auch die Devise bei der Wahl der Brandschutzeinrichtungen: demnach wird nicht Wasser zur Feuerbekämpfung eingesetzt, sondern Halon – ein Gas, das fünfmal dichter ist als Luft. Als Fluchtweg steht für die im Speicherbereich Beschäftigten im Falle der Fälle eine bereits bestehende unterirdische Verbindung zur Neuen Hofburg bereit, die ursprünglich als ‚Luftbrunnen' für den alten Keller diente." [19] Der Luftzustrom durch die Gänge der „Luftbrunnen", strömungsgünstige große Gewölbe, konnte durch Schiebetore, die zentral über Seilzüge gesteuert wurden, reguliert werden. Teile dieser alten „Lüftungsmechanik" sind heute noch erhalten. Mit dem neuen Tiefspeicher wurde also auch ein unterirdischer Gang als „Fluchtgang" adaptiert – einer der wenigen belegten Fluchtgänge in der Hofburg.

Der Neptunstollen – vom Neptunbrunnen zur Gloriette

Der Neptunstollen in Schönbrunn

Schloß Schönbrunn 13., Schönbrunner Schloßstraße

Eine Empfehlung zum Besuch des Sommerschlosses Schönbrunn, eines „der Lieblingsörter der Wiener“, las sich 1779 folgendermaßen: „Das Gebäude ist prächtig, die Meublirung kaiserlich und nach feinstem Geschmacke. Im Garten ist alles beysammen, was die Kunst je großes hervorgebracht hat. – Majestätische Alleen, Kaskaden, Ruinen, Bassins, dunkle heilige Gebüsche, Grotten, lebendige Quellen, Springbrünne, Piramiden, Labirinthe, Statuen, Wildniß, Pavillions, Teuche, Menagerien, Vögelbauer, und eine auf dem Berg angelegte Kolonnade, mit der herrlichsten Aussicht.“ [1] Eine der hier angeführten Brunnenanlagen, die größte und prächtigste, ist der 1780 fertiggestellte, dem Edlen von Kurzböck jedoch schon bekannte Neptunbrunnen von A. Zauner.

Schloß Schönbrunn ist ein sehr geschichtsträchtiger Boden: Hier feierte Josef II. seine Vermählung mit Isabella von Parma, am 14. Oktober wurde hier der Frieden von Schönbrunn geschlossen, 1832 verstarb hier der Herzog von Reichstadt, der Sohn Napoleons, und am 22. November 1916 Kaiser Franz Joseph I. Schönbrunn ist aber auch die Endstation des Verbindungsganges Hofburg – Schönbrunn, des sagenhaftesten Fluchtweges der ganzen Stadt und das hartnäckigste unterirdische Gerücht. Der legendäre Fluchtgang, der je nach Version mehreren Pferdegespannen nebeneinander, mindestens aber einem, Platz geboten haben soll, müßte ja hier irgendwo enden.

Die Schönbrunner Schloßanlage bietet eine ganze Reihe alter und neuer unterirdischer Gänge und vor allem den Neptunstollen, aber weit und breit keinen Verbindungsgang in die Hofburg. Leider ist hier so wenig davon zu sehen wie am anderen Ende des Ganges der ersten Pferde-U-Bahn, in der Hofburg selbst.

Außer dem „Eiskeller" unter der Gloriette, der genaugenommen gar kein richtiger Keller ist, wurden hier noch nicht einmal große Kelleranlagen oder ein „unterirdisches Schönbrunn" angelegt; dafür bestand keine Notwendigkeit und war der Boden zu feucht.

Die gesamte Gloriette, bei deren Errichtung 1775 möglicherweise Spolien aus dem Neugebäude „wiederverwendet" wurden, ist mit großen ineinander verschnittenen Gewölben unterkellert. Diese Räume wurden als Eiskeller für das Schloß genutzt. Aus dem Wasserspeicher hinter der Gloriette wurden im Winter Eisblöcke geschnitten und hier verwahrt. Eine bis zu den Erfindungen Carl von Lindes lange Zeit übliche Version unserer Kühlschränke und Tiefkühltruhen. Bis vor wenigen Jahren waren diese Räume der „Schul-Gemüse-", d. h. „Lehrkeller" der Gartenbauschule Schönbrunn.

Sozusagen als Ausgleich für die fehlenden Keller wurden hier einige zum Teil sehr lange Stollen und Gänge für Versorgungsleitungen und -rohre angelegt. Der beeindruckendste ist ohne Zweifel der sogenannte Neptunstollen.

Vom Hauptgebäude bis zur Gloriette führt ein unterirdischer Gang in der Hauptachse der Anlage durch den ganzen Schloßpark. In diesem Gang, von „oben" an den in einer Linie angeordneten „Kanal-

deckeln" zu erkennen, wurden bzw. werden Wasser- und andere Installationsleitungen geführt. Zwischen Neptunbrunnen und Hauptgebäude ist der Gang nicht besonders komfortabel ausgestattet und nur in gebückter Haltung begehbar. Der zweite Teil dieses Ganges, zwischen Neptunbrunnen und Gloriette, ist der Neptunstollen, ein ca. 2,5 Meter hohes und ca. 2 Meter breites Gewölbe, das mit einer stetigen Steigung bis zur Wasseranlage vor der Gloriette führt.

„Eiskeller" unter der Gloriette

Der Zugang zum Stollen, direkt hinter dem Neptunbrunnen, führt zunächst durch einen „Vorraum“, ein einfaches gemauertes Gewölbe, in dem die Pumpen, die in späterer Zeit das Wasser zur Gloriette hinaufpumpten, stehen.

Der Neptunstollen ist ungefähr 250 Meter lang und bietet eine ungewohnte und reizvolle Perspektive und eine bergmännische, gut ausgeleuchtete Alternative zu den üblichen Wegen, die zur Gloriette führen. Ein Problem besteht nur darin, daß es, oben angekommen, keine richtige Ausstiegsmöglichkeit aus dem Stollen gibt, sondern nur einen Schacht in der Größe eines normalen „Kanaldeckels“.

Der Neptunstollen war notwendig, da einerseits das Schloß Schönbrunn über den Rosenhügel durch den Speisinger Bach mit Wasser versorgt wurde, das durch den Stollen zum Hauptgebäude, den Brunnenanlagen und dem Tiergarten geleitet wurde, und andererseits das Gefälle den nötigen Druck für die Wasserspiele des Neptunbrunnens erzeugte.

Außer dem bekannten sagenhaften Gang zur Hofburg, von dem zumindest jeder schon gehört hat, wenn er ihn nicht selbst gesehen hat, gibt es in Schönbrunn einen weiteren, weniger berühmten, aber ebenso interessanten unterirdischen Verbindungsgang. Dieser Gang wurde vornehmlich von Kaiser Franz Joseph I. benutzt und führte, so die Mär, ausgehend „irgendwo vom Tiergarten“, zu einer Villa, in der die Frau Schratt residierte.

Der brünstige Kaiser in kaiserlicher Montur auf dem Weg zu seiner „lieben sehr verehrten Freundin“, beim Tigerkäfig in einen dunklen schmalen Gang einsteigend, ist allerdings eine recht delikate Vorstellung.

Der Schacht im Prunkstall des Belvedere

Belvedere, der Schacht ins Unbekannte

Unteres Belvedere
3., Rennweg 6

Prinz Eugen von Savoyen kaufte 1693 auf „klassischem Boden“ das Grundstück des heutigen Belvedere für ein Palais, mit dessen Erbauung er Lukas von Hildebrandt beauftragte. In den Jahren 1721–22 wurde das Obere und bereits 1714–16 das Untere Belvedere fertiggestellt. Der Park nach Plänen des Garteningenieurs Dominique Girard wurde schon 1700 in Angriff genommen und 1725 fertiggestellt. „Hier wurde die Menagerie des Prinzen untergebracht, in der sich auch ein Löwe befand, der in der Nacht, da Eugen verschied (20./21. April 1736), verendete.“ [1]

Ein historischer, „klassischer“ Boden also, der sich auch für allerlei Spekulationen und Verdächtigungen geradezu anbietet, vor allem da das Belvedere auch einige handfeste Anlässe dazu bereithält. Die Spekulationen können hier sogar an einem konkreten Gang festgemacht werden, dem Schacht im „Prunkstall“.

Im „Prunkstall“, der heute mitunter als Konzertsaal genutzt wird, befindet sich im hinteren Drittel des Raumes nahe zur Wand ein senkrechter Schacht mit einem Durchmesser von ca. 1,5 Metern, der mit einem Gitter und einer begehbaren Glasplatte abgedeckt ist.

In ca. 1,5 Meter Tiefe durchdringt der Schacht ein Gewölbe und führt dann noch einige Meter in die Tiefe. Der Schacht ist ca. 8 Meter tief. Im unteren Drittel zweigen zwei waagrechte Gänge ab. Bei kürzlich durchgeführten Bauarbeiten im Hof wurde ein weiteres Gewölbe gefunden, das darauf hinweist, daß ein seitlicher Gang bis in den Hof in Richtung Rennweg besteht. Vor ca. 10 Jahren wurde der Schacht im Prunkstall bei Bauarbeiten entdeckt und in der vorgefundenen Form belassen. Bis heute konnte jedoch nicht geklärt werden, welchen Zweck er einst erfüllt haben soll. Im Schacht selbst wurden keinerlei Funde gemacht. Auch bei Salomon Kleiner, einem genauen Chronisten seiner Zeit, wurden keine Hinweise auf den Schacht gefunden.

Nach Aussage der Burghauptmannschaft, in deren Verwaltung das Belvedere steht, wird diesem Schacht allerdings keine besondere Bedeutung beigemessen, jedenfalls nicht genug, um zumindest die Länge und das Ziel der seitlichen Stollen zu erkunden. Umfangreiche Grabungen müßten unternommen werden, was aber schon aus Kostenüberlegungen nicht vorgesehen ist.

Ein weiterer Gang ist ein „schliefbarer" Kanal zwischen Oberem und Unterem Belvedere, ähnlich wie er auch in Schönbrunn anzutreffen ist.

Dieser Gang wird aber nur von recht einfachen Gemütern als Ausgangspunkt für Spekulationen über Geheimgänge und Fluchtwege genommen. Viel bessere Möglichkeiten für Spekulationen aller Art bietet der „Schacht". Ein kurzer Überblick über die Möglichkeiten, was der Gang gewesen sein könnte und wohin er geführt haben könnte, faßt die gängigsten Versionen zusammen:

- Ein Liefergang für Lebensmittel – Aber wieso im Pferdestall endend, und weshalb so tief?
- Ein Brunnen – Horizontal und vertikal und mitten im Stall? Warum hätte ein Brunnen nicht im Hof geschlagen werden können? Und außerdem ist der Schacht trocken.

- Ein versteckter Unterschlupf oder ein Gang in den Park – Vielleicht zum treuen Löwen?
- Ein Materialabbau – Eher unwahrscheinlich, weil da nichts zu finden war und keine Spuren von abbauwürdigen Substanzen festgestellt wurden.
- Oder war das Loch schon vor dem Belvedere da? Auch schwer möglich, weil hier vorher nur Wiese und Ackerland war.
- Oder doch ein Fluchtgang? Wieso so tief und vor allem: Wohin?

Und natürlich der obligate Verbindungsgang in die Stadt, nämlich zum Stephansdom in die Katakomben. Stellt sich nur die Frage, was zum Henker alle in größter Not und Gefahr dort wollten, sich prophylaktisch einsegnen lassen?

Und vor allem: Wie kam der gute, zwar kleine, aber doch Prinz Eugen in seinem Tunnel mehrere hundert Meter weit zum Stephansdom, und was machte er dann dort? Ein Gebet verrichten, einen alten Freund besuchen? Und wenn all dies sinnvoll gewesen wäre, wie wäre er erst unter dem Wienfluß durchgekommen, unser kleiner Prinz?

Und wer durfte mit ihm mit? Vielleicht die Hundeblume aus der Orangerie?

- Oder war es vielleicht gar eine Verbindung zur sagenhaften Hofburg – Schönbrunn-Connection?

Und weil wir gerade in Wien sind, verbleiben wir noch kurz bei der guten alten Wiener Tradition des „Vernaderns“: Da wäre nämlich noch das Problem mit den ungeklärten sexuellen Vorlieben unseres kleinen Prinzen, dies zu einer Zeit, als so etwas nicht sehr opportun war. „Sein Privatleben war und blieb geheimnisvoll, nicht zuletzt, weil man ihm nachsagte, ‚abwegig veranlagt‘ zu sein, da er nie heiratete und man ihm auch keine Mätresse nachweisen konnte."[2] Alsdann, Herr Prinz, war das vielleicht Ihro hochwohlgeborener Lustwandeltunnel, in dem Sie sich „abwegig" vergnügten und im Pferdestall ein um das andere „Orgerl" feierten oder gar hinaus verschwanden in die dunkle kalte Wiener Stadt?

Achtung, ein letzter Hinweis: Was immer Sie bisher gehört haben, wozu dieses Loch gedient haben mag, glauben Sie es nicht, machen Sie sich Ihr eigenes Bild und die dazupassende Geschichte, solange noch nichts Gegenteiliges bewiesen ist.

Schloß Neugebäude

Schloß Neugebäude 11., Simmeringer Hauptstraße und Neugebäudestraße

Schloß Neugebäude wurde ab 1564 unter Maximilian II. begonnen und 1587 unter Rudolf II. fertiggestellt. Maximilian, der älteste Sohn Kaiser Ferdinands, hatte aus Spanien verschiedene „fremdländische" Tiere mitgebracht, die er in dessen Jagdschloß (Kaiser-) „Ebersdorf" im Park hielt. Nach dem Tod Ferdinands ließ Maximilian unweit davon einen Tiergarten mit einem neuen Lustschloß, eben Schloß Neugebäude, errichten, „die künstlerische Hauptschöpfung Maximilians II., der die bedeutendsten Künstler der Zeit hier verwendete."[1]

An der Stelle des Neugebäudes „stand 1529 das großherrliche Zelt (Solimans, B. A.): innen eitel Gold und Sammet mit den herrlichsten Perlen. Lage,

Gestalt und Ausdehnung des großherrlichen Zeltes zeigte das an derselben Stelle errichtete Neugebäude."[2] Diese Angabe stimmt nur ungefähr, denn tatsächlich lagerte Soliman mit seinem Heer während der ersten Türkenbelagerung im nur wenige hundert Meter entfernten Schloß Kaiserebersdorf. Bei der zweiten Türkenbelagerung 1683 war es dann aber wirklich soweit, und Schloß Neugebäude wurde von den Türken als Magazin verwendet. Nach dem Abzug der Türken wohnte König Sobieski, der Kommandant des Entsatzheeres, im Schloß. Die Scharen Franz' II. Rakoczys, der mit ungarischen Aufständischen Niederösterreich und Wien bedrohte, „zerstörten 1704 manche Teile des Schlosses und erwürgten viele der in der Menagerie untergebrachten Tiere. Das Neugebäude wurde zwar wieder instand gesetzt, konnte sich aber nicht mehr seines früheren Glanzes erfreuen. Die unter Karl VI. neu begründete Menagerie wurde 1752 nach Schönbrunn verlegt, und Maria Theresia überließ das Neugebäude dem Militärärar, das hier ein Artillerielaboratorium und Munitionsdepots anlegte."[3]

Von der alten Anlage bestehen, allerdings in zum Teil recht schlechtem Bauzustand, noch das Hauptgebäude mit einigen Nebengebäuden und die Einfassungsmauer mit ihren Türmchen. Im großen gegen die Simmeringer Hauptstraße hin gelegenen Hof des Neugebäudes steht das bekannte, 1923 nach Plänen Clemens Hofmeisters errichtete Krematorium, die Feuerhalle der Stadt Wien. Diese zwar interessante und bewegte Geschichte des Schlosses hat bislang wenig mit dem Untergrund Wiens zu tun. Aber auch vom Standpunkt des „Unterirdischen" hat das Schloß Neugebäude zumindest für Wien einmalige Besonderheiten zu bieten, und zwar die sogenannte „Krypto-Porticus“ und eine Grotte.

Unter „Krypto-Porticus“ ist ein unterirdischer Zugang unter dem Schloß zum Schloßhof und zum Garten zu verstehen. Dieser Zugang ist ein recht großes Gewölbe, das U-förmig mit jeweils einem Zugang an beiden Enden und einem gemeinsamen Ausgang in der Mitte des Us zur Hofseite hin unter dem Gebäude angelegt war. Das Besondere dieses Gewölbes war die raffinierte natürliche Beleuchtung des Ganges, die über regelmäßig angeordnete Lichtschächte erfolgte und so einen starken und sicherlich beeindruckenden Hell-Dunkel-Effekt hervorrief. Die zweite Besonderheit im Schloß Neugebäude ist die noch sehr gut erhaltene große Renaissance-Grotte, die allerdings nur „halbunterirdisch“ angelegt, dafür aber umso interessanter ist. Die Grotte wurde einer Mode der Zeit entsprechend angelegt und eingerichtet und für Musik- und Festveranstaltungen genutzt oder Gästen als besonders repräsentativer und reizvoller Raum vorgeführt. Die Instandsetzung, Restaurierung und neue Nutzung von Schloß Neugebäude wird seit Jahren immer wieder diskutiert, bislang fehlten aber die notwendigen finanziellen Mittel zur Verwirklichung dieses Plans.

Befestigungsanlagen, Bastionen und Kasematten

Die Verteidigungs- und Befestigungsanlagen der Stadt, die Fortifikationen, die seit den Römern bis in die jüngste Vergangenheit ihre Spuren in Wien hinterlassen haben, wurden oft auch im „Untergrund" angelegt oder sind im Laufe der Jahrhunderte langsam in den Untergrund der Stadt übergegangen. Die Befestigungen der Stadt haben seit jeher und bis heute nachvollziehbar die räumliche Entwicklung der Stadt bestimmt. Der Verlauf der Befestigungsmauern des Legionslagers Vindobona ist noch heute deutlich aus dem Plan der Inneren Stadt ablesbar.

Die Ringstraße – ungefähr auf dem Gelände des ehemaligen Glacis der Stadtmauer – und die Gürtelstraße – im Verlauf des Linienwalls – sind Zeugen der historischen Stadtbefestigungen, nicht zu vergessen natürlich die stadtbildprägenden sogenannten Flaktürme des Zweiten Weltkriegs. Die Geschichte dieser Befestigungsanlagen ist oft auch eine Geschichte der „unterirdischen Stadt".

Noch bis ins 13. Jahrhundert waren nach einer Schilderung Gutolfs von Heiligenkreuz wuchtige Teile des Castrum Vindobonense vorhanden, die zum Teil als Mauer für die politisch, militärisch und wirtschaftlich immer wichtiger werdende Stadt dienten.[1] Das rasche Wachstum Wiens veranlaßte Herzog Leopold V. (1177–1194) zum Bau einer mehr als 4,5 Kilometer langen Ringmauer, die die vor der bisherigen Mauer gelegenen Siedlungen einschloß und Platz für weitere Entwicklungen bot. „Damit wurde für beinahe 700 Jahre der Umfang der Inneren Stadt bestimmt. Das gewaltige Festungswerk wurde mit jenen 50.000 Mark in Silber finanziert, die den Anteil Herzog Leopolds V. an dem Lösegeld für den im Auftrag Kaiser Heinrichs VI. in Dürnstein gefangengehaltenen König Richard Löwenherz bildeten."[2] Der vor der Mauer angelegte Stadtgraben wurde in den bewässerten Teilen oft sogar zur Fischzucht und in anderen Abschnitten als Tierzwinger, vornehmlich für Hirsche, genutzt.

Mit der ersten Türkenbelagerung 1529 begannen die berüchtigten Minierungen der Stadtmauern. Die Belagerer hatten wohl Geschütze, aber wenige, die für die Zerstörung von Mauern und Schanzen taugten, deshalb wurden unterirdische Gänge zum Minieren angelegt. Auf diese neue Angriffsform war die belagerte Stadt nicht vorbereitet, und so fehlten auch Erfahrungen mit „Gegenminierungen". Man ließ „versuchsweise durch Bergknappen, von denen sich einige unter den Landsknechten befanden, Gegenstollen graben. Tatsächlich gelang es, zahlreiche Minen entweder ganz auszuschalten oder wenigstens die Explosionswirkung durch Luftschächte bei den Sprengkammern zu vermindern".[3]

Die Beschädigungen während der Belagerung und die insgesamt nur unzureichenden Befestigungsanlagen waren Anlaß, bereits 1530 mit dem Bau der Neubefestigung und in der Folge der Anlage einzelner gemauerter Bastionen zu beginnen. Die erste gemauerte Bastion entstand 1544 mit der Dominikanerbastei. Es dauerte jedoch knapp 150 Jahre, bis 1680, nur drei Jahre vor der zweiten Türkenbelagerung, die Festung Wien mit zahlreichen Bastionen, Kurtinen – die Wälle zwischen den Bastionen – und Ravelins – der Hauptbefestigung vorgelagerte Bauwerke – verstärkt war. Mit der Errichtung der Ravelins erfolgte auch der Ausbau des Grabens, der etwa 20 Meter breit und sieben bis acht Meter tief war. Er stand allerdings nur in Donaunähe ständig unter Wasser, was in den trockenen Teilen des Grabens den Türken 1683 bei der zweiten Belagerung das Minieren der Bastionen erleichterte.

Am 14. Juli 1683 erschien die türkische Hauptmacht zum zweitenmal vor Wien, und bereits am 23. Juli wurden die ersten Minen gezündet. „Es zeigte sich, daß von den Verteidigern trotz der üblen Erfahrungen, die man schon früher mit der türkischen Minierkunst gemacht hatte, keine wirkungsvolle Abwehr vorbereitet worden war."[4] Wiederum wurden zunächst Brunnenarbeiter und

Reste der Stadtmauer am Stubentor

fremde Bergleute, die zufällig in der Stadt herbergten, mit Gegenminierungen beauftragt. Die Minierungen der Belagerer zeigten deutlich Wirkung: Am 4. September zum Beispiel riß eine Mine „die rechte Face der Burgbastion in einer Länge von 10 Meter auf und warf das Mauerwerk in den Graben. In den Mittagsstunden des 6. September erfolgte wieder eine gewaltige Sprengung, die 12 Meter der Löblbastion in den Graben warf.“[5] Am 12. September 1683 fand die Belagerung mit der siegreichen Entsatzschlacht ihr

Ende. Unmittelbar danach begann die Wiederherstellung der Befestigungsanlagen, da aber die Sträflinge, die seit jeher in den „alhiesigen Stadtgraben zur Arbeit condemiert wurden", nicht ausreichten, befahl Leopold I. zur Bewältigung der dringlichsten Arbeiten, daß bei besserem Wetter „von soldaten und landtvolckh vier biß fünftausend arbeitter gebraucht und einem ieden täglich eine portion brodt und nach der beschaffenheit, bey kürzeren und langen tägen zwey biß drey groschen in geldt geraicht"[6] werden sollten.

Als Konsequenz aus der Belagerung von 1683 wurde 1702 ein Netz sprengbereiter Minen unter dem Glacis angelegt, das aus mehr als sechzig gemauerten strahlenförmig angeordneten Minengängen zwischen Stubentor und Neutor bestand.

Ein spektakulärer Vorfall ereignete sich nach „Realis" am 15. 12. 1752, als das in der Augustinerbastei befindliche Saliterlaboratorium, das der Herstellung von Salpeter und in weiterer Folge von Schwarzpulver diente, Feuer fing und Saliterfässer, Bomben und Granaten explodierten und Gewölbe und Mauern zerschmetterten. „Zum Glück wurden nicht mehr als 11 Personen getödet und die Schildwache in ihrem Wachhäuschen wurde durch die Explosion über das Bürgerspital geschleudert."[7] Den Angaben „Realis'" zufolge muß die Schildwache samt ihrem Wachhäuschen eine Flugdistanz von weit über hundert Metern zurückgelegt haben.

Reste der Stadtmauer und der Stubenbastei, die allerdings schon zwischen 1555 und 1566 errichtet wurden, sind heute in der U-Bahn-Station „Stubentor" sehr schön zu sehen. Einige dieser Reste, ca. 30 Meter freigelegte und instand gesetzte alte Befestigungsanlagen, wurden in die Passage Stubenbastei integriert. „Wo heute das Lueger-Denkmal steht, befand sich der Stadtgraben und südlich davon die Brücke über diesen. Etwa im Bereich des Parkrings war der Graben zu einer weiteren Verteidigungslinie aufgemauert und durch Palisaden und unterirdische Verbindungsgänge – einer befand sich bei Umlegungsarbeiten in fast acht Meter Tiefe vor dem Café Prückel – geschützt."[8]

Durch geänderte Kriegstechniken waren die Befestigungen Wiens zu Beginn des 19. Jahrhunderts ein kaum mehr wirksamer Schutz. Was auch dazu führte, daß auf den Bastionen und Kurtinen Gebäude, Hütten, Schupfen und Stallungen errichtet wurden. Der Bau der Albertina zwischen 1801 und 1804 auf der Hauptkurtine zwischen dem Kärntnertor und der Burg als Palast des Herzogs Albert von Sachsen Teschen bedeutete für die Militärs die völlige Entwertung der Festung Wien. „Die Ereignisse von 1805 und 1809 haben ihnen recht gegeben.“ [9] 1805 wurde Wien kampflos, 1809 nach kurzer Gegenwehr den Franzosen unter Napoleon überlassen. Schon bald nach der Besetzung waren die Basteien beliebte Treffpunkte und Orte munteren Treibens: Zum Beispiel die Burgbastion: „Schon gegen 7 Uhr Abends verloren sich da die anständigen Spaziergänger. Galante Weiber, öffentliche Mädchen, Offiziere und Soldaten füllten den Platz, und vor aller Augen spielten sich Szenen ab, die selbst im Palais Royal, wo man doch zu jener Zeit an Unerhörtes gewohnt war, zu dem Unmöglichen gehört hätten.“ [10]

Mit dem Abzug der Franzosen im November 1809 ließ Napoleon die Burgbastion und alle Ravelins sprengen. 1817 hob Kaiser Franz I. Wien als Festung auf. Bis zu ihrer Demolierung 1857 waren die Bastionen prächtige Promenaden und beliebte Spazierwege um die Stadt. „Und jetzt hinaus auf die Basteien, welche das eigentliche Wien umschließen und die reizendste Aussicht auf die Vorstädte darbieten.“ [11]

Aus allen Teilen der Habsburgermonarchie strömten in der zweiten Hälfte des 19. Jahrhunderts die Menschen in die Reichshaupt- und Residenzstadt. Die starke Bevölkerungszunahme innerhalb der Befestigungsanlagen führte jedoch zu katastrophalen Wohnverhältnissen in der Stadt: Obdachlose Familien lagerten um 1857 auf öffentlichen Plätzen und mußten in Arresträumen, Stallungen und Kellern untergebracht werden. Diese Entwicklung führte unter anderem schließlich auch zum Beschluß, die Basteien zu demolieren, der von vielen Wienern skeptisch, von den meisten aber positiv aufgenommen wurde. „Während Anhänger des Beste-

Kasematten-Gewölbe innerhalb der alten Befestigungsanlagen

henden darin den Umsturz ihrer althergebrachten, liebgewordenen Gewohnheiten und ihrer Lebensordnungen sahen, finsteren Blickes über die Basteien schritten und auf den Sandwüsten des Glacis mit banger Brust wie zum wehmütigen Abschied herumirrten, schwärmten die Freunde des Fortschrittes von bezaubernden Idealen, sahen Paläste zu hunderten aus der Erde steigen, malten sich überirdisch schöne Gärten auf den Quais und eine neue unterirdische Welt im Stadtgraben aus.“ [12] Die Überwölbung des Stadtgrabens war einer der städtebaulichen Vorschläge, die im Rahmen der „Stadterweiterungskonkurrenz“ 1858 eingebracht wurden. Nach diesem Plan sollten in dem dadurch entstehenden rings um die Innenstadt führenden Riesentunnel in der Mitte eine zweigleisige Bahn für Schienenfuhrwerke geführt und an den Seiten Markthallen und Magazine errichtet werden, eine großzügige U-Bahn-Lösung also.

Kasematten unter der Coburg-Bastei

Heute sind von den jahrhundertealten gewaltigen Befestigungsanlagen nur mehr wenige Spuren übrig, etwa Reste der Dominikaner-, der Coburg- und der Mölkerbastei, die umgestaltete Augustinerbastei bei der Albertina und einige Straßenbezeichnungen.

Einer der bis heute erhaltenen Reste der Befestigungsanlagen ist die Coburgbastei mit dem darüber, 1843 bis 1847, nach Plänen des Architekten Schleps errichteten Palais Coburg, im Volksmund wegen der klassizistischen Säulenordnung „Spargelburg" genannt. Das Palais wurde auf der Kasemattendecke eines Restes der alten Bastei angelegt.

Kasematten waren ein wichtiger Teil der Befestigungsanlagen der Stadt, große Gewölbe innerhalb der Stadtmauern als Verbindung der Bastionen und zu den Ravelins hin angelegt. „Wien hatte als befestigte Stadt innerhalb seiner Vorwerke und Mauern seit jeher auch jene gewölbten Gebäude und Gänge, die man Casematten zu nennen pflegt und auf deren Herstellung daselbst bei der Vornahme neuer fortifikatorischer Arbeiten im 16. Jahrhundert besonders Bedacht genommen wurde. Sie dienten wohl zunächst für militärische Zwecke, außerdem aber, wie die Acten des Wiener Stadtarchives ausweisen, auch als Magazine zur Verwahrung von Feuerlöschrequisiten, Bauholz, sowie von Vorräthen und Waren aller Art, und in neuerer Zeit überdies als Straforte.“ [13]

Für diese Straforte bestand eine eigene, 1789 erlassene „Ordnung in den (Wiener) Casematten“, die die Verwahrung und Behandlung der Sträflinge regelte. Ein kurzer Auszug aus dieser Ordnung gibt Auskunft über die unterirdischen Verwahrorte: „Dahin (in die Kasematten, B. A.) werden nur die schwersten Verbrecher abgeurtheilt, und besteht der diesfällige Strafort in einem unter der Stadtmauer befindlichen großen, mit drei Abtheilungen versehenen Gewölbe; Arbeit für die Casemattisten: diese besteht nur allein in der öffentlichen Arbeit, als da ist: die Reinigung und Säuberung der Gassen und Straßen, Räumung des Wienflußes und des Stadtgrabens, dann zur Sommerszeit das Aufspritzen im Prater. Die Kost: ist für alle dasigen Sträflinge ohne Rücksicht auf Religion gleich eingeführt und besteht solche das ganze Jahr hindurch ohne Ausnahme gleich: in einem Seidel Suppe von wenigen Hülsenfrüchten und aufgeschnittenem Brod, dann in einem Seidel gekochter Hülsenfrüchte, als: Erbsen, Linsen, Bohnen udgl. Nebst diesem erhält jeder Arrestant eine tägliche Brodportion im Gewichte von 1 Pfund und 24 Loth.“ [14]

Die Zustände in den Kasematten beim Fischertor beschreibt Maasburg folgendermaßen: „Die erste (Kasematte, B. A.), welche eigentlich nur für 56 Personen Platz bot, wurde durch eine darin angebrachte Unterabtheilung nothdürftig zur Aufnahme von 112 Gefangenen eingerichtet, was sich jedoch, namentlich wegen der hierdurch verursachten Verpestung der Luft, als höchst sanitätswidrig herausstellte; die andere Casematte war wegen ihrer Feuchte der Gesundheit noch schädlicher.“ [15]

Trotzdem waren die „Casemattisten“ in einer noch vergleichsweise glücklichen Lage im Unterschied zu den „Galerensträflingen“, zum „Schiffziehen“ verurteilten Sträflingen. Das „Schiffziehen“ war eine äußerst brutale, trotz massiver Einwände seiner Berater von Josef II. eingeführte Strafe, bei der die Sträflinge vornehmlich an ungarischen Flüssen tatsächlich Schiffe gegen den Strom zu ziehen hatten. Unter ihnen waren auch viele „Kasemattensträflinge“, die sich aufgrund falscher Information oder Überredung für diese Tortur freiwillig gemeldet hatten. In weit mehr als 50 Prozent der Fälle endete die „Galerenstrafe“ für den Sträfling tödlich. Die „Strafe des Schiffziehens“ wurde sofort nach dem Tod Josefs II., der nach Kisch die „beste Absicht, den redlichsten Willen gehabt, seine Völker glücklich zu machen“, als eine der ersten seiner Neuerungen wieder aufgehoben.

Bei „Realis“ sind die Kasematten der Augustinerbastei, die zum Teil noch heute bestehen, beschrieben: „Die Bastei enthält auch schöne ungemein geräumige Kasematten (...), aus diesen Kasematten wurden die bedeutendsten Ausfälle gegen die Türken und die gefahrvollsten Gegenminierungen vorgenommen und alle sonstige Defensiv-Arbeiten.“ [16]

Heute ist in Teilen der Kasematten der Augustinerbastei der Augustinerkeller untergebracht (siehe auch Kapitel „Kellerschänke und Weinkeller“). Die unter dem Palais Coburg noch erhaltenen Kasematten sind in einem sehr guten baulichen Zustand, beeindruckende große Bauwerke mit hohen Ziegelgewölben und mehreren Räumen. Diese Kasematten sind aber leider nicht öffentlich zugänglich. Ihre heutige Nutzung entspricht, wenn auch in etwas anderer Form, in etwa der ehemaligen Nutzung der Kasematten der Augustinerbastei als Requisiten- und Dekorationenlager. Allerdings mit dem Unterschied, daß hier keine „Ströme der verschiedensten Farben zu Feenhainen verfliessen und Rosenwolken mit Amorien emporsteigen“, wie es nach „Realis“ im ehemaligen Hofoperndepot der Fall gewesen sein soll, sondern anstelle von Liebestempeln nur die alten Einrichtungen der Diskothekenbetriebe an der Seilerstätte gelagert sind, genauer gesagt sind diese Kasematten heute ein Sperrmüllager.

Schutzräume

Unterirdische Schutzräume sind seit Jahrhunderten im städtischen Leben gang und gäbe. Die mittelalterlichen Kelleranlagen der Stadt mußten zu allen Zeiten Schutz vor drohenden Gefahren bieten. Bis in die jüngste Vergangenheit wurden sie auch als Luftschutzräume, die vor allem in der Inneren Stadt ein weitläufiges, untereinander verbundenes Netz, eine „unterirdische Stadt" bildeten, benutzt. In manchen Kellern sind noch heute die Aufschriften, die zur Orientierung dienten, zu sehen.

Diese Schutzräume mit ihren „Verbindungsgängen", die oft nicht mehr als ein Loch in der Wand von einem Keller zum anderen und keine kilometerlangen „Tunnel" waren, sind zu einem guten Teil an der auch heute noch so beliebten Sagenbildung über die unterirdischen Verbindungs- und Fluchtgänge beteiligt. Weil aber ein einfacher Luftschutzraum zuwenig spektakulär ist, werden die Verbindungsgänge, die zum Großteil schon seit Jahren wieder abgemauert sind, kurzerhand gleich in graue Vorzeit zurückverlegt, in der sie natürlich die sagenhaftesten Verbindungen herstellen konnten.

Neben den im Zweiten Weltkrieg vor allem im ersten Bezirk üblichen Schutzräumen in Kellern wurden in vielen Parks und Grünanlagen Luftschutzräume angelegt, z. B. im Esterhazypark im sechsten oder am Yppenplatz im sechzehnten Bezirk.

Heute müssen Schutzräume in allen öffentlichen Gebäuden vorgesehen werden, in manchen Bundesländern auch beim Neubau von Einfamilienhäusern.

Ein sehr interessanter und anschaulicher, weil komplett eingerichteter moderner Schutzraum ist im Bundesamtsgebäude in der Radetzkystraße untergebracht.

Aber auch für die Keller von Altbauten ist das Kapitel der Schutzraumnutzung noch lange nicht abgeschlossen: Zum Teil werden von den Hauseigentümern Schutzräume eingerichtet, und zum anderen wurde erst vor ca. zehn Jahren eine vom Bautenmi-

Abgemauerte Verbindung zweier Keller unter dem Fleischmarkt

nisterium unterstützte Untersuchung über die Möglichkeiten des Ausbaus geeigneter Keller in Altbauten zu Schutzräumen durchgeführt. Dabei wurden anhand fünf verschiedener Schutzraumtypen die statischen Voraussetzungen und Notwendigkeiten sowie die Möglichkeiten des Ausbaues und der Unterbringung der Wohn- bzw. Arbeitsbevölkerung untersucht und die Kosten für den Ausbau und die Ausstattung der Schutzräume geschätzt. Ein kurzer Auszug aus der Ausstattungsliste für derartige Schutzräume gibt einen besseren Eindruck von der möglichen Atmosphäre und Gestaltung eines derartigen Raumes, als eine detaillierte Schilderung dies könnte: Sandfilter, gasdichte und brandbeständige Schutzraumtüren, Schutzbelüfter für Elektro- und Handbetrieb, Schalldämmeinrichtungen, Luftmengenmesser, Überdruckexplosionsschutzventile, Sanitätskasten aus Kunststoff, Trockenabort, Einhängebeutel für Trockenabort, Liegeeinrichtungen und Sitzbänke für 1 bis 6 Personen, elektrischer Kocher in flacher Ausführung, Notausstiegsklappe, Wasserkübel zur Abwassersammlung usw.

Schutzraum Yppenplatz und Esterhazypark

Nicht viel lustiger als die Schutzraumausstattungsliste sind die Luftschutzräume in den verschiedenen Parks und Grünanlagen, die tatsächlich in Betrieb standen. Die meisten dieser Bunkeranlagen wurden nach ein und demselben Grundriß gebaut und boten, je nach Ausbaustufe, ca. 150 bis 300 Personen Platz. Der Großteil dieser Anlagen existiert auch heute noch. Häufig schon vergessen, stehen sie zumeist in der Verwaltung des Stadtgartenamtes und oft auch unter Wasser. Zwei typische Beispiele sind die Bunker am Yppenplatz und im Esterhazypark, die völlig ident sind und sich nur durch die Form der „Nachnutzung“ unterscheiden.

Yppenplatz

Der Bunker hat einen rechteckigen Grundriß mit einem zentralen Gang, an dem links und rechts kleine Kammern angeordnet sind. An den beiden Breitseiten des Rechteckes befand sich jeweils ein Zugang. Heute besteht nur mehr ein Einstieg, und auch der ist nur schwer zugänglich. Der Luftschutzraum umfaßte 44 Kammern, davon ein WC, einen Duschraum, eine Küche und zwei Belüftungsräume – „Filter einsetzen bei Gasgefahr“, dieser Hinweis befindet sich noch auf den Zuluftrohren. Die Belüftungen waren für Notbetrieb mit Handkurbeln ausgestattet und sind zum Großteil noch erhalten. An den Zuleitungen sind auch noch Angaben über die notwendigen Luftdurchflußmengen und Schilder der

Ehemaliger Luftschutzraum Yppenplatz

Firma „Dräger Werke Lübeck", des Herstellers der Reichsbunkerlüftungsanlagen, angebracht.

Die Holztüren der Kammern wurden in der Nachkriegszeit fast alle entfernt und weiter verwendet.

An den Wänden befinden sich in Kopfhöhe noch die Phosphorstreifen der Leuchtmarkierungen, die im Dunkeln mehrere Minuten gespenstisch grün „nachleuchten".

Um das nur unter größten Aufwendungen zerstörbare Bauwerk sinnvoll zu nutzen, bestehen seit einiger Zeit von verschiedenen Kulturgruppen, Stadtteil- und Stadterneuerungsinitiativen Bestrebungen, den Luftschutzkeller als Probenraum für Musikgruppen und für verschiedene Kunst- und Kulturaktionen zu aktivieren.

Ehemaliger Luftschutzraum Esterhazypark

Esterhazybunker

Entgegen einer weitverbreiteten Meinung ist der sogenannte Flakturm, richtig „Feuerleitturm", im Esterhazypark nicht unterkellert, der Turm steht vielmehr auf einem großen breiten Betonfundament, wie ein auf dem Kopf stehender „Pilz".

Neben dem Flakturm, tatsächlich unter der Erde, ist der Luftschutzbunker, der ident mit jenem am Yppenplatz war. Das Besondere an diesem Schutzraum ist, daß er noch bis vor ca. 15 Jahren, was von mehreren Seiten bestätigt wurde, als „Jugendherberge" genutzt wurde. Bis vor wenigen Jahren kamen angeblich immer noch Jugendliche, um nach der Herberge der besonderen Art zu fragen. Wahrscheinlich waren es die Kinder oder Enkel ehemaliger Bomberpiloten oder Sensationstouristen mit dem lange Zeit sehr beliebten Reiseführer „Die 100 unappetitlichsten Schlafplätze Europas“. Welchen Eindruck und was für ein Wienbild (Wien ist anders) diese Unterbringung, ein unterirdisches fensterloses Loch mit 44 Kammern, bei den in- und ausländischen Jugendlichen hinterließ, kann nur vermutet werden, da keiner der damaligen Insassen zu einer Stellungnahme bereit war. Um die Anlage als Jugendherberge nutzbar zu machen, wurden nur geringfügige Veränderungen vorgenommen, etwa neue Decken eingezogen, die Wände bemalt oder verkleidet und eine neue Lüftungs- und Heizungsanlage installiert. Sicherheitshalber blieb aber auch die alte kriegserprobte Lüftungsanlage mit Handbetrieb für den Notfall installiert (wegen Flatulenz und Hyperidrose). Ob die armen Jugendlichen sich auch sozusagen von Hand selbst beatmen mußten, weiß niemand.

Heute wird der Bunker von Geschäftsleuten der Umgebung als Lagerraum für absolut unverrottbare Gegenstände genutzt.

„Schirachbunker“

Sooft von unterirdischen Bunkeranlagen des Zweiten Weltkriegs die Rede ist, kommt die Sprache früher oder später auf den sogenannten „Schirachbunker“ im Gallitzinberg, der seit 1945 verschüttet und nicht mehr zugänglich ist. In einem Beitrag in den „Wiener Geschichtsblättern“ wurde er ausführlich beschrieben.[1]

Der „Gaubefehlsstand", wie der Schirachbunker offiziell hieß, bot und bietet zum Teil noch heute Anlaß zu vielfältigen Spekulationen. Zum einen soll der Bunker ein komfortabel ausgestatteter Privatbunker Schirachs gewesen sein, angesichts seines eigenen Schießstandes im Parlament, (siehe auch Kapitel Parlament) dem damaligen Gauhaus, eine zumindest denkbare Variante. Zum anderen soll ein unterirdischer Gang zu Schirachs „angeblicher Wohnung" in Neuwaldegg geführt haben, „angeblich" deshalb, weil im Zentralmeldeamt der Bundespolizeidirektion, laut Albert Elmar, keine Belege dafür vorliegen.

Der Bunker war, was auch immer er sonst noch war, vor allem eine wichtige Drahtfunkzentrale und das Zentrum des österreichischen Luftwarnsystems. Der Bunker war ein zweigeschoßiges unterirdisches Bauwerk, dessen Sohle in 24 Meter Tiefe lag, das über eine lange, streckenweise abgewinkelte Stiege und einen Umgehungsstollen erreicht wurde. Ein weiterer fast 100 Meter langer Gang führte zum Ausgang. Von diesem Bunker aus wurde die Bevölkerung über bevorstehende Luftangriffe informiert und gewarnt und über Verhaltensmaßregeln in Kenntnis gesetzt. Nach dem 4. April 1945 stand der Bunker einige Monate „offen für Neugierige und Plünderer. Das Treiben lichtscheuer Gestalten und Gründe der Sicherheit zwangen die Behörden, den Eingang sprengen zu lassen."[2] Der Einstieg wurde zugeschüttet und der Nordausgang zugemauert.

Der mehr als fragwürdigen Darstellung: „Schirach bezog in Alarmzeiten sehr gern diesen Beobachtungsstand" – bei der Jubiläumswarte außerhalb des Bunkers – „und verließ ihn nur in äußerster

Gefahr und auf heftiges Drängen seines Stabs" widerspricht die damalige Sichtweise der Bevölkerung, die den Bunker spöttisch „Heldenbunker" und die Thaliastraße „Heldenstraße" nannte. „Dieser (Schirach, B. A.) raste schon beim Kuckucksschrei (ein erstes Alarmzeichen über Radio, das die Umstellung des Hörfunks auf Drahtfunk ankündigte) durch die schnurgerade Thaliastraße dem Berg zu, was die Ottakringer reizte, die Thaliastraße in ‚Heldenstraße' umzubenennen."[3]

Schutzraum Bundesamtsgebäude Radetzkystraße

Der Schutzraum im Bundesamtsgebäude in der Radetzkystraße, ausgestattet für mehr als 1000 Personen, ist die größte derartige Anlage, die mehr oder weniger fertig eingerichtet ist.

Ein moderner Schutzraum, der in einem Teil des Parkdecks im vierten Geschoß der Tiefgarage untergebracht ist.

Der Schutzraum, der innerhalb von 24 Stunden einsatzfähig sein muß, besteht aus einem großen zentralen Raum und mehreren Nebenräumen wie einem Vorraum mit „Dekontaminationsdusche" beim Eingang, einer Küche, technischen Räumen mit Notstromaggregat und Luftfilteranlagen (Sandfilter etc.). Bei CO-Alarm wird auf Umluft geschaltet und so lange gewartet, bis der Alarm vorbei ist (Und wenn's zu lange dauert?). Im Schutzfall sind pro Person 1,8 m^3 Luft pro Stunde berechnet – da hat sich's natürlich ausgeraucht, meine Damen und Herren, und das in Ausnahmesituationen!

Stockbetten in der Tiefgarage

Die Krankenstation ist ein kleiner Raum mit vier Tragen, einigen Liegeplätzen und Plastikvorhängen vor den Waschbecken, aber keinerlei medizinischen Einrichtungen. Diese müssen im Ernstfall erst installiert werden.

Die Wasserversorgung erfolgt entweder über Brunnenwasser oder Zisternenwasser aus der im Schutzraum befindlichen Zisterne. Für das Brunnenwasser ist eine Entkeimungsanlage vorgesehen.

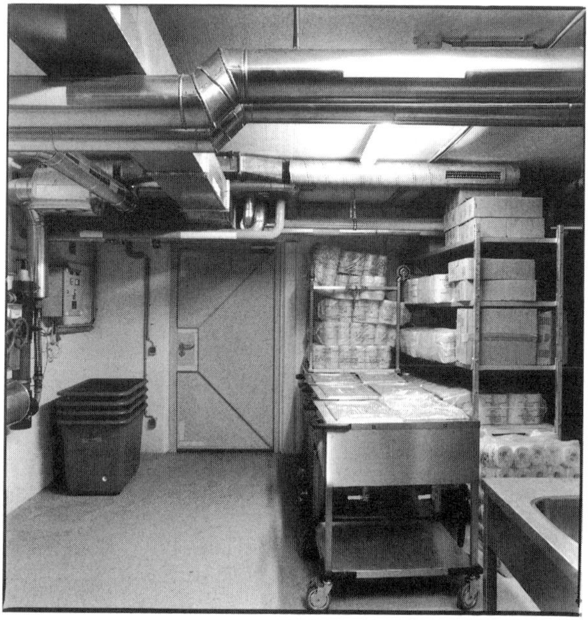

Noch nicht vollständig eingerichteter Vorratsraum

Ein wesentliches Manko ist, daß weder Fernseher, Videorecorder, Plattenspieler, Flipper noch Gesellschaftsspiele wie „Mensch, ärgere dich nicht" oder „Fang den Hut", ja nicht einmal Kreuzworträtsel zur Ausstattung gehören. Also immer daran denken: Gameboy ins Katastrophengepäck!

Ein Extraraum mit einer höheren Sicherheitsstufe ist der Kommandoraum, ein Bunker im Bunker, Motto: „Ich bin 2 Bunker". Hier stellt sich sofort die Frage der Auslese – wer übernimmt im Ernstfall das Kommando? Sind es dieselben wie draußen oder eher die Hausmeister, die wissen, wo sich was befindet, und sich in den Räumen und der Anlage auskennen. Der Kommandoraum ist von innen verschließbar und verfügt über ein eigenes Lüftungssystem, das bei Strom-

Zugang zum Kommando-raum

ausfall von Hand betrieben werden kann, und selbstverständlich auch über einen eigenen Notausstieg.

Schutzräume werden nach ihrer Widerstandsfähigkeit gegenüber Druckbelastungen in verschiedene Klassen (S 1, 3, 6, und S 9) eingeteilt. S 1 hält einem Druck bis 1 bar stand. Der große Raum ist Klasse S 1, der Kommandoraum S 3, der Regierungsbunker in der Stiftskaserne übrigens S 9.

Die Notausstiege können, wie auch die Schutzraumtüren, wenn sie einmal geschlossen sind, nur von innen geöffnet werden.

Als potentielle Bedrohungsfälle werden heute Reaktorstörfälle und chemische oder Giftgasunfälle und weniger die atomare Bedrohung im Zuge einer kriegerischen Auseinandersetzung gesehen.

Jeder Schutzraum ist für eine maximale Belegung von 14 Tagen ausgestattet. Diese Dauer ergibt sich aus der sogenannten „Siebenerregel" für den Fall einer atomaren Bedrohung: „Die Anfangsstrahlung von ein paar tausend Rem reduziert sich nach 7 Stunden auf ein 1/10 der ursprünglichen Strahlung, nach 7 x 7 Stunden auf ein 1/100 und nach 7 x 7 x 7 Stunden, das sind 343 Stunden oder 14 Tage, auf ein 1/1000 der Strahlung." Ein Rechenbeispiel, das an die Zahlenmystik der Gotik erinnert, die im Kirchenbau sehr beliebt war: „Sieben mal sieben mal sieben Stufen muß man im Südturm des Stephansdomes bis zur Türmerstube steigen, 7, die heilige Zahl, wie man z. B. aus den sieben Sakramenten schließen kann."

Der Schutzraum kann über diesen Zeitraum mit maximal 1300 Personen belegt werden, da ansonsten die verfügbaren Luftmengen zu gering wären.

Unter bestimmten Umständen kann die Obergrenze kurzfristig überschritten werden. „Der ‚Idealfall' wäre ein Tankerunfall o. ä. mit Giftgas, und die Wolke zieht über die Stadt. Da können dann zwei bis drei Stunden lang so viele Leute, wie wollen, herein. Oder ein Erdbeben" (O-Ton). Erdbeben dauern aber in der Regel nicht so lange, daß sich der Gang in den Schutzraum auszahlen würde, und kündigen sich auch selten an.

„Nach Tschernobyl war das Interesse besonders groß, wie so ein Schutzraum eigentlich ausschaut? Und alle waren begeistert." Ja, wie schaut er denn aus?

Überraschend ist die, gelinde gesagt, schlichte Ausstattung der Räume. Die verwendeten Materialien und Farben lassen schon bei normalem Niederdruckwetter und weit und breit keiner atomaren oder sonstwie gearteten Bedrohung Panikstimmung aufkommen.

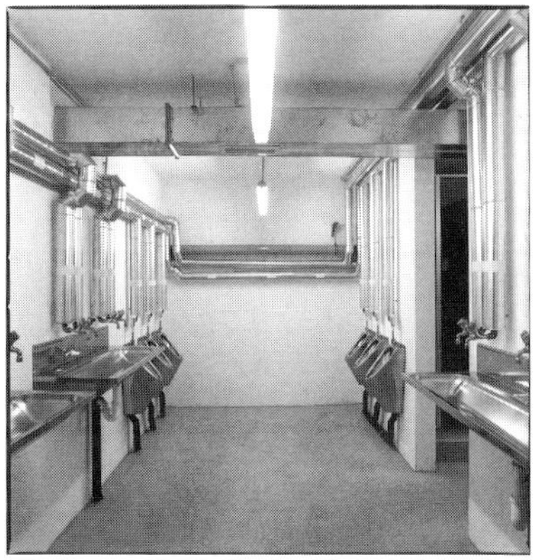

Schutzraumeinrichtung „Sitzgarnitur" und Sanitärraum

Wie sollen da erst mehr als 1000 wildfremde Leute, die hier nicht Urlaub machen, sondern um ihr Leben fürchten, nebeneinander Ruhe und Gelassenheit finden.

Während die angrenzenden Parkdecks in zumindest ansatzweise freundlichen Farben gestrichen sind, wurde im Schutzraum auf jegliche Abwechslung oder gar Gestaltung nachdrücklichst verzichtet. Das Wirtschaftlichkeitsargument ist hier etwas zu dünn, denn farbige Farbe auf den Wänden ist sicher nicht wesentlich teurer als weiße Farbe, und die wahrscheinlich aus stillgelegten indischen oder südamerikanischen Eisenbahngarnituren stammenden Sitzbänke mit Dach und Gepäcksträger und die unglaublichen „fünfspurigen Dreifachstockbetten" – wer möchte da nicht im untersten Stock Mitte liegen?

Die Einrichtung ist aber möglicherweise auch aus beschäftigungstherapeutischen Überlegungen so gestaltet. Während des Aufenthaltes müssen Arbeitsgruppen unter den Insassen gebildet werden, die, nach einer beim Eingang aufliegenden „laiengerechten Bedienungsanleitung“ für die Inbetriebnahme des Schutzraumes mit unterschiedlichsten Tätigkeiten betraut, den Betrieb sicherstellen. Da es außer diesen betrieblich notwendigen Aufgaben aber keinerlei Kurzweil gibt, kann es also sein, daß sich kleine Malgruppen bilden, die vielleicht beginnen, die Wände neu zu streichen o. ä.

Die Ausstattung des Schutzraumes ist aus Kostengründen momentan noch etwas dürftig; zum Beispiel gibt es außer Toilettenpapier, davon aber Unmengen, keine Notverpflegung; die wird im Katastrophenfall, wie in kleinen Schutzräumen üblich, selbst mitgebracht oder nachträglich geliefert.

Wer sich also auf den Weg in den Schutzraum macht, sollte auf jeden Fall ein Lunchpaket mitnehmen. Besonders wichtig sind, wie gesagt, auch Spielkarten oder Bücher.

Die Gestaltung läßt aber auch wieder Zuversicht aufkommen, denn zwar werden Schutzräume eingerichtet, wie es das Gesetz verlangt, aber in einer Form, daß offensichtlich niemand damit rechnet, sie jemals in Betrieb nehmen zu müssen. Offiziell bestehen auch keine Belegungspläne, wer unter welchen Umständen einen Platz erhält. Die Schönsten, die Intelligentesten, die Reichsten oder sonstwer?

Wie der Zugang – wenn draußen vor der Schutzraumtür 10.000 Menschen stehen, aber drinnen nur 1000 Platz finden – geregelt werden soll und von wem, ist angeblich den maßgeblichen Stellen selbst noch nicht ganz klar bzw. so klar, daß es schon wieder ein Geheimnis ist.

„Notluftraum" im Luftschutzbunker Yppenplatz

Requisiten im Theater im Rabenhof

Untergründe der Theater und Bühnen

Beim Thema Bühne, Theater und Untergrund denkt man zuallererst an kleine, mehr oder weniger bekannte Kellertheater, -bühnen oder -kabaretts, an Aufführungsräume für aus feuerpolizeilichen Gründen lange Zeit nicht mehr als 99 Zuseher. Aber nicht nur die sogenannten Kellertheater und -bühnen sind unter der Erde, auch alle großen Sprech- und Gesangsbühnen haben zum Teil riesengroße „Untergründe“ und unterirdische Einrichtungen, die den Betrieb auf der Bühne erst ermöglichen. Es ist also im Theater tatsächlich wie im richtigen Leben, ohne die unterirdische Infrastruktur und die unsichtbaren Apparaturen und Vorrichtungen im Untergrund läuft oben nichts oder fast nichts. Dies gilt umso mehr, je größer und aufwendiger der Theaterbetrieb ist.

Die Beispiele von Burgtheater und Oper, den bekanntesten Wiener Theaterhäusern, und einigen kleinen Bühnen wie Ensemble Theater am Petersplatz, die neue „Josefstadtdependance“ Theater im Rabenhof und Kabarett Fledermaus bieten einen kleinen Querschnitt der Wiener Theater und deren Untergründe, natürlich sind noch weit mehr Wiener Theater im Keller.

Ein besonders interessanter Spielort wurde vom Volkstheater erst kürzlich in der Station „Volkstheater“ der U-Bahn-Linie U 3 eingerichtet.

Nahe Verwandte des Theaters sind die Kinos, die häufig auch in Untergeschoßen eingerichtet wurden; beispielhaft sei hier nur das „Stadtkino“ erwähnt, eines der wichtigsten Programmkinos in Wien. Die Untergründe der Theater haben – obwohl sie oft wie große Fabrikshallen aussehen – sofort auch etwas Theatralisches an sich, und wenn es nicht auf den ersten Blick sichtbar ist, wird eben so lange gesucht, bis das Theater im Theater, das „Untertheater“ zum Vorschein kommt. Ein Theater ohne kulissen-

Zuschauerraum im Stadtkino

haften Keller, der selbst wie ein Bühnenbild wirkt, wäre ja in der Tat auch schwer vorstellbar. Bei den Recherchen unter den großen Wiener Bühnen war es nicht besonders schwer, diese Orte des unterirdischen Theaters zu finden. Schwieriger wird es sein, die passenden Stücke für diese Bühnenbilder zu finden.

Burgtheater

Burgtheater
1., Dr.-Karl-Lueger-Ring 2

Das Burgtheater hat nicht nur einen bedeutenden Untergrund, sondern es wurde auch auf einen solchen gestellt bzw. in einen solchen hineingegraben.

Bereits 1741 wurde unter Maria Theresia anstelle des Kärntnertortheaters ein Burgtheater gegründet. 1776 befahl Josef II., das Theater, das bis dahin französisches Repertoire bevorzugt hatte, als deutsches Hoftheater weiterzuführen und in Nationaltheater umzubenennen. Ab 1821 trug das Theater offiziell den Namen Hofburgtheater, bis zu seiner Schließung am 13. Oktober 1888. Am 14. Oktober wurde das neue Haus am damaligen Franzensring, dem heutigen Dr.-Karl-Lueger-Ring, eröffnet. Das Burgtheater wurde nach Plänen der Architekten Gottfried Semper und Karl von Hasenauer ausgeführt. Errichtet wurde das neue Burgtheater auf einem Teil des demolierten sogenannten „Paradeisgartels", das zwischen Albertina und Burgtheater immer wieder durch die Geschichte geistert, auch am Michaelerplatz wurde ein Teil des Paradeisgartels ausgegraben. Das Paradeisgartel, an dessen Stelle das Burgtheater errichtet wurde, ist aber nicht die ursprünglich unter Albert II. so genannte und durch Ferdinand II. und Ferdinand III. verschönerte Gartenanlage um die damalige Burg, sondern ein unter Maria Theresia neu angelegter Burggarten zwischen Burg- und Löwelbastei, der in Anlehnung an den alten Burggarten Paradeisgarten benannt wurde. 1872 wurde die Anlage demoliert und auf einem Teil davon eben das Burgtheater errichtet, der Rest bildet den heutigen Volksgarten.

In den letzten Kriegstagen im April 1945 wurde das Burgtheater schwer beschädigt, die Räume des Zuschauer- und Bühnenhauses weitgehend zerstört. Der Wiederaufbau, der auch ein neues, verbessertes Konzept von Zuschauerraum und Bühne beinhaltete, war 1955 abgeschlossen.

Eigentlich erwartet man sich auf die Ankündigung, in den Bauch des Burgtheaters zu steigen, eine etwas aufregendere Szene, als sie sich anfangs darbietet. Ein Lift führt zwei Geschoße in die Tiefe, und dort ist es beinahe taghell erleuchtet. Große Türme und die zentrale Drehbühne beherrschen den großen, insgesamt etwa 15 Meter hohen bzw. tiefen Raum der Hauptbühne, die sich langsam wie ein Tanker zu drehen beginnt, dann wird's allerdings spannend.

Auf der Bühne gelten ähnlich wie auf See eigene Richtungsbezeichnungen: Was auf See Backbord und Steuerbord heißt, nennt sich auf der Bühne „Herren"- bzw. „Damenseite". „Die richtige Bezeichnung ist verdammt wichtig bei Umbauten auf der Drehscheibe." Oben und unten gilt aber auch den Bühnenarbeitern als oben und unten. 120 Beschäftigte arbeiten bei Umbauproben in drei Schichten an den Bühnen des Burgtheaters am Abbau und Aufbau der verschiedenen Bühnenbilder, dazwischen finden immer Beleuchtungsproben statt.

Besondere Bedeutung wurde beim Wiederaufbau des Theaters dem technischen Aufbau zugemessen, wobei es aus denkmalpflegerischen Gründen nicht möglich war, das Bühnenhaus zu vergrößern. „F. Nordegg entwarf eine Zylinderbühne (21 Meter Durchmesser, 14 Meter Höhe) mit vier versenkbaren Podien und zwei horizontal verfahrbaren Bühnenwa-

Unter der Bühne des Burgtheaters

gen (12 x 4 Meter), also praktisch eine Hub- Schiebebühne, die in eine Drehbühne eingebaut ist und die außerdem 12,5% geneigt werden kann. Als ergänzende Maßnahmen wurden eine Vorbühnenmaschinerie, ein Rundhorizont und ein Schnürboden mit allen nur denkbaren technischen Finessen installiert.“ [1]

An der Rückwand des Bühnenraumes hängen die „Prospekte“ der verschiedensten Bühnenbilder, aufgerollt wie überdimensionale Rollos. Ausgehend vom Raum der Hauptbühne führen Gänge in andere Räume, meist Magazine und Lager. Neben der Hauptbühne in Richtung Café Landtmann befindet sich unter dem Parkplatz das große Magazin, ein hoher Raum, der erst in den fünfziger Jahren gegraben wurde. An der Magazinwand ist noch ein Stück der historischen Stadtmauer zu sehen, die bei den Bauarbeiten zum Vorschein kam.

Vom Bühnenraum aus führt ein Gang unterhalb des segmentförmig vortretenden Zuschauerhauses halbkreisförmig um das Theater herum. Dieser Gang ist angefüllt mit diversen Requisiten der aktuellen Stücke, andere und vor allem größere Requisiten werden im Arsenal zwischengelagert. In diesem Gang entsteht ein etwas skurriler Eindruck, da liegen Haufen von Sesseln, Bänken, Tischen, Puppen und was man so braucht für den Einsatz in einem Stück, bereit, sogar ein Sarg und selbst die Mischmaschine, von der man annehmen möchte, wenigstens sie sei hier nur ein Arbeitsgerät, ist ein Teil des Theaters: „Nein, die spielt auch, alles spielt im Theater, wenn Sie wüßten, was hier alles spielt." Bereits mehr als 13 Meter unter der Erde, führt ein Geschoß noch tiefer. Auch hier sind wiederum Gänge angeordnet, aber schmäler und niedriger als die oberen. Der Grundriß des Theaters erforderte aus statischen Gründen sehr tiefe Fundamentierungen. Die Gänge, die beim Bau dieser Fundamente gegraben wurden, wurden aber nicht wieder verfüllt, wie es oft üblich war, sondern sind eben die Gänge, die heute als Zwischen- und Endlager für Sessel und andere Requisiten genutzt werden. Diese Gänge gehen immer weiter und werden immer schmäler, bis sie an einer

Wand anstoßen und dort meist in einen der senkrechten Lüftungsschächte, die bis in die Dachkonstruktion hinauf führen, münden.

Requisitenlager im ersten Untergeschoß

In den unterirdischen „Rundgängen" ist das Burgtheater ein veritables Labyrinth mit allen möglichen bizarren Überraschungen: Da steht zum Beispiel in einem der Gänge ein riesengroßer altdeutscher Schrank, der, wenn er nicht überhaupt erst hier unten gebaut wurde, in einige Teile zerlegt worden sein muß, um in diesen Keller zu kommen, dann überraschend ein Raum mit einem Tischtennistisch, der Sportclub. Die Ausstattung bzw. Einrichtung des „Untertheaters" ist von einer sehenswerten Heterogenität, die sich aus dem ständigen Geldmangel während des Wiederaufbaues ergab: „So wurde in den fünfziger Jahren und nach dem Aufbau alles, was irgendwie brauchbar war, zusammengetragen und verwendet."

Einer der beeindruckendsten unterirdischen Räume ist der Luftmischraum am Ende eines langen Kanals, der in den Volksgarten führt, aus dem ein frisches Lüfterl rüberweht. Der Raum ist kühl und groß und leer. Hier wird Frischluft aus dem Volksgarten hinter dem Elisabeth-Denkmal angesaugt und in das Theater gedrückt. Heute mit Elektromotoren, früher mit Dampfmaschinen.

Der Untergrund des Burgtheaters besteht neben dem Riesenraum der Hauptbühne aus vielen Gängen und einer Unzahl von Räumen und kleinen Kammern, zum Teil Lager, Depots, Technikräume oder einfach leerstehend. Der Eindruck ist naheliegend, daß viele Räume selbst wie Bühnenbilder oder Kulissen zu einem Stück wie „Kellertheater und Theaterkeller" oder „Der Bauch des Theaters, die Nummern der Sessel und der Requisiteur" wirken.

Staatsoper

Staatsoper
1., Opernring 2

Die Staatsoper wurde als neue Spielstätte des alten „Kärntnertortheaters" bzw. des „Kaiserlichen Hoftheaters", das sich etwa an der Stelle des heutigen Hotel Sacher befand, zwischen 1861 und 1869 errichtet. Der „eigenwillig romantisch historisierende" Entwurf dazu stammt von den Architekten August von Siccardsburg und Eduard van der Nülle. Ebenso wie das Burgtheater wurde die Oper 1945 durch einen Fliegerangriff schwer beschädigt und zehn Jahre später, am 5. November 1955, wiedereröffnet. „Es war ein gesellschaftliches Ereignis ersten Ranges, aus allen Teilen der Welt kamen prominenteste Gäste nach Wien, um diese Eröffnung mitzuerleben."[2]

Selbstverständlich bestehen zwischen den beiden großen Theaterhäusern Burg und Oper zumindest im Untergrund starke Parallelen. Die überraschendste übrigens in einem sowohl im Keller der Oper als auch der Burg unvermittelt hinter einem der Gänge zwischen Lager- und Werkstatträumen auftauchenden Sportclubzimmer mit einem Tischtennistisch. Der wesentliche Unterschied zwischen Unterburg und Unteroper aber besteht in der Größe. Die Oper ist weit größer als das Burgtheater, vollständig unterkellert und bietet also Platz für weit mehr Räume, Kammern und Gänge. 500 Beschäftigte arbeiten in drei Schichten im Bühnenraum der Oper. Mit den Künstlern sind bis zu 1200 Leute in der Oper beschäftigt. Ein weiterer beinahe unbekannter

Unter der Bühne der Oper

Unterschied ist der, daß die Oper, da durch einen Zugang mit der angrenzenden Tiefgarage verbunden, so etwas wie ein „Drive-in-Theater" ist.

Ein Rundgang durch die Untergründe und Keller der Oper kann auch gleich als unauffällige und gut getarnte Suche nach dem Phantom der Wiener Oper genutzt werden.

Der Einstieg in den Untergrund erfolgt entweder im Opernhaus oder aber im Hanuschhof, dem sogenannten Betriebsgebäude mit Verwaltungseinrichtungen, Kartenvorverkauf, Abendkasse und Werkstätten, Schneiderei, Kostümlager etc. Die beiden Gebäude Oper und Hanuschhof sind nämlich durch einen langen, leicht geschwungenen unterirdischen Gang verbunden, durch den aus den Schneidereien Kostüme und Kleider für Proben und Aufführungen hin und her transportiert und Technikleitungen geführt werden. Vielleicht die Skateboardbahn des Phantoms.

Direkt über diesem Gang, sozusagen im ersten Stock, führt über weite Strecken im selben Verlauf ein etwas geheimnisvoller wirkender etwa 250 Meter langer Gang – der Lüftungsschacht, der mit einer leichten Steigung über mehrere „Bodenwellen" bis in den Burggarten führt, wo in der Nähe des Palmenhauses Frischluft für das gesamte Opernhaus angesaugt wird. Möglicherweise liegt es an der Größe, aber der Wind, der im Opernkanal weht, ist um einiges stärker als der in der Burg. Gegen Ende des Kanals, zum Palmenhaus hin, vor den Ventilatoren, wird der Luftzug immer stärker, und die Windgeräusche werden immer lauter. Beste Voraussetzungen für die berüchtigten „Luftschachttunnelsurfer", die hier mit einem der Phantome um die Wette surfen.

Der Engel aus „Tosca"

Vor dem Eingang zum Lüftungstunnel stehen zwei mit Schutt beladene Handwagen, die entfernt an ein Bergwerk erinnern sollen und mehrere Interpretationen zulassen. Möglicherweise sind diese Wagen tatsächlich nur mit Schutt beladen, oder sie „spielen" und sind Teil eines Bühnenbildes, einer Inszenierung, oder sie sind eine falsche Fährte oder ein echter Hinweis auf der Suche nach den Geheimnissen der Oper „Zwei Karretten spielen im Keller Bergwerk".

Maschinenraum der alten Hydraulik

Endlich unter der Bühne, im Bühnenraum: Hebeböden, die noch von der alten Wasserhydraulik betrieben werden, fahren auf und ab, an der sogenannten „Sacherseite“ sinkt ein Lkw, beladen mit Dekorationen, auf einem Lift mehrere Stockwerke tief in den Bühnenraum. Die großen Apparaturen der gewaltigen Bühne – bei „Aida“ sind 300 Akteure auf der Bühne – sind natürlich beeindruckend. Unter der Bühne, im Innersten des Theaters mit den riesigen Hydraulikstempeln, Schienen, Galerien, Eisentraversen, Seilzügen, Hebebühnen, Schläuchen, Leitungen, Ventilen und Stellrädern, dem Geräusch der Hydraulik und der Stimme, die aus dem Off über Lautsprecher Namen ausruft, herrscht die Atmosphäre einer geheimnisvollen „Großwerkstätte“, von der niemand genau weiß, was eigentlich hergestellt wird. Fast nichts weist unten auf das hin, was oben zu sehen ist.

Vor einigen Jahren ereignete sich ein aufsehenerregender Vorfall im Bühnenraum, als ein Künstler von der Unterbühne in den Tod springen wollte. Der Grund dafür war aber nicht, wie man vermuten möchte, eine schlechte Kritik, sondern Liebeskummer. Im letzten Moment konnte er von Bühnenarbeitern zurückgehalten werden.

In den Räumen neben der Hauptbühne sind große Holzrahmen für den Bühnenbau gelagert. Die Teile scheinen wirr durcheinander gestapelt zu sein und in dieser Form bereits ihrem Endzweck zugeführt. Wie soll das jemals eine Opernkulisse werden? Dabei machen einige Leute, die etwas Kobold- und Heinzelmännchenhaftes an sich haben, aus diesen übereinandergehäuften und -geschlichteten Rahmen und Brettern im Handumdrehen Bühnenbilder und Kulissen.

Große und schwere Trümmer werden hier unablässig gehoben und verschoben. Überall hört man es auf der Unterbühne tripseln und trapseln, aber kaum einer ist zu sehen. Außer vielleicht dem Steuermann der Hebeböden auf der Arbeitsgalerie verstecken sich die Kobolde, die nur mit Sonderbewilligung fotografiert werden dürfen. Etwas ganz und gar Unkoboldhaftes hat der Zugang zum Kulissendepot, der durch eine fast 10 Meter hohe Tür führt, sicher die größte Tür der Stadt. Diese Tür erinnert unmittelbar an Alice im Wunderland und ähnliche Geschichten.

Im Untergrund der Oper scheint alles riesengroß und überdimensioniert. Man gewöhnt sich relativ schnell daran. Trotzdem überrascht dann aber der

Engel aus der „Tosca", der selbst für die Keller der Oper zu groß ist und in zwei Teile zerlegt gelagert werden muß. Schon seit mehr als 34 Jahren steht, je nach Depotraum, der Engel ohne Unterleib oder ohne Oberkörper bereit für seinen Einsatz in „Tosca".

Außer dem Engel sind in den Kulissenräumen etwa vier bis fünf Aufführungen gelagert, soll heißen Bühnenbilder für vier bis fünf Aufführungen. Das Phantom der Wiener Oper war aber auch hier nicht zu sehen – außer es war der Kulissenträger und Bühnenarbeiter, der mit großer Hingabe sorgfältigst den Boden kehrte.

Neben vielen anderen mehr oder weniger wichtigen Räumen ist im Keller der Oper auch ein „Elektroraum" mit Notstromaggregat und allen dazugehörigen Einrichtungen untergebracht. Offensichtlich noch immer unter dem Eindruck des katastrophalen Ringtheaterbrandes vom 8. Dezember 1881 gibt es hier zum Beispiel einen eigenen Stromkreis für die Brennscheren in den Frisierwerkstätten, der zentral vom und an das Netz geschaltet wird.

Im Maschinenraum steht die alte „Hydraulik", die bis zur Dienstübergabe an die neue Hydraulik die Hebebühne versorgt. Der Maschinist betreut seine Apparatur, die nach dem Ende ihres Engagements an der Oper direkt ins Ausgedinge im Technischen Museum überwechselt, schon seit 31 Jahren. Die mächtigen roten Schwungräder der schwarz-grünen Maschinen wirken jetzt schon ein bißchen museal. Stolz läßt er sie anlaufen, die gußeisernen Schwungräder drehen sich und surren wie ein Tier, mit einem Klicken schalten sich die Pumpen ein, und das auch jetzt nicht besonders laute Maschinengeräusch vermittelt einen Eindruck von „begreifbarer Technik", die ihren Mythos nach außen trägt in Form der Keilriemen, Schwungräder, der schweren Gußgehäuse, Leitungen und Rohre, umgeben von einer eigenartigen Maschinenmusik und einem ölig-metalligen Geruch. „Undichtheiten und die großen Dinge macht Wagner Biro. Falls eine Pumpe ausfällt während des Betriebes, müssen sie oben halt ein bisserl weniger fahren. Aber an den meisten gröberen Schwierigkeiten ist man eh selber schuld und kann's auch schnell beheben. In den alten Maschinenraum kommen wahrscheinlich die Tapezierer. Maschinist? Na, des wird dann nimmer mehr notwendig sein, die neue Hydraulik kommt ohne Betreuung aus."

Kulissendepot mit „Riesentür"

Die neue Hydraulik, die größte Bühnenhydraulik ihrer Art, steht in einem eigenen Maschinenraum. Außer einem leisen Surren ist hier nichts mehr zu hören.

Fast alle Geheimnisse der Unteroper sind gelüftet und alle Räume durchsucht, das Phantom bleibt ein Phantom, und der Riese, für den die überdimensionalen Tore konstruiert wurden, zeigt sich auch nicht. Oder ist es am Ende gar der Engel aus der „Tosca", der hier seit nunmehr 34 Jahren Nacht für Nacht ruhelos auf und ab schreitet, immer noch auf der Suche nach einem riesenhaften Ausgang?

Ensemble Theater am Petersplatz

Ensemble Theater am Petersplatz
1., Petersplatz 2
Tel. 535 32 00
Spielzeiten: siehe einschlägige Programmzeitschriften

Das Ensemble Theater, als „Café Theater" von Hilde Berger, Götz Fritsch und Dieter Haspel 1967 gegründet, hat seinen fixen Spielplatz seit 1992 am Petersplatz, im Keller des ehemaligen Hauses „Zur Schnecke". „Das ‚Schneckenhaus' gehörte um 1700 dem niederösterreichischen Landschafts-Obereinnehmeramts-Gegenhandler Wolf Andre Schellhammer und kam 1785 durch Kauf an den Wirt Anton Zahlbruckner, der hier ebenerdig und im ersten Stock ein Bierhaus führte, das sich wohl schon unter seinen Vorgängern hier befand, aber erst unter ihm besonderes Renommee erlangte. Es

Bühnenraum Ensemble Theater

war ein sehr beliebter Treffpunkt der Raucher: In der Wirtsstube wurden kurze Bauernpfeifen, im Extrazimmer vornehmere holländische Tonpfeifen geraucht (Rauchen war damals auf der Straße noch polizeilich verboten, und die Hausfrauen duldeten es auch in den eigenen vier Wänden nur ungern)."[3] Ein seltsames Schicksal hat nun knapp 200 Jahre später wieder begeisterte „Raucher", zumindest während der Gründungsjahre des Theaters, an diesen Ort geführt. Und auch die Beliebtheit des Ortes blieb, wie der Jubiläumsschrift „Ein Vierteljahrhundert Aufmüpfigkeit" zu entnehmen ist, erhalten: „Ein Kind der 68er Bewegung, mit allem, was diese Bewegung ausmachte: avantgardistisch, politisch, originell, spontan, aufmüpfig, aneckend usw. Allen positiven Inhalten dieser Begriffe blieb das immer erwachsener werdende Ensemble Theater treu, und sein Publikum honorierte solche Treue ebenfalls mit Treue"[4]

Fledermaus

Bar Theater Fledermaus
1., Spiegelg. 2
Tel. 512 84 38
Spielzeiten: siehe einschlägige Programmzeitschriften

Noch ehe bei uns an schönen Sommertagen die Sonne zur Rüste gegangen ist, beginnt eine der merkwürdigsten Ordnungen unserer Klasse ihr eigentümliches Leben"[5] – die „Fledermaus". Die bekannteste Fledermaus in Wien ist das Kabarett gleichen Namens, ein kleines, feines und sehr bekanntes Etablissement und eine exklusive Kellerbar und nicht der nach Brehm weit verbreitete Abendsegler (Pterygites noctula).

Die von Hoffmann, Klimt und Kokoschka gestaltete Jugendstilbar wurde am 18. Oktober 1907 eröffnet. Hier verkehrten und schrieben Künstler wie

Die Fledermaus am Nachmittag

Peter Altenberg, Hermann Bahr, Max Mell und Roda Roda. „Zu hochwertigsten musikalischen, tänzerischen und literarischen Darbietungen schlürfte man schon damals die schärfsten Drinks der Jahrhundertwende“[6], die auch bei Egon Friedell Erwähnung finden: „Das schönste ist die gemütliche Bar mit den originellen bunten Kacheln und den tadellos korrekten Drinks, von denen man während der ‚Maeterlinck-Parodie‘ bei guter Einteilung drei zu sich nehmen kann.“[7]

Nach dem Zweiten Weltkrieg war die „Fledermaus“ einer der Geburtsorte österreichischer Kabarettklassiker, wo Gerhard Bronner mit Helmut Qualtinger, Peter Wehle, Carl Merz, Louise Martini, Kurt Sobotka und vielen anderen arbeitete. Später traten hier unter anderem André Heller und Herwig Seeböck zum erstenmal auf. Seit kurzem ist die exklusive Kellerbar auch Spielort des „Jugendstiltheaters", das pro Jahr vier bis sechs Premieren mit Stücken aus dem komischen Intermezzo-Repertoire des 18. Jahrhunderts plant und seit 1991 spielt – „quasi die Kleinkunst der klassischen Oper ursprünglich als derb-frivole Einschübe im Stile der Commedia dell'arte in Pausen langer Opera-seria-Tragödien zur Aufführung gebracht". Die „Fledermaus" erlebte also seit ihrem Bestehen einige beachtliche Metamorphosen: Immer schon Kellerbar, vom Kellerkabarett zum Kellertheater bis hin zur Kelleroper.

Theater im Rabenhof

Theater im Rabenhof: Zuschauerraum

Der neue Tiefspeicher im MAK

Museen, alte Depots und neue Tiefspeicher

Wie alle großen Häuser haben auch die meisten Museen weitläufige Kelleranlagen und Untergründe. Oft konnten diese Räume aber nicht oder nur bedingt als Museumsdepot genutzt werden, da die klimatischen Voraussetzungen, wie Temperatur oder Luftfeuchtigkeit, und die Sicherheit vor Mäuseverbiß o.ä. nicht gegeben waren. Alte Tiefspeicher, wie zum Beispiel jener der Nationalbibliothek, waren Ausnahmen, und auch hier herrschten bis zum Bau des neuen Tiefspeichers relativ problematische Lagerbedingungen. Trotzdem waren und sind in den Kellern aller großen Museen Depots für eben entsprechend unempfindliche Sammlungen und Sammlungsteile unter-

„Ausgrabungen" im Keller des Kunsthistorischen Museums

gebracht. Seit einigen Jahren werden auch große neue Tiefspeicher angelegt, zum Beispiel für die wissenschaftlichen Sammlungen des Naturhistorischen Museums und des Museums für angewandte Kunst. In anderen, etwa dem Kunsthistorischen und dem Technischen Museum, werden die unterirdischen Depoträume auf den neuesten technischen Stand gebracht oder als Ausstellungsräume adaptiert.

Kunsthistorisches Museum

Kunsthistorisches Museum
1., Burgring 5

Das Kunsthistorische und Naturhistorische Museum am Burgring sind zwei symmetrisch angelegte, im Äußeren ganz übereinstimmende, nach Plänen der Architekten Gottfried Semper und Karl Hasenauer 1872 bis 1881 ausgeführte Bauten. Ursprünglich hätten die beiden „Museumsflügel" gemeinsam mit zwei „Burgflügeln" der Neuen Burg und den Hofstallungen als Abschluß ein gigantisches „Kaiserforum" mit triumphbogenartigen Verbindungsstücken bilden sollen. Dieser Plan kam allerdings nie zur vollen Ausführung. Vom „Burgflügel" wurde nur ein Teil realisiert, sozusagen die halbe Tragfläche.

Weltberühmt ist das Kunsthistorische Museum aber nicht wegen seines prachtvollen gründerzeitlichen Gebäudes, sondern vor allem natürlich seiner kunsthistorisch bedeutsamen Sammlungen „Alter Meister" wegen, mit den Italienern Belini, Tintoretto, Tizian, Canaletto, Lotto und Raffael, Werken des Spaniers Velasquez, den berühmten Werken Breughels, Rubens' und Rembrandts sowie Dürers, Cranachs und vieler anderer.

Weniger bekannt ist, daß das Gebäude auch einen Keller besitzt, der interessanterweise, obwohl die Gebäude des Kunst- und des Naturhistorischen Museums ansonsten weitestgehend ident sind, ganz andere Ausmaße als jener des Naturhistorischen hat. Während das Naturhistorische Museum zur Gänze unterkellert ist, ist das Kunsthistorische nach Auskunft seines Direktors nur teilweise und vor allem an der Seite der Babenbergerstraße unterkellert. Dort ist der Keller ein langer Gang, der sich mit einigen angebauten Kammern über die ganze Länge des

Gebäudes erstreckt. Die Keller waren hauptsächlich als Installationskeller angelegt. Momentan finden in diesen Räumen umfangreiche Baumaßnahmen statt, mit dem Ziel einer später besseren Nutzbarkeit der Kellerräume, zum Beispiel als Bücherspeicher, Depot o. ä. Infolge dieser Bauarbeiten sind die Keller praktisch leer. Sie konnten jedoch auch früher aufgrund der nur begrenzt regulierbaren klimatischen Bedingungen und der Luftfeuchtigkeit kaum oder gar nicht als Depot für das Museum verwendet werden. Der Keller war also kein riesiges Kunstbergwerk, sondern lediglich „Installationsgang“ und ein Depot für relativ unzerstörbare Objekte wie Steine oder die Sockel antiker Statuen, alte Rahmen „und Dinge, die nur mehr aufbewahrt werden müssen“.

Gerhard Roth hat eines dieser Depots noch in belegtem Zustand angetroffen: „Weniger bizarr ist das Bildermausoleum des Kunsthistorischen Museums. Es besteht aus zwei Räumen mit Büsten und ein tausend Portraits umfassendes Depot, in dem vornehmlich Habsburgs langsam abbröckelnder Glanz des siebzehnten und achtzehnten Jahrhunderts aufbewahrt ist.“ [1]

Naturhistorisches Museum

Naturhistorisches Museum 1., Burgring 7

Das Naturhistorische Museum zählt zu den zehn größten und bedeutendsten naturwissenschaftlichen Museen der Welt. Im Gegensatz zum Kunsthistorischen ist das Naturhistorische Museum komplett unterkellert. Durch diesen Untergrund führt ein System von Gängen und vor allem Lüftungs- und Heizungsschächten, zwischen denen Depots, Kam-

Ehemalige Lüftungsturbine

mern und alte und neue Technikräume angeordnet sind. Auch hier fanden Umbauarbeiten statt, die aber schon so weit fortgeschritten sind, daß einige der Kellerräume schon wieder von verschiedenen Abteilungen, zum Beispiel den Geologen, genutzt werden können.

Besonders interessant sind im Untergrund des Naturhistorischen Museums die technischen Einrichtungen der alten Lüftungs- und Heizungsanla-

Reptiliensammlung Abteilung Krokodile

gen, die wahrscheinlich in anderen Häusern dieser Größenordnung ähnlich funktioniert haben, aber in dieser Form nirgends mehr erhalten sind. Zur Belüftung und vor allem Beheizung ist das ganze Haus von einem ausgeklügelten System von Luftschächten durchzogen, die von einem zentralen Heizraum aus, der allerdings schon längst umgebaut ist, mit Warmluft versorgt wurden. Die größeren Luftschächte waren alle mit schleusenartigen Drehtoren, die über Seilzüge gesteuert werden konnten und so die Luftströme regulierten, versehen. Um die Luft nun in die Heizräume und durch das Haus, d.h. die Lüftungsschächte, zu bewegen, waren in die Hauptluftschächte zwei riesenhafte Turbinen eingelassen. Diese Turbinen sind in ihrer Form absolut einzigartig

Reptilien-sammlung Abteilung Schildkröten

und wirken wie Teile eines vor mehr als hundert Jahren eingemauerten Flugzeuges, ein unwirkliches Bild. Heute wird das Museum über das Fernwärmenetz, an das es seit Jahren angeschlossen ist, versorgt.

Ein weiterer wesentlicher Unterschied zum Kunsthistorischen Museum ist der, daß die Keller des Museums immer schon als Depots für die verschiedenen Sammlungen Verwendung fanden. Diese Depots werden durch einen neuen, an der Seite der Bellariastraße gelegenen, 1990 fertiggestellten viergeschoßigen Tiefspeicher für die wissenschaftlichen Sammlungen ergänzt.

Die Sammlungen des Naturhistorischen Museums gehen bis auf das sogenannte „Naturalienkabinett", eine zoologisch-botanische Sammlung, 1748 von

Franz I., dem Gemahl Maria Theresias, begonnen, zurück. Dieser hatte den Grundstock der Sammlung, die „schon zu jener Zeit in Europa viel zu berühmt, als daß die Kenntnis desselben nicht bis zu einem Fürsten, dessen allerhöchste Aufmerksamkeit sich auf alle in Absicht auf Künste und Wissenschaften merkwürdige Gegenstände verbreitete, hätte gelangen“[2] können, um eine „ziemlich beträchtliche Summe mit kaiserlicher Freigebigkeit“ vom Gründer der Sammlung, Freiherrn von Baillou, erstanden. Nachdem die Sammlung nach Wien übersiedelt war, „sah dieser erleuchtete und unsterbliche Monarch den ganzen Nutzen, der für die Aufnahme der Wissenschaften, der Künste, und des Kommerziums hieraus entstehen könnte, und wie nützlich und wichtig es also wäre, das Kabinett zu vermehren, und mit allen Erzeugnissen, die in verschiedenen Ländern und Welttheilen anzutreffen wären, auszuzieren, gar bald ein. Er sparte auch keine Kosten, sich selbe anzuschaffen und (...) schickte auch Männer, deren Geschicklichkeit und große Einsicht bekannt genug war, bis in Sibierien, und die entlegensten Theile unserer Welt, ja sogar in Amerika selbsten.“[3] So wurde die Sammlung also seit ihrem Bestand laufend vergrößert und ergänzt und wichtige Teile davon in den Depoträumen im Keller gelagert.

Sehr beeindruckend muß dabei die immer wieder erwähnte, inzwischen in den neuen Tiefspeicher übersiedelte Fischsammlung im sogenannten „Fischkeller“ gewesen sein, „der vielleicht bedeutendste Fisch-Friedhof der Welt in den düsteren Katakomben des Museums“[4]. „Ein weiteres Depot für Versatzstücke von Alpträumen befindet sich im Keller des Naturhistorischen Museums. 70.000 präparierte

Fische: Haie, Rochen, Muränen sind dort in Glasgefäßen senkrecht bestattet. Beim Anblick dieser häufig schon in der Monarchie aus dem Meer gefangenen, seit hundert Jahren aufbewahrten Fische denkt man an jene schreckhafte Kindheitserfahrung, als man zum ersten Mal mit dem Tod konfrontiert wurde.“ [5]

Aber auch die in den neuen Tiefspeicher umgesiedelten Sammlungen sind natürlich beeindruckend. Zum Beispiel die Krokodile und Schildkröten in der Reptiliensammlung. In modernen Regalschränken stehen ausgestopft, meist hinter heruntergelassenen Rollos, Dutzende verschiedene, oft über hundert Jahre alte Krokodile in allen möglichen Größen und unterschiedlichen Posen bereit für einen Auftritt, vielleicht in einer Ausstellung. Die Tiere wurden, im Gegensatz zur modernen Präsentationsform, die besonderen Wert auf natur- und lebensnahe Darstellung der Art legt, nicht selten in Jagd-, Imponierstellung, Drohhaltungen und anderen filmreifen Posen, die sie lebend vergleichsweise selten einnahmen, prärariert und oft auch für den Zweck der Ausstellung „bestellt“, d. h. erlegt, auch das eine heute zumindest bei seltenen Tierarten kaum mehr übliche Praxis.

Im Raum mit den Krokodilen befinden sich einige Schränke mit unterschiedlichsten Schildkröten, die in ihrer Ergebenheit fast noch berührender wirken als die Krokodile. Werden die Rollos der Schildkrötenschränke geöffnet, tauchen dahinter Regale voller „Testudines“ in aufrechter Haltung auf, die bleichen skelettierten Köpfe nach oben gereckt, wie um Luft zu schnappen, und die Vorder- und Hinterbeinchen, als wären sie ans Kreuz geschlagen, zur Seite gerichtet. Nicht genug damit, wurden die Bauchpanzer zur besseren Veranschaulichung des Innenlebens der

Tiere auch mit Messingscharnieren und -haken versehen, sodaß sie geöffnet und verschlossen werden können und jetzt wie eine Sammlung eigenartiger aufgerichteter Schatüllchen wirken. Die Unsterblichkeit und Beständigkeit, die Schildkröten auf chinesischen Grabdenkmälern versinnbildlichen, scheint hier Wirklichkeit geworden zu sein. Die Vorstellung, daß sich die Krokodile und Schildkröten in endlosen Nächten gegenseitig T. Coraghessan Boyles „Wassermusik" vorlesen und sich über Mungo Park, Ned Rise und ähnliche Helden unterhalten, fällt angesichts dieser „Installation" nicht schwer.

In diesen Räumen wird die Sammlung zum „doppelten" Museum, das einerseits den Gegenstand bzw. die Tierart der Sammlung präsentiert und andererseits aber auch die Sammlungs- und Präsentationspraxis früherer Museumsbetreiber eindrücklich vermittelt.

Bei weitem nicht alle Stücke der zoologischen Sammlungen sind in mehr oder weniger lebensnahen Posen, so wie der aufgerichtete Grizzlybär, ausgestopft, um in Ewigkeit zum Beispiel auf einem Ästchen zu sitzen und das Leben zu imitieren. Von vielen Tieren wird nur die Haut oder bei Vögeln der Balg zur Feststellung der Farbe und Art in Schubladen aufbewahrt, die glücklicheren zumindest in einer Alkohollösung.

Präparate ganz anderer Art sind im neuen Speicher aber auch versammelt, nämlich Tiere, die nach den Bestimmungen des Artenschutzabkommens nicht nach Österreich importiert werden dürfen und jetzt als Belegexemplare der Magistratsabteilung 54 als präparierte Haut oder in Form von Handtaschen, Aktenkoffern oder ähnlichem neben ihren artverwandten Brüdern und Schwestern sichergestellt sind.

Museum für angewandte Kunst, MAK

Museum für angewandte Kunst
1., Stubenring 5

Das Museum für angewandte Kunst, das frühere Museum für Kunst und Industrie, wurde 1863 durch Rudolf Eitelberger begründet und war bis 1871 im früheren Ballhaus, wo es „1864 mit 2000 ausgeliehenen Gegenständen des alten Kunstgewerbes eröffnet“[6] wurde, untergebracht. Der Bau des heutigen Museums wurde 1868 bis 1871 und die anschließende frühere Kunstgewerbeschule, heute Hochschule für angewandte Kunst, 1875 bis 1877 nach Plänen Heinrich Ferstels in Formen der italienischen Renaissance errichtet. Durch die Verlegung

Alte Kellerräume im MAK

des Wienflusses im Zuge seiner Regulierung wurde auf dem aufgefüllten Terrain Platz für einen Erweiterungsbau geschaffen, der 1907 bis 1909 nach Plänen Ludwig Baumanns ausgeführt wurde. Ab 1989 wurden umfangreiche Erneuerungs- und Umbauarbeiten nach Plänen von S. Müller, P. Noever, SITE und W. Pichler durchgeführt.

Eine dieser Baumaßnahmen war die Errichtung eines zweigeschoßigen Tiefspeichers unter dem Museumsgarten. Im Zuge dieser Bauführungen wurden auch die bisherigen Keller unter den bestehenden Gebäuden adaptiert. Sie wurden zu Studiensammlungsräumen, Fotolabors etc. ausgebaut. Einige dieser Räume waren allerdings, zum Teil seit ihrem Bestehen, mit Bauschutt verfüllt und mußten erst wieder ausgegraben werden. Dabei wurde eine interessante Entdeckung gemacht, und zwar, daß die Fundamente der Gebäude laut Ferstels Abrechnungsplänen weit tiefer und umfangreicher sein müßten, als sie es tatsächlich sind. Da kaum anzunehmen ist, daß die Fundamentmauern im Laufe der Zeit geschrumpft sind, muß wohl davon ausgegangen werden, daß sie nie tiefer waren.

Der neue Tiefspeicher unter dem Museumsgarten bietet eine Depotfläche von insgesamt rund 3.500 m^2. In der Mitte des Speichers geht ein „Rundbau“ mit ca. zwölf Metern Durchmesser durch beide Geschoße. In diesem Rundbau befindet sich der Wurzelstock eines alten, während der Bauarbeiten erhaltenen Baumes im Museumsgartens. Das zweite Untergeschoß wird auf einer Seite durch den sogenannten „Cholerakanal“, der im Zuge der Bauführung einige Meter verschwenkt wurde, angeschnitten. Der „Cholerakanal“, angelegt in Zeiten der Cholera (siehe auch Kapitel „Unterirdische Infrastruktur der Großstadt"), ist ein Ziegelbauwerk, das heute als „Entlastungskanal" nur bei Starkregen Wasser führt. Während der Baumaßnahmen war dies zweimal der Fall, wodurch die Baugrube des Tiefspeichers überschwemmt wurde.

Der 1992 fertiggestellte Tiefspeicher ist ein modern ausgestatteter Depotraum, der mit allen technischen Voraussetzungen für eine adäquate Lagerung der Kunstgegenstände versehen ist. Am 26. Oktober 1992 wurde der Speicher im Rahmen des Tages der offenen Tür „MAK/OUVERTÜRE" der Öffentlichkeit präsentiert: „Die Reise in den tiefen Speicher, die wahren Schätze liegen im Tresor, Sammlungen für Metall, ostasiatische Kunst, Möbel

Heizungs- und Lüftungszentrale für den neuen Tiefspeicher

und Holz, Kunstblätter, Textilien und Teppiche, Glas und Keramik sind für Besucher zugänglich. Heute und dann nie wieder."[7] Aufgrund des großen Andranges in den Speicher ist aber anzunehmen, daß diese Reise bei Gelegenheit wiederholt wird.

Unter den vielen Kunstgegenständen und Exponaten angewandter Kunst, die im Speicher lagern, sind sehr viele Möbel und Einrichtungsgegenstände. Besonders interessant ist dabei die sehenswerte, fast komplette, eigenartige Einrichtung eines Jagdschlosses oder Jagdzimmers mit Sesseln auf Hirschgeweihbeinen und ebensolchen Lehnen, einem Spiegel, verziert mit dreidimensionalen Darstellungen aus dem Jägerleben, modellierten Jagdhundeköpfen und weiteren Unglaublichkeiten, von einem leidenschaftlichen Jäger dem Museum vermacht, wahrscheinlich nach dem Motto: „Begrabt mein Herz an der Biegung des Flusses und meine Möbel an der Krümmung des Cholerakanals".

Technisches Museum, TMW

Technisches Museum
14., Mariahilfer Straße 212
Wegen Umbaus voraussichtlich bis 1996 geschl.

Das technische Museum für Industrie und Gewerbe in Wien zählt neben dem Conservatoire des Arts et Metiers in Paris, dem Science Museum in London und dem Deutschen Museum in München zu den ältesten und bedeutendsten Museen der Welt."[8] In seiner heutigen Form wurde es 1918 eröffnet, einige der darin vertretenen Sammlungen gehen aber viel weiter zurück. So beinhaltet es zum Beispiel einen Teil des unter Franz I. gegründeten „Physisch mechanischen Kabinettes" und andere historische Sammlungen, das „Gewerbehygienische

Museum“, das „k.u.k. Postmuseum“, das „Museum der Österreichischen Eisenbahn“ und das „Museum der Geschichte der Österreichischen Arbeit“.

Das Gebäude an der Mariahilfer Straße wurde ab 1909 nach Plänen des Baurats Hans Schneider errichtet. „Eigentlich hätte Otto Wagner, der geniale Baumeister des Wiener Jugendstils, dieses Museum bauen sollen, sein Entwurf war bei dem ausgeschriebenen Wettbewerb mit dem 1. Preis ausgezeichnet

Das Bergwerk unterm Technischen Museum

worden. Durch eine Intrige des Ehz. Franz Ferdinand, der ein Feind moderner Kunst war, wurde der Auftrag jedoch dem Preisträger nicht erteilt."[9] Seit Herbst 1992 ist das Museum zur Durchführung umfangreicher Baumaßnahmen und Modernisierungen für mehrere Jahre geschlossen.

Die Keller und Depoträume des Hauses, die im Herbst 92 noch einen sehr urtümlichen Eindruck hinterließen, mit einem zum Teil fließenden Übergang von betriebsnotwendiger Haustechnik und historischen Exponaten – „museum in action" –, werden sich nach der Wiedereröffnung als Studiensammlungs- und Ausstellungsräume präsentieren. Vielleicht wird dann auch die bis zum Schluß in Betrieb befindliche Heizanlage direkt als Ausstellungsexponat übernommen.

Erhalten bleibt aber sicher das im Keller untergebrachte Bergwerksmodell im Maßstab 1:1, das seit der Eröffnung des Museums als starker Anziehungspunkt gilt: „Von vielen Seiten wurde dem Wunsch nach einer fachmännischen Führung in dem Kohlenbergwerke Ausdruck gegeben, das zu den hervorragenden und am stärksten besuchten Sehenswürdigkeiten des Technischen Museums gehört."[10] Zielsetzung bei seiner Errichtung war es, „den Besuchern einen möglichst wirklichkeitsgetreuen Eindruck von einem Bergwerk zu Beginn unseres Jahrhunderts zu vermitteln. Die ‚Gezähekammer' mit den Handwerkzeugen oder die Abbaustellen sind deshalb genauso wie in einem richtigen Bergwerk ausgeführt. Auch alle Maschinen und Geräte sind Originale, einige davon – etwa die Schüttelrinne oder die Bremsbergförderung, können sogar in Betrieb vorgeführt werden. Eine Führung durch das Kohlebergwerk mit seinen winkeligen, nur schwach beleuchteten Gängen und dem Lärm der Maschinen hinterläßt bei jedem Besucher einen bleibenden Eindruck.“ [11]

Der Großteil des Bergwerkes stammt aus einem vor etwa hundert Jahren in Galizien abgebauten Bergwerk, einige neuere Abschnitte wurden in den fünfziger Jahren von der VÖEST gestaltet. Um die Bergwerks-Illusion möglichst naturgetreu darzustellen, wurden nicht nur funktionstüchtige Originalmaschinen installiert, sondern auch lebensgroße Puppen in Bergmannsuniform in die Gänge und vor die Geräte gestellt: „Das ist der Rettungsmann, der da ausschaut wie der Gevatter Tod.“ Und um den realistischen Eindruck noch weiter zu steigern, stößt sich bei den Führungen auch meist einer der Besucher den Kopf an einem Balken in den niederen Gängen: „Da sieht man, wie klein die Leute damals waren.“ Interessanterweise war ein Bergwerksmodell auch schon Teil des „Physisch mechanischen Kabinettes“ Kaiser Franz’ I.: „Man sieht auch allda unter vielen anderen Modellen mit Vergnügen jene großen Maschinen, welche in den hungarischen Bergwerken gebraucht werden: diese Modelle bewegen sich eben so, und verrichten eben dasjenige, was die großen Maschinen selbst.“ [12] Das „Vergnügen“ an der Besichtigung der Bergwerke hat sich bei den Besuchern technischer Museen oder Kabinette also über mehr als 200 Jahre erhalten.

Verbindungsgang zwischen Parlament und Nebengebäude

Parlament

Mit dem Bau des Parlaments wurde 1874 begonnen, 1883 das Abgeordnetenhaus und 1884 das Herrenhaus bezogen. Der Architekt des Gebäudes, Oberbaurat Theophil Hansen, versuchte den Grundsatz der Gewaltentrennung in der Architektur und Ausstattung zu realisieren: „Eine nach Autarkie in den Versorgungseinrichtungen der Gesetzgebenden Organe strebende technische Eigenständigkeit manifestierte sich in der Einrichtung eines eigenen Parlamentspostamtes, einer Restauration für Parlamentarier und Beamte, eines autonomen Heizsystems und einer für die damalige Zeit geradezu revolutionären Belüftungsanlage.

Das ‚Innenleben' des Parlamentsgebäudes, die Infrastruktur, die naturgemäß dem Besucher verborgen bleibt, kennt komplizierte technische Einrichtungen. So findet etwa die imposante Höhe der Sitzungssäle ihre Entsprechung in den unter diesen Räumen gelegenen Be- und Entlüftungsräumen, die für die Klimatisierung des Hauses sorgen.“ [1]

Das im Zweiten Weltkrieg schwer in Mitleidenschaft gezogene Gebäude wurde in den Jahren 1945 bis 1956 wiederhergestellt. Hansens Grundgedanke der technischen Eigenständigkeit als wichtiges Gestaltungs- und Ausstattungsmoment wurde auch beim Wiederaufbau berücksichtigt und mit zwei Hochdruckkesseln, einem Notstromaggregat „und über eine Vielzahl sonstiger (teils sehr komplizierter) technischer Einrichtungen eine weitgehende Versorgungsautonomie sichergestellt“[2].

Das ganze Haus ist zu ca. 85 Prozent unterkellert. „Keller und Schächte, untereinander verbunden, durchlaufen das ganze Haus"[3]. Seit 1973 werden, bedingt durch den akuten Platzmangel, weitere Unterkellerungen vorgenommen. Noch gibt es Flächen, die nicht unterkellert sind, z. B. der Parkplatz an der Reichsratsstraße.

Der Großteil der Parlamentskeller bleibt aber „naturgemäß dem Besucher verborgen"[4] und fällt unter Sicherheitsschweigen. Der Untergrund des Parlaments ist so undurchsichtig und gut abgeschirmt, wie vielen die Oberfläche des Parlaments erscheint.

An der Veröffentlichung der technischen Einrichtungen und Versorgungsräume des Hauses besteht seitens der Parlamentsdirektion verständlicherweise kein Interesse. Aber was sollte andererseits schon dabei herauskommen – einige durchaus auch in anderen Häusern übliche, wahrscheinlich nicht einmal dem letzten Stand der Technik entsprechende Notaggregate, Luftversorgungs- und Reinigungsanlagen, Wasserspeicher und eventuell ein Schutzraum werden wohl drin sein.

Genausogut könnte es auch heißen: Wir verfügen über die modernste Wasseraufbereitungsanlage, die gründlichsten Luftfilter, die beste, von Spitzenköchen zusammengestellte Notration und die unterhaltsamsten Videos und Comics im Schutzraum. Nur daß ihr es wißt: Wir werden auch im Krisenfall nicht müde, uns um euch zu kümmern, wir werden nicht einfach nach Hause gehen.

Aber nein, geheim ist geheim, und Staatssicherheit ist es eben auch. Bleibt nur die Parlamentsbibliothek: Die besteht seit 1869 und ist mit mehr als 255.000 Büchern, Zeitschriften und Zeitungen eine der größten Österreichs. Die Parlamentsbibliothek ist eine

Behördenbibliothek, d.h. ein Apparat, der den Abgeordneten zum Nationalrat, den Bundesräten, den Mitarbeitern der Parlamentarischen Klubs und den Bediensteten der Parlamentsdirektion, Außenstehenden aber nur mit einem wichtigen wissenschaftlichen Interesse zur Verfügung steht. Ausschlaggebend für diese Restriktionen ist laut Bibliotheksleitung die begrenzte Anzahl an Leseplätzen. „An Plenarsitzungstagen ist die Bibliothek auf jeden Fall gesperrt für die breite Öffentlichkeit, so breit kann die gar nicht sein, daß sie herein käme“ (O-Ton).

Ein Teil der unterirdischen Magazinräume ist die sogenannte Schießstätte, ein langer gewölbter Raum mit einem erhöhten Gang auf der Seite, der seinen Namen daher hat, daß sich hier der Schießstand des

Bibliotheksräume in der „Schießstätte“

Gauleiters Baldur von Schirach befand. Zu dieser Zeit konnte die geplante Verlagerung der Bibliothek nach Berlin dank „guter Beamter“ gerade noch verhindert werden.

Aus dem sehr schönen Lesesaal führt noch kein Zugang in die unterirdischen Bibliotheksräume, dies ist aber als eines der nächsten Bauvorhaben geplant. Momentan erfolgt der Zugang zu den Magazinräumen der Bibliothek sehr beengt über eine abenteuerliche Wendeltreppe.

Der Bereich der Bibliothek wurde erst nach und nach unterkellert, da in den bestehenden Kellern die richtigen klimatischen Bedingungen für die Bibliothek nicht gewährleistet waren.

Hartnäckig, wie Gerüchte eben sind, hält sich auch im Parlament das Gerücht eines inzwischen abgemauerten Verbindungsganges zur Hofburg. Hinweise darauf wurden jedoch nie gefunden. Hier stellt sich aber auch ebenso hartnäckig die Sinnfrage: Wozu hätte dieser Gang dienen sollen? Ganz sicher aber gibt es keinen Regierungsbunker im Parlament, denn der ist in der Stiftskaserne, allerdings besteht auch hier, zumindest gerüchteweise, eine unterirdische Verbindung. „Wir sind auch froh, daß der Bunker nicht hier ist, wegen des Wartungsaufwandes und der Kosten usw. Und was machen dann die paar Leut’ im Bunker, wann s’ rauskommen?“

Ein Verbindungsgang besteht aber tatsächlich, und zwar zwischen dem Parlament und dem Haus Reichsratsstraße 9. Aufgrund der permanenten Raumnot wurde 1981 das Haus Reichsratsstraße 9 erworben, grundlegend umgebaut und mit dem Parlamentsgebäude durch einen Tunnel, der auch eine technische Integration der beiden Häuser herstellt, verbunden. Im Untergeschoß des neuen Gebäudes sind technische Räume, Lager sowie die Vorbereitungs- und Personalräume der Parlamentsrestauration untergebracht. Wie im ganzen Haus herrschen auch hier besondere Sicherheitsbestimmungen. Z. B. sind aus Sicherheitsgründen außer den Behindertentoiletten keine Türen beschriftet.

Wurde ursprünglich von der Presse kritisiert, daß die Abgeordneten einen eigenen Tunnel benötigen, wird jetzt schon bald ein zweiter von einem Haus zum anderen gebaut. „Im Sommer ist er nicht unbedingt erforderlich, aber im Winter und wenn es regnet, ist es nicht sehr zumutbar, wenn sie (die Abgeordneten) im Regen draußen herumspazieren."

Aktendepot im Landesgericht

Landesgericht

Das „Landesgericht für Strafsachen und Gefangenenhaus“ an der Alser Straße, genannt das Graue Haus, wurde 1831–39 auf den Gründen der abgesiedelten bürgerlichen Schießstätte und des 1784 aufgelassenen „Stephansfreithofes“ nach Plänen von Johann Fischer errichtet. „Die ersten Insassen des Landesgerichts sollen der Bauführer und der Dachdecker gewesen sein, die das Ärar (= Fiskus) durch betrügerische Abrechnungen geschädigt hatten.“[1]

1872 wurde an der Alser Straße der Trakt mit dem großen Schwurgerichtssaal errichtet. Das Landesgericht ist über seine ganze Länge an der Landesgerichtsstraße und der Alser Straße eingeschoßig und unter dem großen Schwurgerichtssaal zweigeschoßig unterkellert. Das zweite Untergeschoß unterhalb des Schwurgerichtssaales, ein ehemaliger „Krautkeller“, steht leer. Durchgänge, die von hier aus in das alte Gefangenenhaus führten, sind abgemauert. Interessanterweise bestanden angeblich auch Verbindungsgänge vom Landesgericht zum alten AKH. Es scheint eine zwar reizvolle, aber eher unwahrscheinliche Variante, daß ausgerechnet aus einem Gefangenenhaus heraus – oder vielleicht hinein – sozusagen „amtsbekannte“ unterirdische Gänge oder vielleicht sogar Fluchtwege bestanden haben sollen.

In den eingeschoßigen Kellern, die links und rechts des zentralen Ganges, der den Gängen in den Obergeschoßen entspricht, angeordnet sind, sind Lager-, Archiv- und Technikräume untergebracht. Wirklich interessant sind allerdings nur die Aktenlager, die wie kleine, sauber angelegte Bergwerkskammern wirken.

Nur rund die Hälfte der im Landesgericht aufbewahrten Akten lagert im Keller, der Rest wird im Erdgeschoß in neu adaptierten Räumen und modernen Regalen verwahrt. In ein bis zwei Jahren werden auch die heute noch im Keller befindlichen Akten nach oben in neue Räume und Regale geschafft.

Die „Aktenschränke" in den Kellerräumen sind einfache Eisenregale, über und über angefüllt mit gebündelten Akten, an den Deckblättern mit Jahreszahlen und Aktennummern versehen und fortlaufend numeriert.

Nichts läßt auf ihren Inhalt – ob leichtes Delikt oder Kapitalverbrechen, Diebstahl oder Betrug, Mord oder Totschlag – schließen. Nur hin und wieder, wenn ein Akt verrutscht, ein Bündel schlecht gebunden ist, wird ein Teil seiner Geschichte sichtbar und der ganze Papierberg zu greifbaren Schicksalen. Der Raum wirkt dann plötzlich winzig und erdrückend klein bei der Vorstellung der Tausenden von Verbrechen, die hier aufgelistet und peinlich genau beschrieben sind.

Die Archivare bleiben unbeeindruckt von den Geschichten und Schicksalen, die sie Tag für Tag durch die Gänge und Keller des Landesgerichtes tragen. Ihre Leidenschaft beschränkt sich auf die Vollständigkeit der Aktensammlung: „Den Proksch-Akt, den kennen wir auch noch nicht, und der Akt vom AKH-Neubau ist noch immer nicht bei uns", wird irgendwie vorwurfsvoll, daß ausgerechnet die bekanntesten fehlen, festgestellt.

Jedes Jahr fallen ca. 14.000 neue Akten, die mindestens 50 Jahre aufbewahrt werden müssen, an. Manche aus rechtshistorischen oder anderen Gründen besonders interessante Akten werden hier auch für die Ewigkeit gelagert, zum Beispiel ein Akt aus dem Jahre 1947 mit der Aufschrift „Dauernd aufbewahren" auf dem Deckel oder auch Präsidial- und Personalakten ab 1902 und in einer Ecke die Beilagen zum Fall Olah. Diesen Akten bleibt das Schicksal der „Skartierung", wie in der altösterreichischen Amtssprache die „Aktenausscheidung" heißt, erspart.

Gebündelte Schicksale

„Insgesamt werden es wohl ca. eine Million aufbewahrter Akten sein", die von den fünf Beamten eingeordnet, ausgehoben und transportiert werden. Daß nur hin und wieder ein Akt verlorengeht oder in „Verstoß gerät" und dann meistens sogar wieder auftaucht, wirkt angesichts dieser Menge von Akten geradezu unwahrscheinlich.

„Wär ned schlecht, wann ma a paar Mäuse hätten, die die Akten z'sammfressen." Bei ungefähr einer Million Akten eine durchaus nachvollziehbare Wunschvorstellung, aber die Mausefallen und Kammerjäger erledigen gewissenhaft und vollständig ihre Arbeit.

Unterirdische Infrastruktur der Großstadt

Der Untergrund der Stadt, wie die Stadt selbst, wird oft mit einem Körper verglichen, zum Beispiel wenn es heißt „im Bauch der Stadt“ oder „das Herz der Stadt“ oder „am Arsch der Stadt“ usw. Bleibt man bei diesem Bild, so übernehmen die Einrichtungen und Leitungen der technischen Infrastruktur der Großstadt die Aufgaben von Venen, Arterien, Nervenbahnen und Gedärmen dieses Organismus. Ein Großteil der „unterirdischen“ Stadt besteht aus Rohrnetzen, Zu- und Ableitungen und Verbindungen, die erst das Funktionieren der „oberirdischen“ Stadt, des sichtbaren „Stadtkörpers“, ermöglichen.

Diese Gänge, Rohre und Leitungen haben vielleicht etwas Sinnliches, aber meist nichts Geheimnisvolles an sich. Sie müssen nur in den seltensten Fällen für Schauermärchen und Gruselstunden herhalten, wie das bei anderen unterirdischen Orten, zum Beispiel Grüften oder den berüchtigten Flucht- und Verbindungsgängen, gang und gäbe ist. Die Aufgaben der technischen Verbindungsgänge und -wege sind bekannt und nur wenig geeignet, die Phantasie anzuregen, wie es zum Beispiel die Katakomben unter St. Stephan oder die Kelleranlagen der Innenstadt schaffen. Spekulationen über sie werden meist nur dann angestellt, wenn ein tatsächlicher Anlaß dazu besteht, etwa Ende des 19. und Anfang des 20. Jahrhunderts die Fettfischer und Strotter in den Kanälen, der Frauenmörder Wrbik in den dreißiger Jahren oder Harry Lime in der Nachkriegszeit.

Die unterirdischen technischen Einrichtungen reichen von Wasser über Strom-, Gas- und Postleitungen und Kanalisation bis zu Wärmeversorgung und Telekabel. Die interessantesten Rohr- und Leitungsnetze in der unterirdischen Stadt sind die Wasserversorgung, die Kanalisation und das Fernwärmenetz, allesamt zumindest in teilweise begehbaren Gängen untergebracht.

Wie ein kurzer geschichtlicher Rückblick zeigt, war das Leben in der Stadt ohne geregelte Wasserversorgung und Kanalisation vergleichsweise gefährlich und ständig durch meist tödlich endende Cholera- und Typhuserkrankungen bedroht. Erst der Ausbau der Wasserversorgung und der Kanalisation bildete die Grundlage für eine wachsende Großstadt.

Zwischen Wasserversorgung und Kanalisation sind die öffentlichen Toiletten, die in Wien oft im „Keller" von Straßen und Plätzen eingerichtet wurden, angesiedelt. Die öffentlichen Toiletten wurden zum Teil sehr kunstvoll ausgestattet. Sie sind heute eine Touristenattraktion ersten Ranges und ein Architekturdenkmal, z. B. die 1905 von Adolf Loos entworfene erste öffentliche Bedürfnisanstalt Wiens auf dem Graben, oder aber sie sind das, was solche Orte oft sind, letzte Fluchtstätten, die nicht ohne zwingenden Grund betreten werden sollten, wie z. B. die Toiletten auf dem Hohen Markt. Hier stimmt auch der von Thomas Bernhard in „Alte Meister" geprägte Satz: „Die Toilettenfrage ist in Österreich noch ungeklärt", wobei allerdings „ungeklärt" eine in bezug auf diesen Ort des Grauens euphemistische Untertreibung wäre.

Öffentliche Toilettenanlage am Graben von Adolf Loos

Die I. Wiener Hochquellwasserleitung

Schon das römische Legionslager Vindobona wurde mittels Wasserleitungen mit frischem Wasser aus der Umgebung versorgt (siehe auch Kapitel „Römer“). Das Wasser wurde aber nicht nur als Trinkwasser verwendet, sondern wahrscheinlich auch schon in Badeanstalten eingeleitet. Nach der Zerstörung Vindobonas verfielen auch die römischen Wasserleitungen nach und nach. Später erfolgte die Wasserversorgung lange Zeit über öffentliche Brunnen und Hausbrunnen. In dem 1548 von Wolfgang Schmeltzl, Schulmeister zu den Schotten, verfaßten „Lobspruch der Hochlöblichen weitberühmbten Künigklichen Stat Wienn“ heißt es: „Ein yedes hauss hat auch ein prunn, mit ketten und saylen wol versehen.“ [1]

Mit der stetigen Zunahme der Bevölkerung reichte zum einen jedoch bald die Wasserversorgung über Brunnenanlagen nicht mehr aus, zum anderen wurden die bestehenden Brunnen durch die fortschreitende Verschmutzung verseucht. So wie die offenen Wasserläufe im Stadtgebiet durch Abwässer aller Art, Tierkadaver, Kehricht und Unrat verschmutzt wurden, wurden auch die Brunnenanlagen durch die zunehmende Verseuchung des Bodens vergiftet. „Das abergläubige Volk machte Totengräber, Scharfrichter und Hexen verantwortlich, aber auch Juden wurden der Brunnenvergiftung beschuldigt, was allerorts grausame Verfolgungen auslöste.“ [2] Als Brunnenvergifter mußten auch böse Brunnengeister wie der „Basilisk“ herhalten.

Schieberkammer am Rosenhügel

Erst im 16. Jahrhundert begann mit dem Bau von öffentlichen, Hof- und Privatwasserleitungen der Ausbau zentraler Wasserversorgungsanlagen, der im Umfang etwa jenem der Römer entsprach. Die erste Wasserleitung war die im Auftrag Kaiser Ferdinands I. um 1552 errichtete „Siebenbrunner Hofwasserleitung". „Die aus Gußeisenrohren bestehende Leitung führte durch die Reinprechtsdorfer Straße, die Margarethenstraße und durch das Freihaus zu einem

Reservoir unter der Augustinerbastei, aus dem mehrere Rohrleitungen zahlreiche Ausflüsse speisten."[3] Die erste großzügige Wasserleitung Wiens, die größere Gebiete versorgen konnte, war die „Herzog Albertinische Wasserleitung", die 1808 in Betrieb ging und die bevölkerungsreichen Bezirke Mariahilf und Neubau sowie das „Industrieviertel am Brillantengrund" über Wasserbassins und Auslaufbrunnen versorgte. Die Albertinische Wasserleitung hatte im 19. Jahrhundert, als die Bevölkerung Wiens von rund 230.000 Einwohnern im Jahre 1800 auf mehr als 810.000 Einwohner 1890 anwuchs, eine wichtige Rolle für die Wasserversorgung der Stadt gespielt. Bis Ende des 19. Jahrhunderts gehörten auch „Wassermann" und „Wasserweib" zum Wiener Straßenbild. Die „Wassermänner" zogen mit Pferdefuhrwerken von Haus zu Haus und boten aus einem großen Faß Wasser zum Verkauf an. Die „Wiener Wasserweiber" trugen Wasser in Butten in die oberen Stockwerke der Häuser und verkauften es dort direkt vor Ort.

Zwischen 1835 und 1841 wurde mit der Kaiser-Ferdinand-Wasserleitung die erste einheitliche Wasserleitung mit einem verzweigten Rohrnetz, das „Auslaufbrunnen" in der ganzen Stadt versorgen konnte, errichtet. Die Baukosten konnten zum Teil durch das dem Kaiser dargebrachte „Krönungsgeschenk" gedeckt werden. Die Kaiser-Ferdinand-Wasserleitung wurde ursprünglich aus dem Grundwasserstrom des Donaukanals und später mit künstlich filtriertem Donauwasser gespeist. Um 1870 standen aus der Kaiser-Ferdinand-Wasserleitung gerade 16 Liter pro Einwohner und Tag zur Verfügung. Zu dieser Zeit war auch die Wasserqualität außerordentlich schlecht, in den Sommermonaten erreichte das Wasser der Ferdinand-Leitung oft bis zu 20 Grad Celsius. Pro Jahr waren in Wien über tausend Cholera- und Typhustote zu verzeichnen.

Die Frage einer adäquaten Wasserversorgung wurde zu einem entscheidenden Punkt für die weitere Entwicklung Wiens, die Entscheidung für den Bau der Ersten Hochquellwasserleitung letztlich zu einem weit in das 20. Jahrhundert reichenden Entwicklungsschritt. Mit der Fertigstellung der I. Wiener Hochquellwasserleitung im Jahre 1873 wurde die alte Kaiser-Ferdinand-Wasserleitung außer Betrieb gesetzt. Der Bau der I. Wiener Hochquellwasserleitung war mit der zunehmenden Bevölkerung Wiens durch den Fall der Stadtmauern und der Basteien und der damit verbundenen rapiden Steige-

Alte Verbindung am Rosenhügel

rung des Wasserbedarfes und der immer schlechteren Wasserqualität notwendig geworden. Die I. Wiener Hochquellwasserleitung, als deren „Schöpfer" der Geologe und Politiker Prof. Eduard Suess gilt, war für eine tägliche Menge von 138.000 Kubikmeter Wasser aus dem 100 Kilometer entfernten Rax-Schneeberg-Gebiet projektiert. Alle bis zur Eröffnung der Hochquellwasserleitung in Betrieb befindlichen Wiener öffentlichen und privaten Wasserleitungen und Hausbrunnen förderten demgegenüber gerade 20.000 Kubikmeter Wasser pro Tag.

Bereits 1899 wurde der Bau einer zweiten Hochquellwasserleitung beschlossen, die 1910 fertiggestellt wurde. Seither wurde mit neuen Quellfassungen, Quellnachfassungen und weiteren Ausbaumaßnahmen die Kapazität der Wiener Hochquellenleitungen auf täglich 400.000 Kubikmeter oder 400 Millionen Liter Hochquellwasser aus den Bergen gesteigert.

Die erstmalige Füllung des Reservoirs am Rosenhügel am 1. September 1873 mit dem Wasser aus der ersten Hochquellwasserleitung war der Beginn der modernen Wasserversorgung Wiens.

Wasserspeicher Rosenhügel

Wasserspeicher Rosenhügel 23., Rosenhügelstraße

Das gesamte Wasser, das durch den Kanal der I. Wiener Hochquellwasserleitung geführt wird, gelangt in das Reservoir am Rosenhügel, das in sechs Abteilungen einen Gesamtfassungsraum von 149.470 Kubikmeter und eine überwölbte Wasserfläche von 34.000 Quadratmeter hat. Von diesem Reservoir werden über Gravitationsrohrleitungen die Wasserbehälter auf der Schmelz, auf dem Wienerberg und auf dem Laaerberg gespeist" [4]

Der Wasserspeicher am Rosenhügel ist einer der höchstgelegenen Wasserspeicher Wiens und auf einem Plateau zwischen Rosenhügel-, Atzgersdorfer Straße und der Schluckergasse gelegen. Von „außen" ist der Behälter eine große, fast ebene Fläche mit ringsherum verlaufenden, sehr genau abgezirkelten Böschungen und einigen wenigen mächtigen Gebäuden. Zum Beispiel das große Eingangsbauwerk zum ersten Wasserspeicher.

Ein Gebäude, die „Chlorstation", stammt allerdings eindeutig aus einer jüngeren Bauperiode als die anderen. In der Chlorstation wird zur Vorbeugung gegenüber möglichen Verkeimungen in das fri-

Gewölbe im Wasserspeicher der I. Hochquellwasserleitung

sche Quellwasser Chlor eingebracht. Interessant ist der gänzlich unterschiedliche architektonische Stil dieses Gebäudes. Während die alten Hauptgebäude im typisch repräsentativen klassizistischen Stil der Gründerzeit errichtet wurden, wurde für die Chlorstation eine Architektur gewählt, die typisch österreichisch in dem Sinn genannt werden kann, als sie in jeder beliebigen Einfamilienhaussiedlung ohne gestalterische Ambitionen zwischen Neusiedler- und Bodensee anzutreffen ist.

Im Wasserbehälter herrscht jahraus, jahrein eine gleichbleibende Temperatur von ca. 8 Grad Celsius, das Wasser selbst hat eine Temperatur zwischen 6 und 7 Grad Celsius. Durch die Chlorierung erinnert der Wasserbehälter an ein Hallenbad, und auch die

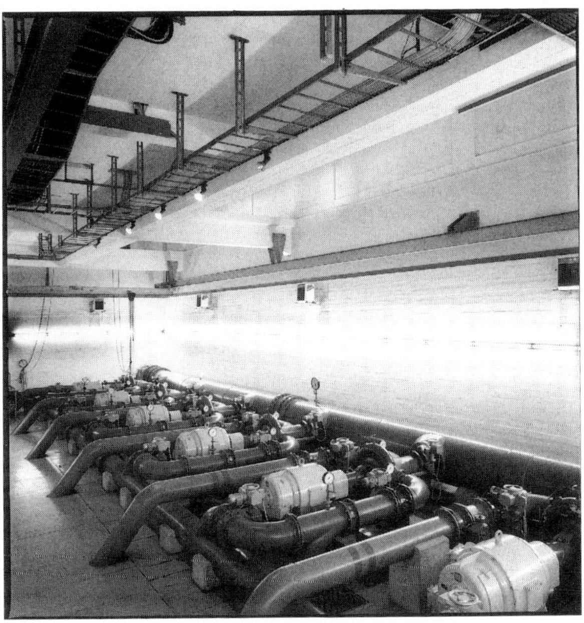

Pumpenraum am Rosenhügel

Fliesen am Fußboden könnten aus einem Hallenbad stammen.

Am Ende der fast 100 Kilometer langen Leitung sprudelt das Wasser noch mit dem typischen übermütigen Quellwasserrauschen in die großen Behälter, wie ein Gebirgsbächlein: hell, frisch und klar.

Die Behälter bestehen aus Ziegelmauerwerk. Die Decke bilden Ziegelgewölbe auf Granitpfeilern, die Sohle ist mit einer fünf Zentimeter starken Portlandverputzschicht versehen. An Wochenenden, mit naturgemäß geringerem Wasserverbrauch, wird mit fünf Metern der höchstmögliche Wasserstand im Behälter erreicht.

Das Hochquellwasser muß, bevor es in die Verbrauchsleitungen eingespeist wird, nicht vorbehandelt werden, sondern es kommt mehr oder weniger „direkt" von der Quelle in die Leitung, lediglich die Chlorierung ist eine Vorbeugung gegenüber möglicher Verkeimung. Schwebestoffe, die mit aus der Quelle kommen können, werden abgesaugt und die Behälterkammern alle drei bis vier Jahre von Bodenablagerungen befreit. Die Wasserqualität wird täglich geprüft, bis heute war noch nie ein Fisch dabei.

Durch die Anordnung von Führungsmauern innerhalb der Behälterkammern „mäandriert" das Wasser durch die Kammern, kommt dadurch nicht zur Ruhe und strömt, solange es sich im Behälter befindet, in den Kammern auf und ab. Die Verweildauer eines Liters Wasser im Speicher Rosenhügel beträgt rund einen Tag.

Im neuen „Hebewerk" neben dem ersten Behältergebäude wird die Wasserversorgung des Stadtgebietes überwacht. Auf einer großen Schalttafel melden verschiedenfarbige Lämpchen Störungen bzw.

den reibungslosen Betrieb der verschiedenen Behälter im ganzen Stadtgebiet, wo in welchen Stadtgebieten welche Druckverhältnisse herrschen und von welchem Wasserbehälter das jeweilige Gebiet vor- und endversorgt wird.

Die Länge des Leitungsnetzes beträgt ohne private Zuleitungen ca. 3000 Kilometer. Der durchschnittliche Wiener Tagesverbrauch von 400.000 Kubikmetern entspricht dem dreifachen Speichervo-

lumen des Wasserbehälters auf dem Rosenhügel. Die maximale Speicherfähigkeit aller 33 Wiener Wasserbehälter beträgt 1,49 Millionen Kubikmeter, also knapp den vierfachen Tagesverbrauch. Ein Wert übrigens, der weltweit in keiner anderen Großstadt erreicht wird.

Aus Sicherheitsgründen ist der Zugang zum Wasserspeicher betriebsfremden Personen nicht erlaubt. Anschläge im Stil der anarchistischen Hippies der späten sechziger Jahre, die mit „LSD ins Trinkwasser" der Bevölkerung zu Bewußtseinserweiterungen und psychedelischen Erlebnissen verhelfen wollten, werden allerdings kaum mehr befürchtet.

Ehemaliger Wasserbehälter auf der Schmelz

Wasserbehälter Schmelz 15., Hütteldorfer Straße/ Johnstraße

Der Wasserbehälter an der Hütteldorfer Straße wurde ebenfalls mit der I. Hochquellwasserleitung in Betrieb genommen. Seine Bauweise und Ausstattung entsprach in etwa jenem auf dem Rosenhügel. Durch die Errichtung eines neuen, modernen Wasserbehälters auf der Schmelz wurde dieser Behälter für die Wasserversorgung überflüssig. In einigen Jahren sollen im Inneren des ehemaligen Wasserbehälters der „Meislmarkt", das Bezirkszentrum und eine Reihe anderer Einrichtungen angesiedelt werden.

Für die Adaptierung und Umgestaltung sind umfangreiche Baumaßnahmen notwendig, dadurch wurden einzigartige Einblicke in den Wasserbehälter möglich. Der Wasserbehälter ohne Wasser wurde

Querschnitt durch den ehemaligen Wasserspeicher

von seiner schützenden Erdschicht befreit und zersägt, sozusagen abgehäutet und tranchiert. Im aufgeschnittenen ehemals peinlich sauberen Bauch des Behälters fährt jetzt Lkw, um Lkw um die abgeschnittenen Teile herauszutransportieren und Platz für neue Nutzungen zu schaffen.

Die Kanalisation

Der „Kanal" ist neben der Kapuzinergruft und den Katakomben des Stephansdomes der klassische und wohl bekannteste Wiener Untergrund. Bekannt und berühmt nicht wegen der baulichen Pioniertat im vorigen Jahrhundert, sondern vielmehr aufgrund des „Dritten Mannes“, der sich, begleitet von der unverwechselbaren Musik Anton Karas’, in den Kanalanlagen durch die unterirdische Stadt bewegte.

„Nirgendwo auf der Welt haben die Bürger einer Großstadt eine so starke emotionale Bindung an ihre Kanalisation wie in Wien, und nirgendwo auf der Welt ist die Kanalisation ein derartiger Touristenmagnet wie bei uns.“[5] Daß gerade in Wien der Kanal eine einzigartige Berühmtheit erlangte, wird oft nicht

Alser Bach unter der Alserbachstraße

als Zufall und Folge eines genial inszenierten Filmes gesehen, sondern vielmehr als Notwendigkeit und Spiegelbild einer Stadt, in der Oberflächlichkeit und Untergründiges so nahe beieinanderliegen.

Die erste Kanalisation auf Wiener Stadtgebiet wurde schon in der Römerzeit, etwa 100 n. Chr., von der 13. Legion im Lager Vindobona angelegt und von den nachfolgenden Legionen erweitert und ausgebaut. Das römische Kanalnetz bestand bereits aus einem System von Haupt- und Sammelkanälen. Über dieses Netz wurden sanitäre Abwässer – es gab in Vindobona bereits Toiletten mit Wasserspülung – und Niederschlagswasser abgeleitet.

Wie in allen anderen wichtigen Fragen der Stadtentwicklung auch war mit dem Ende der Römerzeit der Kanalbau vorerst eingestellt. Die Zerstörung Vindobonas im Zuge der Völkerwanderung bedeutete auch die Zerstörung der ersten sanitären Einrichtungen, „für die das Mittelalter im übrigen keinerlei Verständnis zeigte. Erst in späterer Zeit machte sich in Wien das Bestreben geltend, die im Haushalte entstehenden Schmutzwässer, die menschlichen und tierischen Auswurfstoffe, die Abfallwässer der gewerblichen Betriebe sowie das auf die Straßen, Dächer und Höfe niederfallende Regenwasser möglichst schnell und ohne Belästigung aus den Wohnstätten und von den Verkehrswegen wegzuschaffen, was zur Erbauung von ausgedehnten unterirdischen Ableitungen führte.“ [6]

Die ersten Anlagen dieser Art waren sogenannte „Möhrungen“, Einwölbungen von Straßenabzügen, die Vorgänger der späteren Kanäle. Eine der ersten Möhrungen wurde um 1338 an der Brandstätte erbaut. Die Straßen- und Hausabzüge (-kanäle) mündeten aber direkt in den Donaukanal und die offenen Gerinne des Wienflusses, des Alser Baches, des Ottakringer Baches usw., was zusehends zur „Verjauchung" der Bäche führte und eine ständige gesundheitliche Gefährdung der Bevölkerung mit sich brachte.

Nach der zweiten Türkenbelagerung 1683 und der darauffolgenden regen Bautätigkeit wurden bereits bei den meisten neuerrichteten Gebäuden Abzüge in die Straßenkanäle vorgesehen. Dagegen bestanden noch in vielen alten Häusern und Klöstern Senkgruben, deren Räumung eine beträchtliche Störung des städtischen Lebens darstellte und 1706 zur Formulierung eines kaiserlichen „Senkgrubenerlasses" führte. Dieser Erlaß legte fest, daß die Senkgruben nur mehr in den Wintermonaten geräumt werden durften, und forderte überdies alle Hausbesitzer zum Anschluß an die bereits bestehenden Kanäle auf. Damit war allerdings das Problem der offenen Wasserläufe im Stadtgebiet und ihrer zunehmenden Verschmutzung noch nicht gelöst, sondern verschärfte sich vielmehr durch die ständig anwachsende Bevölkerung und führte im Februar 1830 zur Katastrophe: Infolge eines Eisstoßes am 28. Februar 1830 trat die Donau aus ihren Ufern und überschwemmte für mehrere Tage das gesamte Gemeindegebiet. Die Folgen der Überschwemmung waren jedoch schlimmer als ihre unmittelbaren Verwüstungen. Nach dem Rückgang des Hochwassers „brach mit unheimlicher Macht die Cholera zum ersten Male in das Gemeindegebiet von Wien ein und wütete besonders in den an den offenen, verseuchten Wasserläufen und Mühlgräben gelegenen Wohnstätten sowie in den durch die Überschwemmung betroffenen Stadtteilen".[7]

Noch während der Cholera im Herbst 1831 begannen die Baumaßnahmen für den rechtsseitigen Wienflußsammelkanal, und 1836 folgte der Bau des linken Wienflußsammelkanals. Ab 1843 waren rechtsseitig und ab 1839 auch linksseitig alle Einmündungen von Haus- und Straßenkanälen in den Wienfluß beseitigt. Der Wienfluß stand mit den Sammelkanälen, den sogenannten Cholerakanälen, nur mehr über Regenauslässe in Verbindung. Der linksseitige Cholerakanal führt übrigens quer durch den neuerrichteten Tiefspeicher des Museums für angewandte Kunst und setzte die Baugrube bei starken Regenfällen zweimal unter Wasser.

Nach der Fertigstellung der Hauptsammelkanäle war die wichtigste Maßnahme die Einwölbung der offenen Wasserläufe im Stadtgebiet, allen voran des Alser und des Ottakringer Baches. Die bis 1850 hergestellten Kanalbauten stellten eine internationale Pioniertat dar. Zum Vergleich: In Paris begann man mit dem Bau großer Sammelkanäle erst 1850, in London 1867 und in Berlin ab 1873, zu einer Zeit also, als in Wien, im Zuge der Stadterweiterung über die ehemalige Stadtmauer hinaus, schon am Ausbau des Kanalnetzes gearbeitet wurde.

Mit dem Beschluß zur Schleifung der Linienwälle vom 19. Dezember 1890, deren Lage in etwa dem Verlauf der heutigen Gürtelstraße entsprach, und zur Eingemeindung der Vororte in das Wiener Satdtgebiet wurde eine weitere Ausdehnung des Kanalnetzes notwendig. Bis zum Ausbruch des Ersten Weltkrieges 1914 erfolgte die ständige Erweiterung des Kanalnetzes und die Anlage der Hauptsammelkanäle beiderseits des Donaukanals. In der Zwischenkriegszeit wurden vor allem alte Ziegelkanäle modernisiert und das Kanalnetz nur unwesentlich ausgebaut. Mit der ab 1944 einsetzenden Bombardierung Wiens wurden auch große Teile der Kanalisation zerstört. Die Beseitigung der Kriegsschäden dauerte bis 1950, ab diesem Zeitpunkt begann der weitere Ausbau und die Modernisierung des Kanalnetzes, durch das heute täglich mehr als 500.000 Kubikmeter Abwässer fließen. Mit der Eröffnung der Wiener Hauptkläranlage Simmering im Jahre 1980 wurde ein wichtiges Kapitel der Wiener Abwasser-

Schotterfang im linken Wienfluß-sammelkanal

entsorgung abgeschlossen. Dennoch ist bis in das Jahr 2000 der Neubau von 320 Kilometern und die Sanierung von 250 Kilometern Kanal geplant.

Lange vor Harry Lime, dem „Dritten Mann" und berühmtesten Kanalbenützer Wiens, waren seit dem ausgehenden 19. Jahrhundert die Kanäle Schlafplatz, Überlebensmöglichkeit und oft auch die einzige Verdienstmöglichkeit für die ärmsten Bevölkerungsschichten. Zwei Sozialreportagen, „Vier Stunden im unterirdischen Wien. Ein ‚Strottgang' durch Wiener Kanäle" von Max Winter (1902) und „Durch die Quartiere der Not und des Verbrechens" von Emil Kläger (1908), schildern eindringlichst die unmenschliche Situation der Obdachlosen und Strotter in den Kanälen Wiens. Von den Obdachlosen hatten einige ihre Schlafplätze in den „Nebenräumen", Schächten, Abgängen und Kanalröhren der Sammelkanäle. Die „Strotter" waren Beschäftigungslose, die Tag für Tag die Kanäle durchkämmten und im vom Abwasser mitgeführten Sand und Schlamm nach Münzen, Metall und anderen verwertbaren Gegenständen suchten. Sogar bei den Strottern gab es noch Abstufungen: Die ärmsten und wohl bedauernswertesten Strotter waren die sogenannten „Fettfischer", die aus den Abwässern Knochen und Fettabfälle sammelten, um sie an Seifensieder zu verkaufen. Das Leben dieser Außenseiter der Gesellschaft wurde in den beiden Reportagen erstmals einer großen Leserschaft vor Augen geführt und erregte großes Aufsehen und Interesse. Den Lichtbildvortrag „Durch die Wiener Quartiere des Elends und Verbrechens" von Emil Kläger sahen an der Wiener Urania „Tausende und Abertausende". Das Elend und die Not der Strotter und Obdachlosen in den Kanälen der Stadt blieb aber noch lange Zeit unverändert.

Tatsachenbericht einer unautorisierten Kanalexpedition

3., Stadtpark Wienfluß-einwölbung bis 4., Girardi-park

Auf der Suche nach Spannung, Abenteuer und Suspense für alle begibt sich an einem „feuchten, neblichten" Sonntagmorgen eine zu allem entschlossene und entsprechend ausgerüstete Abenteurergruppe auf der Suche nach dem wahren Untergrund in die Wiener Kanalisation. Ein ungenannt bleiben wollender und fünf weitere Forscher, Sonntag früh 8 Uhr: Einstieg am Ende der Wienflußeinwölbung im Stadtpark.

Schon nach wenigen Metern ist die Spannung und Aufregung und die Freude am Abenteuer verflogen. Ziemlich schnell stellt sich heraus, daß sich die Teilnehmer, außer den beiden kanalerfahrenen Leitern, unter Kanal respektive Wienfluß bzw. dem Untergrund etwas ganz anderes vorgestellt haben: kleiner und irgendwie eckiger oder niedriger, mit Tieren und Dreck, und dabei ist hier ja eine regelrechte Autobahn unter dem Heumarkt und weiter bis zum Karlsplatz und Naschmarkt angelegt, ein schöner Tunnel oder was auch immer, nur kein Ort des Schauderns und Gruselns und kein Abenteuer, weit und breit keine Spur von Harry Lime. Die einzige Erwartung, die mit der kanalisierten Wirklichkeit übereinstimmt, ist die Dunkelheit oder zumindest Düsterheit, aber auch die wird überall durchbrochen von Kanaldeckeln, die wie Lichtschächte wirken und nur hin und wieder durch ein darüberfahrendes Auto verdeckt werden.

Es stinkt noch nicht einmal hier unten, die ganze wasserdichte Ausrüstung, auf Anraten der Leiter

Regenüberfallsbauwerk am linken Wienflußsammelkanal

mitgenommen, war also umsonst. Nein, nein, keinesfalls, sagt der erfahrene Kanalexplorator und heimlich selbsternannte Anführer des Haufens Unerschrockener: Ein starker Regen, und es ist hier innerhalb von Minuten ungemütlich oder auch schon lebensgefährlich, also niemals ohne Sicherung, straßenseitige Kontrolle oder gar ohne erfahrene Führung da unten einsteigen. Aber wer glaubt das schon, wenn der Wienfluß beinahe trockenen Fußes durchschritten werden kann.

Wenn schon keine Spannung, so stellt sich doch eine kleine Wiedersehensfreude beim großen Überfallsbauwerk ein, das Orson Wells im „Dritten Mann“ vor der Kanalpolizei flüchtend auf so unnachahmliche Weise überquerte. Harry Lime läßt grüßen, und

Wienfluß-einwölbung unter der Lothringerstraße

was eine echte Expedition ist und erst recht ein Expediteur, kriecht auch tatsächlich in alle diese Rohre und Schächte hinein und versucht mit dem Mut des Verzweifelten – Motto: Film ist Realität: „Stell dir vor, du bist auf der Flucht, wie kommst du da rauf?" – eine drei Meter hohe glatte Wand, an der selbst Thomas Bubendorfer scheitern müßte, raufzukraxeln. Na denn, da werden auch nicht die kunstvoll zurückgebundenen Haare geschont, wenn's darum geht, in ein Kanalloch zu kriechen und tatsächlich irgendwo echte Scheiße zu sehen, einfach toll.

Und weiter geht's, die unentschlossenen Explorer wollen wenn schon nicht irgendwohin, so doch bis zum Naschmarkt: Doch plötzlich Hochspannung und rasender Puls: Licht vom anderen Ende und eindeutig Stimmen, natürlich unmöglich zu verstehen, und sie nähern sich, leuchten in jede Röhre und in jeden Aufgang. Schnell und beinahe geräuschlos kriecht die Abenteurergruppe in einen Seitengang. Licht aus, Stimmen aus und nicht gemauschelt. Der erschrockene Explorationsleiter, als solcher nun vollkommen ungeeignet, mahnt zur Ruhe und macht auf die Konsequenzen einer möglichen Entdeckung durch eine Brigade der berüchtigten Kanalpolizei, die ja schon dem „Dritten Mann" zum Verhängnis wurde, aufmerksam: mindestens zwei Tage Haft, Bezahlung des Sucheinsatzes, Verlust der Fotolizenz, Bekanntgabe der Namen aller Beteiligten in den auflagenstärksten Zeitungen der Stadt, kriminaltechnische Feststellung der Personalien, europaweite Aufnahme der Fingerabdrücke in die Fahndungskataster, Entzug der bürgerlichen Rechte und schlußendlich versehentliche Exekution.

Angesichts dieser unmittelbar bevorstehenden radikalen Beeinträchtigung bzw. Verkürzung der individuellen Lebenszeiten und des Verlustes beinahe aller Vergünstigungen, die das Leben bisher, wenn auch in geringem Maße, für einen bereithielt, ist es nicht schwer, die zukünftigen Delinquenten ruhig zu halten.

Nach ca. 15minütigem Schweigen und verhaltenem Atmen (im 14-Sekunden-Rhythmus) erfolgt der Rückzug, von einigen auch ganz klar als Kapitulation vor dem unausweichlichen Ende erkannt. Es ist also doch spannender als gewünscht im Untergrund zu Wien. Ohne Licht und ohne Gespräche geht es in Richtung Ausgang, wo die Häscher bereits warten, jede(r) geht gesenkten Hauptes, zu sehen ist in der

Dunkelheit praktisch nichts; hin und wieder stolpert einer der nun mutlosen Abenteurer, doch meist sehr gekonnt und leise. Der eine oder andere überlegt schon seine Rechtfertigung oder die Abschiedsworte an Frau und Kind, Mutter und Freund. Und die unendliche Qual der Niederlage – Wieso können sie uns nicht gleich hier schnappen und verhaften oder, wenn es denn schon sein muß, auch sofort liquidieren? –, nein, diese Schande: ertappt beim unerlaubten Betreten des Wienflusses, und langsam das Licht des Ausgangs ...

Wo stehen sie, die Kanalbrigadisten?, Sind sie versteckt, oder werden sie uns in einer geschlossenen Kette empfangen, möglicherweise das Feuer sofort eröffnen oder mit Flammenwerfern den ganzen Fluß oder was davon noch übrig ist zum Sieden bringen und uns wie die geliebte Burenwurst einfach kochen? Jede nur denkbare Schandtat ist ihnen hier im schützenden Dunkel und mit dem Recht und dem Licht auf ihrer Seite zuzutrauen. Endlich draußen ...

Wo bleiben sie? Keine Kette von wilden Kanalern und Kieberern, kein Megaphon, das brüllt: „Legen Sie sich bäuchlings in den Wienfluß, und werfen Sie alle spitzen Gegenstände von sich, Zuwiderhandelnde werden sofort den Ratten zum Fraße vorgeworfen, die anderen bei Wasser und Brot eingelocht“. Nichts, nein – weit und breit nichts und niemand außer einigen Joggern und Sonntagmorgenspaziergängern, die verwundert über die Brüstung der Wienflußpromenade schauen und sich fragen, was die Wahnsinnigen da wohl machen.

Der Expeditionsführer räuspert sich angesichts zweier Mountainbiker mit Stirnlampen und der eindeutigen Absicht, jetzt wieder, laut lachend, in den

Kanal einzufahren, nervös, beinahe unhörbar und ist froh, seine Schäfchen wieder sicher an Land gebracht zu haben. Nun kann er sich, wie in solchen Fällen auch üblich, einen ordentlichen Schluck Schnaps aus dem mitgebrachten Flachmann in die angstgeweitete Gurgel leeren. Noch einmal davongekommen, und schnell nach Hause, sonst wird er von seiner Expeditionstruppe vielleicht doch noch gelyncht und im Wienfluß den Stockenten und Stichlingen zum Fraß vorgeworfen. Schöne Grüße von Harry Lime, Film ist Realität.

Heizbetriebe Wien, Fernheizwerk Spittelau

Heizbetriebe Wien
9., Spittelauer Lände 45

Das Wiener Fernwärmenetz hat eine Länge von mehr als 370 Kilometern. 70 Kilometer davon sind zwar nicht sehr komfortable, aber doch begehbare unterirdische Gänge. Die begehbaren Gänge führen zum Beispiel vom Fernheizwerk Spittelau entlang des Donaukanals bis Simmering und weiter bis zur ÖMV Schwechat, eine Abzweigung führt über die Reichsbrücke zur UNO-City und weiter nach Kagran und Leopoldau, ein anderer Gang verläuft entlang des Gürtels zum neuen AKH bis zum Flötzersteig, weitere Leitungen führen über den Ring zum Rathaus bis zum Arsenal.

In den begehbaren Gängen werden die sogenannten Großarmaturen des Hauptleitungsnetzes geführt, die die Verbindungen im Fernwärmeverbund Wiens herstellen, der „acht Anlagen in zehn Werken, davon zwei Hausmüllverbrennungsanlagen, eine Sondermüllverbrennung, drei Kraft-Wärme-Kupplungen und vier rein auf fossiler Basis betriebene Fernheizwerke"[8] umfaßt. Der älteste dieser Gänge verläuft zwischen dem Heizwerk Spittelau und dem Währinger Gürtel in einem Stollen, der für Wien einst sehr bedeutenden „Kaiser-Ferdinand-Wasserleitung". Der Zweck ist also ähnlich geblieben, nur wird heute anstelle von filtriertem Donauwasser 150 Grad Celsius heißes Wasser mit einem Druck von 15 bar durch die „Wasserleitung" transportiert. Alle anderen begehbaren Verbindungsstollen sind jünger als 25 Jahre.

Durch den „Ferdinandstollen" führen wie in jedem großen Stollen Zu- und Ableitungen in „Konstantleitungen" für den Normalbedarf und in „Gleit-

Fernwärmeleitung im Stollen der alten „Kaiser-Ferdinands-Wasserleitung"

leitungen“ für Übergangswärme und Spitzenstunden. Die Rohre der Fernwärme sind mit dunklen Isoliermatten verkleidet. In regelmäßigen Abständen sind aufgrund der Wärmespannungen Ausgleichs- und Dehnungsbögen notwendig. Jede Leitung wird dreimal jährlich begangen und auf Dichtheit bzw. Schwachpunkte hin überprüft. Häufig finden auch Streifgänge der Polizei in den Gängen der Fernwärme statt, da das Fernwärmenetz an sehr viele „sicherheitssensible“ Bereiche anschließt.

Trotz der siebzig Kilometer unterirdischer begehbarer Gänge, die die Stadt in allen Richtungen durchkreuzen, wurde kein Hinweis auf den sagenhaften Verbindungsgang zwischen Hofburg und Schönbrunn gefunden. Wohl besteht eine begehbare Verbindung zwischen Spittelau und der Hofburg, aber auch sie ist nicht älter als 25 Jahre. Der Gang Hofburg – Schönbrunn bleibt also weiterhin Legende.

Dafür ist der „Fernwärme“ aber eine andere, kunsthistorisch interessante Wiederentdeckung auf kuriose Art zu verdanken. Bei Modernisierungsmaßnahmen der Heizanlagen in der Hofburg und den dabei notwendigen Ausbaumaßnahmem des Fernwärmenetzes mußten im Keller des Leopoldinischen Traktes der Hofburg neue Leitungen verlegt werden. In diesem Keller befand sich das seit Jahren in Vergessenheit geraten gewesene Gipsdepot, d. h. rund 500 Gipsmodelle von Bauentwürfen, Statuen und Denkmälern aus dem vorigen Jahrhundert. Bei den Baumaßnahmen wurden wohl einige der Gipsfiguren beschädigt, diese Beschädigungen waren aber erst Anlaß, sich wieder mit dem Gipsdepot zu beschäftigen. Sechs Jahre nach der Wiederentdeckung wurden einige der Gipsmodelle in einer großen Ausstellung im Rathaus präsentiert.

Durch die Wiener Heizbetriebe werden mehr als 110.000 Wohnungen versorgt. Dies sind allerdings nur 17% der Leistung, der Rest der erzeugten Wärme geht an Großverbraucher wie Bundesamtsgebäude, General Motors, UNO-City neues AKH usw. An einer stärkeren Versorgung privater Haushalte wird im Zuge der Netzverdichtung laufend gearbeitet. Trotz der langen Transportwege liegen die Wärmeverluste infolge der guten Isolierung und ständigen Wartung bei maximal 10%, ein europäischer Spitzenwert.

Das Fernwärmenetz besteht aus Primär- und Sekundärleitungen. Die Primärleitungen sind Hochdruck-Verteilleitungen mit 150 Grad Celsius und 25 bar Druck, die in Umformerstationen die Wärme in Sekundärleitungen mit einem Druck von 9 bar und einer Temperatur von 90 Grad Celsius abgeben, von wo aus die Verteilung auf mehrere oder einzelne Gebäude erfolgt. Rund 60% der Primärleitungen sind begehbar. Die „Umformung" ist aus mehreren betriebs- und energietechnischen Gründen notwendig. Ein besonders einleuchtender Grund sind die Druckverhältnisse in den Primärleitungen: „Sonst würden Ihnen schon wegen des Druckes die Heizkörper in der Wohnung wegfliegen."

Die Herstellung der Gänge für die Fernwärmeleitungen erfolgt, abhängig von der Größe der Gänge, auf drei verschiedene Arten: entweder „bergmännisch" wie im Tunnelbau oder durch „Pressungen", d. h., Betonrohrabschnitte werden Schritt für Schritt über Entfernungen bis zu tausend Meter durch den Untergrund gepreßt, oder in offener Bauweise. Die

Tunnelbau- und die Preßmethode werden für große Rohrquerschnitte angewandt, die offene Bauweise für kleine Rohrquerschnitte. Während also die „kleinen“ Baumaßnahmen zu Verkehrsbehinderungen und Lärmbelästigungen usw. führen, werden von oben fast unbemerkt „unter der Stadt“ weitläufige Tunnel- und Stollenanlagen unter Straßen und Gebäuden vorgetrieben.

Die tiefste Stelle des Fernwärmenetzes in Wien befindet sich mit 19 Metern unter der Nußdorfer Straße im Bereich des Währinger Gürtels. Diese Tiefen ergeben sich oft durch Keller oder andere unüberwindbare Einbauten, die nicht durchquert werden können.

Einstieg in einen Fernwärme-Verbindungsgang im 19. Bezirk

Trotz des hohen Wirkungsgrades und der guten Isolierung herrscht in den Gängen der Fernwärme leicht erhöhte Temperatur und eine Atmosphäre, die sich bei entsprechender Beleuchtung durchaus als Filmkulisse zu „Alien IV“ eignen würde.

Bei der Begehung der Gänge sind immer wieder Richtungsänderungen und Aufstiege, entsprechend der „oberirdischen“ Gegebenheiten, zu überwinden, weil die „Fernwärme“ irgendwo in Richtung Straße klettert und sich in andere Gänge kreuz und quer durch die Stadt verzweigt. Unter dem Währinger Gürtel in ca. 15 Meter Tiefe, zweigen zum Beispiel drei Rohrstränge in verschiedene Gänge ab und steigen dann wieder auf, um in ca. vier Meter Tiefe den Richtungen verschiedener Straßen zu folgen. Die Begehung dieser Gänge kann sich zu einem anstrengenden Wandertag auswachsen, vor allem wenn man nicht so wie das Wasser unter Druck steht.

Fernwärmeleitungen im alten AKH

Altes AKH

Allgemeines Krankenhaus 9., Alser Straße 4 und 9

Das Allgemeine Krankenhaus, die „Keimzelle der berühmten Wiener medizinischen Schule", 1784 durch Josef II. aufgrund unhaltbarer medizinischer und hygienischer Zustände im „Großarmenhaus" gegründet, hat im Gegensatz zum neuen AKH zwar eine viel bedeutendere Geschichte, dafür aber umso weniger Keller und Untergründe. Die wenigen unterirdischen Räume, wie z.B. der alte Eiskeller, wurden bereits vor Jahren zugeschüttet oder stehen heute, nach dem schon sehr weit fortgeschrittenen Umzug ins neue Haus, leer.

Einige unterirdische Reste sind der alte Apothekenkeller und der Desinfektionskeller und in einem so alten Komplex wie dem AKH natürlich die legendären Geheim- und Verbindungsgänge. Zwischen AKH und Landesgericht sollen welche bestanden haben. Einen Verbindungsgang gab bzw. gibt es tatsächlich: 1889 wurde zur „Unterbringung geistlicher Wärterinnen" in unmittelbarer Nähe des Spitals ein Haus erbaut, das für einhundert Pflegerinnen Schlafsäle enthielt. Vom Keller dieses Hauses führt unter der Spitalgasse ein Gang in den ersten Hof des Allgemeinen Krankenhauses. Dieser Gang stellte auch während des Zweiten Weltkrieges eine wichtige Verbindung zwischen dem Schwesternwohnhaus und dem am anderen Ende des Ganges befindlichen Operationsbunker dar. Heute ist der Gang, der gerade für zwei Personen Platz bietet, aufgrund der Erschütterungen in der Spitalgasse gepölzt.

Der ehemalige Apothekenkeller ist ein kleines Lager mit inzwischen leeren Holzregalen und einem noch verbliebenen „Uralt- Destillierappart", ein weiterer erhaltener Keller ist ein ebenfalls leerstehendes Magazin, früher ein Wäschedepot, durch das sich die Rohre der Fernwärmeleitungen bohren, über- und untereinander wie Riesenwürmer mit erhöhter Temperatur, ihre Haut schon ganz abgeschabt und fleckig, und die Wände von der ungewohnten Hitze schon etwas angegriffen. Mitunter ist dies auch ein angenehm warmer Schlafplatz für Obdachlose.

Der ehemalige Desinfektionskeller, ein altes tiefes Gewölbe, wirkt mit dem kurzen Schrägaufzug und den Schienen für einen Materialwagen wie eine kleine verlassene Fabrikationshalle.

Und dann noch die Prosektur im pathologischen Institut, die zumindest von der Alser Straße her gesehen unter dem Straßenniveau liegt und auch inhaltlich direkt an das „Unter der Erd'"-Thema anschließt. Ein Gefühl der Wiedersehensfreude dürfte sie wohl nur bei aktiven oder bereits pensionierten Medizinern auslösen, bei der Besichtigung stellt sich nur die bange Frage: Ist sie noch in Betrieb oder nicht? Sie war es nicht:

Die Treppen hinunter zum Nebeneingang der ehemaligen Prosektur, nach links, schnell einen Blick in die Sargtischlerei geworfen, die für einen Großeinsatz bereitzustehen scheint, und dann rechts eingebogen in die Prosektur. Wer geht vor, liegt vielleicht doch noch einer drin, wie riecht's? Und ‚huch' der schlechte Magen vom Vortag, wenn jetzt nur irgend etwas ist, in hohem Bogen über drei Seziertische ... aber nichts. Alles ist leer und wirkt seltsam fluchtartig verlassen, da wurden Schürzen, Knochensägen, kleine Behälter und Drehsessel zuückgelassen, das Foto der Leber eines Berufsalkoholikers,

Prosektur im alten AKH

wahrscheinlich als Abschreckung extra hängengelassen, und sonst einige Dinge die beinahe überall stehen könnten. Nur die vier in Reihe geschalteten Nirostabetten mit der leichten Schräge nach innen und dem Becken am Kopfende – wer Kriminalfilme sieht, weiß, wie so etwas ausschaut. Apropos Krimi: Wo sind denn die Kühlschränke? fragen wir jetzt, wo wir sehen, daß uns von den Vorausgegangenen keine Gefahr droht, ganz keck. Sind sie in irgendeiner Wand versteckt, und liegt dort vielleicht die so oft bemühte vergessene Wurstsemmel des Pathologen oder gar sein Dornkaart? Nichts. Alles ist mit Mann und Maus umgezogen ins neue Haus, na Gott sei Dank.

Neues AKH

Allgemeines Krankenhaus 9., Währinger Gürtel 18–20

Einer bedeutenden Vergangenheit der Wiener medizinischen Schule soll eine neue Zukunft eröffnet werden" (Vorwort einer internen Schulungsbroschüre der VAMED). Die Planungen und ersten Baumaßnahmen für diese Zukunft, selbst schon Vergangenheit, begannen bereits in den frühen sechziger Jahren.

An wenigen Orten trifft das oft bemühte Bild von der Stadt in der Stadt so genau wie beim neuen Allgemeinen Krankenhaus (AKH) zu. Oder vielleicht sollte man es besser mit einem in das Stadtgefüge gestürzten UFO aus der Startreck-Serie vergleichen, mit einer oft eigentümlich „futuristisch" anmutenden Einrichtung und Ausstattung, wie sie sonst – außer in anderen Raumstationen – wohl nirgendwo mehr zu sehen ist. Die Tiefgeschoße mit wichtigen technischen Einrichtungen sind ein anschauliches Beispiel dafür, wie noch vor wenigen Jahren unsere Zukunft hätte aussehen sollen, und ein wunderbares unterirdisches Labyrinth. Mit seinen kilometerlangen Kanälen, Rohren, Leitungen, Kollektoren- und Belüftungsgängen, Neutralisationsanlagen, Umformerstationen, Turbomaschinen, Absorbern, Müllsaugern, Flammrohrkesseln und Kältezentralen wirkt das AKH wie eine beinahe organische Maschine, die sich selbst am Leben erhält – in ihrem Innersten praktisch ohne Betriebspersonal.

Eines der, laut Eigendefinition, größten und technifiziertesten Häuser Europas in einigen treffenden und dazu noch richtigen Worten zu beschreiben wäre so wenig sinnvoll, wie eine unglaubliche Zahl von Daten und Fakten aufzulisten, im Sinne der

Im Fundament des neuen AKH

Benutzerfreundlichkeit sollen nur einige der interessantesten und vor allem im Keller bzw. Tiefgeschoß beheimateten Einrichtungen angeführt werden.

Schon beim Betreten des AKH kann man das Gefühl, daß es sich in die Erde eingegraben habe, nicht loswerden: Die Empfangshalle, die eher auf einen Bahnhof oder einen modernen Flughafen schließen läßt, befindet sich entsprechend der hauseigenen Numerierung nämlich nicht im Erdgeschoß, sondern auf Ebene 5, eine Eigenheit, die sich aufgrund der Geländekante, auf der der Komplex steht, ergibt. Ausgehend von Ebene 5 sind nach oben bis Ebene 9 und nach unten bis Ebene 3 medizinische Bereiche untergebracht, anschließend folgen sowohl nach oben wie nach unten Technikgeschoße und – allerdings nur nach oben – die Bettentürme; die Technikebenen in den Tiefgeschoßen reichen von Ebene 2 bis 99. Leitfarben erleichtern bzw. ermöglichen erst die Orientierung.

In den Technikgeschoßen fallen diese Markierungen natürlich weg, weshalb auch für ambitionierte Orientierungsläufer und Zeichenleser ein ortskundiger Führer eine beinahe lebensnotwendige Voraussetzung ist – die Technikebenen 10 bis 12 und 22 bis 23 scheinen fast ident mit jenen in den Tiefgeschoßen, es kann also durchaus passieren, daß man sich im 12. Obergeschoß im tiefsten Keller wähnt.

Der Riese AKH macht es einem nicht leicht, sich in seinem Inneren zu bewegen, einige Anstrengungen und kleine Klettertouren über Eisenleitern sind bei der Expedition durch das unterirdische AKH zu unterschiedlichsten Räumen und Hallen auf dem Weg in die Maschinenräume des Raumschiffes notwendig.

Ein kurzer Rundgang durch die Tiefen des Hauses soll einen Eindruck davon vermitteln:

Auf der Suche nach dem sagenhaften unterirdischen See: Unter den mit Ebene 99 tiefsten Technikgeschoßen befindet sich noch ein weiteres Niveau mit Nummer 98, der absolut tiefste Punkt des Hauses, schon innerhalb der Fundamente, und darin eine schillernde Oberfläche. Leider nicht der unterirdische See, nur Kies und Schotter, eigentlich nur Dreck mit einer Schlammschicht und etwas Grund-

Kollektorgang im untersten Technikgeschoß

wasser, dafür herrscht hier im Fundament des Riesen ein fürchterliches, beinahe tropisch feuchtheißes Klima.

Einer der Maschinenräume, der „Dieselkeller“ mit den „Notstromaggregaten“, ist, so wie alle anderen Räume im AKH, eine beeindruckende Riesenhalle mit einer Unmenge blitzender Leitungen, mächtiger Auspuffrohre und großer Container und mit Scheinwerfern wie in einem Filmstudio. Vier Dieselmotoren mit je 16 bzw. 20 Zylindern übernehmen im Notfall die Stromversorgung für das ganze Haus (über 20.000 Pferde, die unter Vollast pro Stunde 1700 Liter Diesel saufen).

Besonders wichtig ist die Lüftung und Klimatisierung der verschiedenen Abschnitte mit insgesamt 7,5

Bahnhof der automatischen Transportanlage AT

Millionen Kubikmetern Luftwechsel pro Stunde. Die Klimatechnik ist zum Teil in den Tiefgeschoßen in Containern, in denen die Klimaanlagen stehen und die Luft aufbereitet wird, untergebracht. Die Klimahallen sind von Kollektorgängen umgeben, in die Abluft eingeleitet wird. Die Windgeschwindigkeiten, die sich dabei ergeben, bieten sich für eine neue Sportart: das „Kollektorsurfen" an.

Aus diesen Gängen wird die Abluft ins Freie geleitet, unter anderem über einen gut 15 Meter hohen senkrechten Schacht – mit einiger Phantasie durchaus als das überdimensionierte andere Ende des berühmten Lüftungsschachtes aus dem Film „Das verflixte 7. Jahr" vorstellbar.

Und es gibt tatsächlich einen unterirdischen See im AKH, gemeint sind die Löschwasserspeicher mit über 1200 Kubikmeter Inhalt. In mehreren ca. 6 Meter tiefen, 4 Meter breiten und 15 Meter langen Becken oder Aquarien liegt der spiegelglatte „Löschsee“ ruhig und kühl bereit, über 210 Kilometer Rohrleitung und ca. 60.000 Sprinklerköpfe im ganzen Haus losgelassen zu werden.

Das Trink- und Brauchwasser (warm und kalt) wird in eigenen „Kanälen“ in mächtigen Rohren transportiert und zu den jeweiligen Verteilern gebracht. Über kilometerlange Schächte und Gänge bestehen Verbindungen zum Fernheizwerk Spittelau. Die Abwassersammler bzw. Kanalisationsleitungen sind wie im richtigen Leben auch in den untersten Ebenen ein chaotisch anmutendes Gewirr von Leitungen und Rohren.

Ein eigenes futuristisches Kapitel ist das Transportsystem der „Selbstfahrer“, die vom Untergrund aus auf eine lange Reise durch das Haus starten. Zwei verschiedene Transportsysteme, die sogenannte AT (Automatische Transportanlage) für Schwertransporte und die Kleinbehälter-Transportanlage (KB) für Akten, Krankengeschichten, Laborproben etc., funktionieren vollautomatisch. Ein fast gespenstisch anmutendes Schauspiel, dem man ohne weiteres einige Stunden zusehen könnte, ohne daß die Wagen kollidieren, sich vordrängen oder gefährliche Überholmanöver riskieren. Während die großen AT immer einen Lift benützen müssen, um von einem Stockwerk ins nächste zu gelangen, klettern die KB selbständig durch eigene Schächte waagrecht und senkrecht durch das ganze Haus.

Die Steuerung erfolgt über einen kodierten Streifen, der bei jedem Streckenabschnitt, an jeder Kreuzung oder Weiche automatisch abgelesen wird. Verschiedene Farben der Wagen signalisieren verschiedene Einsätze. Auf den insgesamt knapp 6 Kilometern Trassenlänge des AT-Systems ist mit ca. 3200 Transporten pro Tag in über 800 Behältern mit „tablettierten Speisen, Wäsche, Waren, Sterilgütern und Medikamenten“ ordentlich was los.

Die Fahrtdauer beträgt – „wenn alles gutgeht“ – im Normalfall pro Wagen maximal 30 Minuten.

Der Weg der Transportbehälter wird von der Versandstelle kodiert; irrt sich diese oder wird das Gerät z. B. mit nasser Wäsche überladen, kann es vorkommen, daß sich eines der Transportwägelchen verfährt und nicht mehr an seinen Bestimmungsort, geschweige denn nach Hause findet. Spätestens nach 10maliger Umrundung derselben Stelle wird im Kontrollcomputer Alarm geschlagen und das arme verschollene Ding mittels „Wagensuche“ über Abschnittsdefinitionsrechner, wenn nötig, über Bildschirm, gesucht und geborgen. Wie es aussieht, reagieren die „Selbstfahrer“ unterschiedlich und zum Teil durchaus menschlich auf diese Ausnahmesituationen: Überall stehen Müllbehälter mit alten Papiertaschentüchern (Weinen und Schneuzen) und darüber Aschenbechern (Rauchen und Warten) herum. Da auch hier kein Personal zu sehen ist, liegt der Schluß nahe, daß die Papiertaschentücher und Zigarettenstummel von den Selbstfahrern stammen, manchmal trinken sie offensichtlich auch ein kleines Bierchen (Dose) oder ein Fanta.

Im störungsfreien Normalfall ist in den Technikgeschoßen praktisch kein Personal notwendig, der Riese AKH funktioniert für sich und mit sich selbst, und wer z. B. den AT oder KB zu nahe kommt, löst über „Fallstricke“ einen Alarm aus.

Bleibt nur noch die Leitwarte, die den Betrieb des ganzen Komplexes überwacht: Sie befindet sich allerdings nicht im Keller, sondern im technischen Betriebsgebäude. Hier sieht es nicht wesentlich anders aus wie in anderen Raumschiffen dieser Größenordnung auch: Schaltwände, blinkende und leuchtende Kontrolltafeln, Schaubilder, eine ganze Menge Computermonitore und Bildschirme und eine angenehm ruhige, kompetente Atmosphäre mit überraschend wenig Personal. Weit und breit aber kein Captain Kirk oder gar Lieutenant Uhura.

Bullauge im Saunarestaurant, Blick in die große Schwimmhalle

Stadthalle

Wiener Stadthalle 15., Vogelweidpl.

Roland Rainers Stadthallenkomplex ist eine große sozialistische Sport-, Freizeit und Unterhaltungsmaschinerie mit unterschiedlichsten Nutzungs- und Veranstaltungsmöglichkeiten für Konzerte, Ausstellungen und Konferenzen in der Stadthalle und dem im fortschrittlichen Stil der Siebziger errichteten Stadthallenbad, das damals und wahrscheinlich auch heute noch zu den schönsten Sportbädern Europas zählt(e).

So bekannt die Freizeit- und Unterhaltungsmöglichkeiten in der Stadthalle sind, so unterschiedlich und mindestens ebenso interessant sind ihre unterirdischen Einrichtungen, obwohl nicht alles „Unterirdische" auch tatsächlich unter der Erde ist, sondern oft nur im „Bauch" der Stadthalle. Wer zum Beispiel im Saunarestaurant durch ein Bullauge weit unter dem Wasserspiegel im Becken der großen Schwimmhalle die Schwimmer wie Fische in einem Aquarium beobachten kann, gibt sich gerne der Illusion, unter der Erde zu sein, hin, auch wenn das nicht ganz stimmt.

Tatsächlich in den Untergeschoßen der Stadthalle sind die technischen Einrichtungen wie Klima-, Heizungs- und Lüftungszentrale, Notstromaggregate und vor allem die Wasseraufbereitungsanlage mit Wärmetauscher und Filteranlage. Hier wird das Wasser der Schwimmbecken in einem ständigen Kreislauf temperiert und gereinigt, innerhalb von nur vier Stunden wird das gesamte Wasser der Schwimmhalle, des Trainingsbeckens und des Lehrbeckens durch die Filteranlagen gepumpt und einmal jährlich komplett getauscht (dabei dauert das Auslassen 22 bis 24 Stunden, das Einlassen des Wassers ganze zwei

Tage). Bei dieser Gelegenheit können auch „Wasserschäden“ („Wirklich dicht wird ein so großes Becken nie“) ausgebessert werden, kleinere Defekte wie abgefallene Kacheln o.ä. werden oft auch während des Betriebes von Tauchern behoben. Besonderen Wert legt der Betriebsleiter auf absolute Sauberkeit im Bad und bei den technischen Anlagen.

Wie in einem richtigen sozialistischen Betrieb sind auch alle Beschäftigten sehr stolz auf „ihre“ Stadthalle, die die „schönsten Stückerln“ spielt. Über Gänge, die teils im Tiefgeschoß, teils ebenerdig verlaufen, ist das Stadthallenbad mit der Stadthalle verbunden, die, bereits 1958 errichtet, über eine eigene Haustechnik mit Lüftungs-, Klima- und Heizanlage verfügt. Obwohl auch hier nicht alles „Unterirdische“ unter der Erde ist, wirken viele Räume im „Innersten“ der Stadthalle wie im tiefsten Keller, z. B. die sogenannten Stargarderoben, fensterlose Räume, umgeben von Technik- und Lagerkammern, ohne sichtbare Spuren der Berühmtheiten – von Peter Alexander bis „Metalica“ und Catharina Valente bis zu den „Cure“ –, die sie beherbergten, oder ein mühevoll und wenig erfolgreich auf „Heurigen“ gestylter Konferenzraum.

Tatsächlich im Keller sind die beiden Kegelbahnen, die mit dem Sportbecken, dem Trainingsbecken, dem Lehrschwimmbecken, zwei Saunen, Solarien, Gymnastikhallen, Fitneßräumen und Ballhallen das sportliche Angebot abrunden. Einzigartig sind die Ruder- und Paddelräume: Hier wird das Prinzip der Fortbewegung, das gemeinhin untrennbar mit Rudern verbunden ist, umgekehrt. Nicht das Boot bewegt sich, sondern Wasser wird um das „Boot“ herum bewegt. Das Ruderboot ist eine betonierte

Achter ohne Steuermann in der Ruderhalle

„Brücke" über ein Becken, die maximal acht Ruderern – ohne Steuermann – Platz bietet. Hier kann sozusagen im Trockentraining und doch im Wasser die Rudersituation vom Skiff bis zum Achter-Riemen simuliert und die Technik verfeinert werden. Was reichlich absurd wirkt: Ein betoniertes Ruderboot im Keller einer Sporthalle hat durchaus seinen Sinn, auch wenn der „Beton-Achter" heute nicht mehr so stark frequentiert ist und die Paddelhalle, eine ähnliche Einrichtung, heute ein Gymnastikraum ist: Rudersport für deklarierte Nichtschwimmer.

Keller und Fundament des Donauturms

Donauturm

Donauturm
22., Donauturmstraße 4

Der Donauturm, anläßlich der Wiener internationalen Gartenschau WIG 1964 errichtet, mit 252 Metern das höchste Gebäude der Stadt (ein erdbebensicherer Faradaykäfig), läßt einen dementsprechend Keller und Unterbau vermuten.

Weshalb der Turm nicht mitten in der Stadt steht, wird in der Broschüre „25 Jahre Donauturm" folgendermaßen erklärt: „In seiner jetzigen (kann sich daran noch etwas ändern?) Lage ist der Donauturm knapp 5 km vom Stephansplatz entfernt. (...) Da zunächst der Gedanke der Störung des Stadtbildes durch die weithin sichtbare ‚Betonnadel' nahelag und (...) oft argumentiert (wurde), daß man den Blick auf Wien auch vom Kahlenberg oder Leopoldsberg genießen könne, ohne daß dazu ein Turm notwendig wäre" – Argumente, die in Wien schon vor 29 Jahren so aktuell wie heute waren, aber offensichtlich weniger wirkungsvoll. Würde der Donauturm heute errichtet, müßte er sicher an die Gebäudehöhe der Umgebung, und das sind ein- bis zweigeschoßige Einfamilienhäuschen, angepaßt werden, um das Stadtbild nicht zu stören.

Es wäre wahrscheinlich auch besonders originell, in 3 Metern Höhe ein sich um die eigene Achse drehendes Aussichtsrestaurant zu errichten (Europas niedrigster Aussichtsturm!). Wer weiß, vielleicht findet sich schon bald eine Gruppe unerschrockener Heimatschützer mit einem Antrag zur Verkürzung des Donauturmes ein? Was bliebe, wäre dann aber immer noch der „Keller" des Donauturmes, der eigentlich ein begehbarer Teil des Fundamentes ist und nichts davon hält, was der Turm verspricht.

Unter dem Turm, der an seiner stärksten Stelle einen Durchmesser von zwölf Metern hat, befindet sich ein acht Meter tiefes kegelförmiges Fundamentierungsbauwerk mit einem Durchmesser von 32 Metern, das auf einer „Schotterlinse“ steht. Durch den umgebenden Erdkörper ergibt sich eine zusätzliche Festigkeit. Eine mögliche Schiefstellung des Turmes durch ungleiche Setzungen könnte durch Fundamenthohlräume, die nötigenfalls einseitig mit Beton oder Erdreich aufgefüllt werden, ausgeglichen werden. Sehr vereinfacht kann man sagen, das Ganze funktioniert wie ein „Stehaufmännchen“, das an seiner Spitze allerdings nur um maximal ca. 60 Zentimeter schwankt.

Innerhalb des Fundamentierungsbauwerkes verläuft um den Turm herum, wie eine Dachkammer um einen Riesenkamin, ein schmaler Raum mit dem Querschnitt eines Dreieckes. In dieser „unterirdischen Dachkammer“ werden Getränkekisten, Gemüse, Kartoffeln, Papierservietten u. ä. für die höchste Wiener Gastlichkeit gelagert, und das war's dann auch schon. Die technischen Einrichtungen wie die komplette Licht- und Kraftinstallation, die Motoren der Expreßlifte etc. und die Großküche befinden sich im Turmkopf. Lediglich die Vorbereitungsküche ist im Tiefgeschoß des Verwaltungstraktes untergebracht. Selbst der superschnelle Schnellift (6,2 Meter pro Sekunde bzw. ca. 22 Stundenkilometer) hat keinen aufregenden in die Tiefen der Erde reichenden, großartigen Schacht, auch hier ist nach acht Metern Schluß. Im Donauturm spielt sich, wie der Name schon sagt, eben alles in luftiger Höhe ab.

Verkehrsuntergründe

Bei allen Spekulationen über unterirdische Fluchtwege und Verbindungsgänge, deren Anlage und möglichen Verlauf sowie ihre Ziel- und Ausgangsorte wird meist übersehen, daß es diese unterirdischen Gänge tatsächlich gibt und sie Tag für Tag von Tausenden Menschen benutzt werden.

Nur sind es eben keine geheimnisvollen, dunklen, schmutzigen und womöglich feuchten Schächte, die unvorhersehbare Überraschungen und Gefahren bergen, sondern groß ausgebaute, meist hell erleuchtete und technisch ausgestattete kilometerlange Wege, nämlich die unterirdischen Verkehrsverbindungen und -einrichtungen, die schon seit Jahrzehnten sowohl für den Individual- als auch den öffentlichen Verkehr bestehen und laufend ausgebaut werden. Jeder kennt sie und ist in der Großstadt tagtäglich mehrmals mit ihnen konfrontiert, sei es in Fußgängerpassagen und Unterführungen, in der U-Bahn oder einer Stadtbahnstation, einem Straßentunnel oder einer Tiefgarage.

Die bedarfsgerechte, funktionsfähige, umweltschonende und wirtschaftliche Bewältigung des großstädtischen Verkehrsaufkommens ist eine der wichtigsten städtebaulichen Herausforderungen und ein weites Feld für technische und architektonische Lösungen. Einen wesentlichen Teil des städtischen Untergrundes stellen die verschiedensten Verkehrsbauten dar, die wie zum Beispiel die „Stadtbahn“ schon vor knapp hundert Jahren in Angriff genommen wurden und wie die U-Bahn-Linien bis weit über das Jahr 2000 hinaus ausgebaut und verbessert werden.

Eine Beschreibung aller oder auch nur der wichtigsten Wiener unterirdischen Verkehrseinrichtungen wäre Thema einer eigenen eingehenden Behandlung und wirft zuallererst die Frage nach der „richtigen“ großstädtischen Verkehrspolitik, ihrer Verträglichkeit und Finanzierbarkeit auf. Eine Problemstellung, deren Umfang den hier gesetzten Rahmen bei weitem sprengen würde. Statt dessen scheint es sinnvoller, diese Bauwerke als einen der wesentlichen „Untergründe“ der Stadt, die praktisch jederzeit von jedermann benutzt und besichtigt werden können, ins Bewußtsein zu rücken, um sie sich selbst zu erschließen oder um sie zu „erfahren“. Hier sind mitunter die interessantesten unterirdischen Begegnungen und Erfahrungen möglich. Die unterirdischen Verkehrseinrichtungen der Stadt eignen sich, so sie nicht nur ihrem Zweck entsprechend als möglichst schnelle und/oder komfortable Verbindungen zwischen zwei Orten in Anspruch genommen werden, auch hervorragend für unterschiedlichste Stadtausflüge, die neue Perspektiven der Stadt eröffnen. So ist ein frühmorgendlicher Sonntagsausflug zu einem der großen unterirdischen Verkehrsknotenpunkte, zum Beispiel der Straßenbahn- und U-Bahn-Station Südtirolerplatz, unbedingt zu empfehlen. Derartige Ausflüge und Exkursionen bieten neben dem Vorteil, die „Stadt von unten“ einmal in Ruhe und mit einem anderen Blickwinkel zu betrachten, auch den Vorteil einer billigen und oft abenteuerlich anmutenden Alternative zu herkömmlichen Großstadtvergnügungen. Die folgenden Fotos sollen dafür Anregung und Anleitung sein.

Bahnsteig Schnellbahn Südtiroler Platz

Schottentor „Jonas-Reindl“

Neue Tiefgarage unter der Freyung

Abfahrtsspirale der Tiefgarage im Bundesamtsgebäude

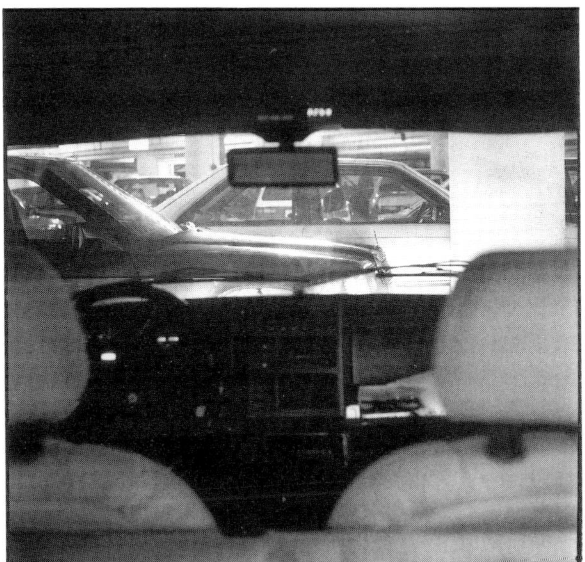

Vorortelinie Türkenschanzpark

U-Bahn und Straßenbahn-Station Südtiroler Platz

Schottentor „Jonas-Reindl“

U-Bahn und Straßenbahn-Station Südtiroler Platz

U 1 Station
Schwedenplatz

U 1 Station
Karlsplatz,
Aufang

Opernpassage und Espresso

U1 Station Karlsplatz

U-Bahn-Bau
U3 Westbahnhof

U-Bahn-Bau
U3 Mariahilfer Straße

U-Bahn-Bau
U 3 Johnstraße

U-Bahn-Bau
U 3 Westbahnhof

U-Bahn-Bau
U 6 Bauabschnitt
Dresdner Straße

U-Bahn-Bau
U 3 Johnstraße

U-Bahn-Bau
U 6 Bauabschnitt
Dresdner Straße

U-Bahn-Bau
U 3 Westbahnhof

Sektkeller, Bierbrauerei und „Gewandkeller" – Neue Nutzungen in alten Kellern

Meist wird mit dem Begriff „Keller" entweder Kellerlokal oder Lagerkeller assoziiert, selten ein moderner Betrieb. Tatsächlich finden aber in Kellern seit altersher die vielfältigsten Aktivitäten, deren Spektrum von Produktion bis Verkauf reicht, statt.

Ursprünglich wurden die Keller der Häuser und Klöster vor allem als Lagerkeller genutzt. Mit der zunehmenden „Verdichtung" der Stadt, die sich innerhalb der Stadtmauern in zwei „Verdichtungsprozessen" zwischen dem 13. bis 15. und im 18. Jahrhundert abspielte, wurden auch innerhalb der Gebäude räumliche Umschichtungen notwendig. Nutzungen, die bislang im Erdgeschoß oder auch in Obergeschoßen untergebracht waren, wie z. B. Werkstätten, aber auch Tierhaltung, wanderten im Zuge der Verdichtung in die tiefer gelegenen, weniger attraktiven und vor allem nicht oder nur schlecht belichteten Kellergeschoße. Die nach der zweiten Türkenbelagerung 1683 einsetzende wirtschaftliche Dynamik führte dazu, daß die vorhandenen Kelleranlagen nicht mehr ausreichten und neue, tiefer gelegene Kellergeschoße angelegt wurden. Aus dieser Zeit stammt ein Großteil der tiefen Ziegelkeller und Ziegelgewölbe. Diese Entwicklung führte auch zu der nur auf den ersten Blick paradoxen Situation, daß die tiefsten Keller die „jüngsten" Keller sind.

Die Keller wurden als Produktions- und Verkaufsräume oder, mit entsprechenden Einrichtungen, auch als Pferdeställe genutzt. Ab dem Biedermeier begann die Verlagerung von Betrieben und Produktionsstätten in die Vorstadt bzw. die Außenbezirke, dadurch verloren die Kelleranlagen zusehends an Bedeutung. Sie wurden wieder als Lager und Gerümpelkammern verwendet oder als „Schuttdeponie" verfüllt. Mit der Gründerzeit fand eine weitere

Brauerei Ottakring „Meinl-Keller“

Expansion in die Außenbezirke statt, die verbliebenen Keller wurden zu kleinteiligen Verschlägen und nur mehr in wenigen Fällen wirtschaftlich genutzt.

In einer Darstellung der Entwicklung der „Straßen, Plätze und Häuser der Stadt Wien“ aus dem vorigen Jahrhundert werden einige historische Kellernutzungen folgendermaßen beschrieben: „‚Schmergrübeln‘ waren unterirdische Verkaufsorte für Fettwaren auf den Kellerstiegen (Kellerhälsen), die ihren Ausgang auf die Gasse hatten. (...) Die ‚Gewandkeller‘ waren unterirdische Verkaufslokale für Kleider. Der Eingang führte von der Straße mittels schmaler, meist finsterer Stiegen in die dunklen Kellerräume, wo die Kleider feilgeboten wurden. Trotz des Unpassenden und Unbequemen der Sache vermehrten sich diese ‚Gewandkeller‘ ungemein rasch, kamen aber mit der Zeit wieder ab und verwandelten sich nach und nach in sogenannte ‚Kellerschänken‘, wie sie noch zu Anfang dieses Jahrhunderts (des 19., B.A.) allenthalben von den Wienern mit Vorliebe aufgesucht wurden."[1] Heute, 100 bis 150 Jahre danach, schaut's kaum anders aus: Heute wie damals wird in den Kellern und Untergründen der Stadt gelagert, produziert, verkauft, ausgestellt und getrunken.

Der Querschnitt der Kellernutzungen reicht von Verkaufslokalen wie Centroform und Haas und modernen „Gewandkellern" wie Emis und Trachten Tostmann über Grams' Weinlager und einem Kreativstudio bis zum „klassischen" Tresor unter der Erde und einer eher seltenen, aber auch in einem Keller angesiedelten Nutzung, nämlich einen Schießstand in Döbling.

Unterirdische Produktionsstätten sind etwa die Sektkellerei Schlumberger und die Ottakringer Brauerei, die seit ihrer Gründung in Wiener Untergründen arbeiten, und die Destillerie der Karmeliterbrüder, die im 19. Bezirk den nach ihnen benannten Karmelitengeist herstellen.

In Wiener Kellern und Untergründen wird nicht nur Bier und Sekt und allenfalls ein Franzbranntwein hergestellt, sondern selbstverständlich auch Wein produziert und gelagert und – was ganz besonders wichtig ist – auch verkostet und getrunken. Da hier aber vor allem Keller und Untergründe im dichtbebauten städtischen Gebiet beschrieben werden, mußte auf die umfangreiche Weinkellerkultur in den Weinorten Wiens und an den Rändern der Großstadt, der eine eigene umfangreiche Literatur gewidmet ist, verzichtet werden.

Die Zahl der Weinkeller, die die Möglichkeit eines Besuches oder einer Weinverkostung bieten, ist zu groß, als daß hier eine Auswahl vorgenommen werden könnte. Vor allem aber sind Weinkeller im Sinne von Winzerkellern fast heilige Stätten des Trinkens und Genießens, die einer langsamen Annäherung bedürfen. Weinkeller finden sich in allen Weinorten Wiens, von Dornbach bis Grinzing und Heiligenstadt und von Nußdorf bis Sievering und Neustift am Walde. Eine besondere Art der Weinkeller sind die Kellergassen in Stammersdorf und Strebersdorf, die ansonsten nur

Vorratskeller im Hotel Post 2. Untergeschoß

im Weinviertel und in einigen Gemeinden des Burgenlandes anzutreffen sind. „Unter Kellergassen werden vor allem räumlich gesonderte, primär der Weinproduktion und -lagerung dienende Ansammlungen von Kellergebäuden verstanden, die, wie der Name sagt, gassenartig angelegt wurden.“ [2]

Da es zu weit führen würde, eine detaillierte Auflistung und ein Verzeichnis der besten und interessantesten Weinkeller der Wiener Weinorte anzugeben, sei der pt. Leser nur darauf hingewiesen, daß es diese Keller gibt und sich ihre Erforschung auf jeden Fall lohnt. Vielleicht ist mit der Lektüre auch die Lust auf eigene Entdeckungen gestiegen. Wo könnte ihr der ambitionierte Kellerlaie in Wien besser nachgeben als in einem der vielen Weinkeller.

Einige wichtige Beispiele innerstädtischer Weinkeller, die Weinlokale für den Stadttrinker ohne Frischluftbedürfnis, werden in einem eigenen Kapitel ausführlich beschrieben.

Sektkellerei Schlumberger

Wein- und Sektkellerei
19., Heiligenstädter Str. 35–43
Tel. 36 22 58

Robert Schlumberger, der aus Ulm stammende Prokurist des größten Champagnerhauses am Rhein, lernte eine ebendort urlaubende junge und vermögende (über ihr Äußeres wird nichts berichtet) Wienerin kennen, heiratete sie und gründete in der Folge 1842 die Sektkellerei, in der bereits damals nach der „méthode classique champenoise" gearbeitet wurde.

Ursprünglich in Bad Vöslau, wo noch heute die Weinkellerei und das Preßhaus Goldeck steht, angesiedelt, erwarb der Urschlumberger bald in Heiligenstadt, im Bereich einer ehemaligen Kellergasse, von den hier ansässigen Weinhauern ihre Winzerkeller, die der Erbauer der Semmeringbahn, Carl Ritter von Ghega, zum Schlumberger-Keller ausbaute. Ein romantisches mehrere Kilometer langes Kellerlabyrinth unter Wien, das sich in ca. 30 verschiedenen Kellerröhren über eine Länge von mehreren Kilometern erstreckt. Die ältesten Teile der Keller sind über 300 Jahre alt.

Carl Ritter von Ghega, ein Freund von Robert Schlumberger und sicher auch von dessen Produkten, vergrößerte die Keller und verband sie untereinander durch Röhren. Den Eingang zum „Domkeller" gestaltete er „probeweise" als Portal des Semmeringbahntunnels.

Die Kellerei wird heute nicht mehr von Schlumbergers geführt. Der letzte Robert – ohne Nachkommen – verkaufte die Kellerei an (nicht nur) seinen Freund Underberg mit der Auflage, daß in der Kellerei Sekt nur nach der Champagnermethode erzeugt werden darf.

Rüttelpulte für die Flaschengärung

Im Foyer des Hauses treffen die neuen hochmodernen Anlagen, in denen die Flaschen für den Endverbrauch vorbereitet und etikettiert werden, mit dem Eingang zu den alten, tief im Hang liegenden Kellerstollen zusammen. Hier ist noch nicht viel von der angenehmen Stimmung dieser einmaligen Keller zu spüren, die für den Sekt wichtig ist: ein edles Getränk verlangt ein dementsprechendes Ambiente.

Besonderer Wert wird auf die Feststellung gelegt, daß nach klassischem Champagnerverfahren die zweite Gärung des Weines, der Cuvée, in der Flasche erfolgt, die sogenannte Flaschengärung, d. h., die Flasche im Handel bzw. auf dem Tisch respektive im Sektkübel ist die Originalflasche, in der die Champenoisemethode zur vollen Entfaltung kam.

Sektlager in den alten Weinkellern

Die erlesenen Weine werden zu einer „exquisiten Cuvée" zusammengestellt, in Flaschen abgefüllt – im Keller wird die zweite Gärung vollzogen – und reifen dann monatelang der Sektwerdung entgegen. „Schließlich werden sie (die Flaschen) kopfüber insgesamt 24 Mal gerüttelt, gedreht und steiler gestellt, wobei der Kellereipunkt am Flaschenboden die jeweilige Lage der Flasche markiert" – ein Vorgang, der seit Jahrhunderten die „méthode champenoise" auszeichnet.

Die Hefe, die in der ganzen Flasche verteilt ist, wird so bis zum Korken vorgerüttelt. In den Rüttelpulten stehen ca. 700.000 Flaschen. Pro Tag werden etwa 80.000 bis 100.000 „abgerüttelt", der bekannte Kellereipunkt ist die notwendige Orientierung für die sieben Rüttler.

Rüttler bei der Arbeit

Ein Rüttler schafft angeblich zwischen 40.000 und 50.000 Flaschen pro Tag. Ein Teil der Flaschen steht auf Warteposition für die „Rüttelung"; manche warten über zwei Jahre.

„Rüttler" ist nicht, wie man glauben möchte, ein Lehrberuf, der in der Champagne seine Meisterweihen erhält, sondern es ist nur eine Frage der Geschicklichkeit und des „Gefühls", zwei Bewegungen, Rütteln und Drehen, gleichzeitig durchführen zu können.

Ein Rundgang durch die Keller bietet ein sehr schönes Bild: rote gemauerte Gewölbe, gedämpftes Licht, wie Steildächer aneinanderstehende Rüttellager, dann wieder ein „Spitzlager", d. h. kopfstehende Flaschen, oder ein Lager von Magnumflaschen, Kopf an Boden übereinanderliegend, dunkelgrün, und dazwischen leuchten die goldenen Kronenkorken heraus – alles wirkt sehr edel und animierend.

Aus einer der Kellerröhren dringt ein gleichbleibendes, nur langsam lauter werdendes Geräusch: die Rüttler bei der Arbeit, ein eigenartiges Klopfen, wenn die Flaschen nach der Drehung auf das Rüttelpult treffen. Klopf, klopf, fast immer im gleichen Takt – eine eigene mehrstimmige Kellermusik, ein Stück für vier Hände, zwei Rüttler und 700.000 Flaschen.

Ein steiler Gang führt über Treppen in den Domkeller, den ältesten Teil, in dem in in kleinen Fässern roter Barrique-Wein „ausgebaut" wird.

Hier stehen auch vier sehr schöne, gemauerte und verflieste alte Weinzisternen. Auf einer der Zisternen ist eine Widmung für einen ehemaligen Schlumberger angebracht: „Zur Erinnerung des verdienstvollen Wirkens, gewidmet von seinem Vater, Bruder und Onkel (Dreifaltigkeit des Sekterzeugers) 1868 erster Importeur der Dalmatiner Weine, gestorben in seinem Berufe 1872 im 30. Jahre".

Eine Besonderheit ist im Domkeller der sogenannte Sektbrunnen, eine grottenartige auf antik gestylte Nische, die hier anläßlich der 1. Wiener Weltausstellung eingerichtet wurde. Dieser Sektbrunnen läuft heute aber leider nur mehr mit Wasser.

Der neue Keller, der seit 1990 in Betrieb ist, ist in Architektur, Klima und Atmosphäre ein krasser Unterschied zum alten Keller und im Vergleich zum romantischen ruhigen alten Keller sehr laut. Bei der Produktion im neuen Trakt, der zum Teil auch unterirdisch angelegt ist, wird nach einem eigenen Verfahren, zwar auch manuell, aber etwas rationeller, gerüttelt.

Hier findet auch das sogenannte „Dégorgement", d. h. die Entfernung der Hefe aus dem Flaschenhals, statt. Die Hefe wird in den spitzgestellten Flaschen angefroren und durch den Druck in der Flasche (6–7 bar) „abgedrückt“, die Flaschen werden verkorkt, etikettiert und für den Versand vorbereitet. Und so lustig das hier klingt, der neue Keller ist auch „nüchterner“, nichts mehr mit der Romantik und der Schlichtheit der alten Keller, aber irgendwo muß der Sekt ja auch für die Auslieferung vorbereitet und fertiggestellt werden – er kann ja nicht ewig im Keller herumliegen und sich rütteln lassen.

Ottakringer Brauerei

Ottakringer Brauerei
16., Ottakringer Straße 91
Tel. 46 56 11

In den Kellern der Ottakringer Brauerei, die bereits 1838 gegründet wurde, gibt es leider keine glänzenden Kupferkessel, in denen das gelbe Gebräu lagert, ganz zu schweigen von einem Biersee.

Ein großer Teil des Geländes der Brauerei ist unterkellert, die ältesten Keller sind bereits so alt wie die Brauerei selbst, die neuesten wurden erst in jüngster Zeit ausgebaut. Lange Zeit war mit der Ausweitung der Produktion untrennbar auch die Erweiterung der Kelleranlagen verbunden, da die Kühlung in den Gärkellern nur mit Natureis möglich war, das wiederum in tiefen Kellern am längsten vorhielt. Aus dieser Zeit stammt auch der Name „Märzenbier“, das im Gegensatz zum schnell gereiften, qualitativ minderwertigeren sogenannten Erntebier langsam gären konnte, da die Holzfässer in den Kellern – solange der Vorrat eben jahreszeitlich bedingt hielt – mit Eisblöcken umgeben und gekühlt wurden.

Bis zur Erfindung der Eismaschine wurde „Natureis“ in Blöcken vorzugsweise aus dem hauseigenen „Gefrierteich“ geschnitten. Für die Ottakringer Braue-

Filterraum der Brauerei

rei war dies der „Gansterertteich“, der sich im Bereich des späteren „Meinlkellers“ befand. Zu dieser Zeit muß es wohl wesentlich kälter gewesen sein als heute.

Die ursprüngliche Anlage der Brauerei mit Sudhaus, Gärbottich, Gärkeller, Malztenne etc. entsprach dem damaligen Stand der Technik und der üblichen Bauweise, so daß auch heute noch viele alte Brauereien, vor allem im ehemaligen Ostblock, so angelegt sind. Die großen Metalltanks im ehemaligen Lagerkeller sind seit zwei Jahren leer, da das Bier in neuen Behältern, „raketenähnlichen" Biersilos, die im Hof errichtet wurden, besser und rationeller gelagert wird. Die Lagerkeller wurden so zu großen unterirdischen nutzlosen Nutzlostanklagerräumen. Nur einige Tanks konnten aus den alten Kellern „im ganzen" herausgenommen und verkauft werden, das Gros wird wohl noch eine ganze Weile da unten vor sich hin rosten müssen, bis eine Biertankschrumpfmaschine erfunden wird.

Die neuen Lageranlagen sind die recht sympathischen Bier-„Raketen" hinter dem Gerstenboden; sie werden einzeln gekühlt und haben ein Fassungsvermögen von je rund 2000 Hektoliter. Dies entspricht ca. 8 alten Tanks im Keller.

Alte Holzfässer im „Meinl-Keller"

Die gesamte Lagerkapazität der senkrechten Behälter beträgt ca. 70.000 Hektoliter oder, wie sofort kundenfreundlich umgerechnet wird, ca. 1,4 Millionen Krügel, darunter kann man sich allerdings etwas vorstellen.

In einem Teil des Kellers ist mit großen übereinander gelagerten Holzfässern zur Veranschaulichung für hin und wieder stattfindende Exkursionen die Situation der Kellerarbeit in einem historischen Lagerkeller „nachgestellt". Und tatsächlich hängt aus einem der Fässer eine lebensgroße Puppe im Arbeitsdreß heraus, eine andere steht in einem Faß und gibt vor, das Faß zu reinigen. Während die alten Metall- oder Edelstahlfässer noch regelmäßig händisch gereinigt werden mußten, mußten die Holzfässer gleich im ganzen aus der Brauerei zum „Pichen" transportiert werden.

„Und die Fässer standen nicht so gemütlich wie heute beieinander, sondern dicht an dicht mit einem schmalen Gang." Durch das jährlich notwendige „Pichen" wurde das Faßholz gegen das Entweichen der Kohlensäure gasdicht gemacht. Diese Arbeit muß sehr schweißtreibend gewesen sein, denn „die Ottakringer Faßpicher und Faßbinder, von Berufs wegen ein besonders kräftiger Menschenschlag, benötigten – wie sich ein Pensionist heute noch erinnert – pro Tag ihre 15 bis 20 Liter Bier als ‚Sprit'".

Im modernisierten neuen Teil wird die Brauerei zur hochtechnischen Anlage, mit der das Werden des Bieres genauestens gesteuert und überwacht wird. In den stehenden Behältern senkt sich, ähnlich wie beim Sekt, die Hefe nach unten, allerdings ohne Drehbewegung der Behälter. Unter den Behältern sind bis zu zwei Geschoße tief Leitungen und Verbindungsrohre über verschiedene Stationen bis hin zur Filterhalle angeordnet.

Im Filterraum ist es ziemlich laut und blitzsauber, der Raum ist voller Metallbehälter und -rohre, hier wird das Bier gefiltert und für den Endverbrauch vorbereitet. Die Hefe wird herausgefiltert, danach das Bier in Behältern bei etwa 0 Grad Celsius zwischengelagert. In einigen Räumen herrscht dadurch ganzjährig eine fast „winterliche“ Stimmung mit vereisten Rohren und kalten Wänden. Von den Zwischenlagern kommt das Bier endgültig in der Flasche oder im Faß zum Konsumenten.

Im alten Trakt führt aus einem der Lagerkeller ein begehbarer Verbindungsgang unter der Ottakringer Straße in das Palais Harmer. Dieser Gang war als Kollektorgang konzipiert und hätte die technische Verbindung zum sogenannten „Meinlkeller“ herstellen sollen. Die Bezeichnung stammt von der gleichnamigen Lebensmittelkette, die den Keller seit vielen Jahren zu Lagerzwecken benutzt. Der Meinlkeller, eine sehr große und beeindruckende hallenartige Anlage aus zwei verschiedenen Bauperioden, befindet sich vis-à-vis der Brauerei hinter dem Palais Harmer und unter dem ehemaligen Gesindehaus.

Heute stehen in diesen Riesenkellern, die ca. 8 Meter tief sind, einige Pulpefässer, ein Vorprodukt bei der Erzeugung von Marmeladen und Obstsäften, der Firma Meinl und eine Menge alter leerer Holzbierfässer.

Die Holzfässer gammeln im Meinlkeller vor sich hin und warten, bis sie eines Tages von verrückt gewordenen Amerikanern oder „amokkaufenden“ Japanern heimgeholt werden in einen neuen Kontinent, zu einer neuen Aufgabe oder in ein neues

Brauereimuseum, wie drei ihrer Kollegen, die es bereits geschafft haben und heute in einem Museum in Südafrika stehen – ob dies allerdings ein besseres Ende ist, bleibt dahingestellt.

Echter Karmelitengeist im Karmeliterkloster

Karmeliten-konvent
19., Silberg. 35
Tel. 32 33 40

Der große Backsteinbau mit Kirche und Kloster der „unbeschuhten Karmeliten" in der Silbergasse, der 1899–1901 nach Plänen des Architekten Richard Jordan in romanisierenden Formen errichtet wurde, ist nicht so sehr vom Standpunkt des Unterirdischen her interessant, sondern viel eher wegen der Herstellung des original echten Karmelitengeistes, der hier im Keller destilliert wird.

Der Karmelitengeist, laut Eigenwerbung anregend, erfrischend, wohltuend, bekömmlich, belebend, ein sogenanntes Verzehrprodukt, d. h. halb Medizin halb Lebensmittel, wird verdünnt mit Mineralwasser, heißem Tee o. ä. und „von denjenigen, die es vertragen", in ganz kleinen Mengen pur eingenommen (Achtung: Ein Fläschchen ex wirkt wie 52 Seidel Bier).

Indikationen für das Heildestillat sind bei innerlicher Anwendung Vorbeugung gegen Erkältungen oder Beschleunigung der Verdauung nach zu fettem Essen oder großer Kummer, bei äußerlicher Anwendung rheumatische Beschwerden, Muskelzerrungen, Migräne, Kopfweh nach großem Kummer, Kühlung und Erfrischung bei Hitze.

Die Mönche in der Silbergasse stellen vom Rohprodukt ca. vier- bis fünftausend Liter pro Jahr her, das von Ordensschwestern im 13. Bezirk weiterverarbeitet, d. h. abgefüllt und versandt wird.

Der heiltätige hochprozentige Geist gelangt durch Direktversand an die Endverbraucher, ein weiterer Teil wird an den Klosterpforten und eine nur ganz geringe Menge über einzelne Apotheken und Drogerien vertrieben. Wie bei den meisten Verzehrprodukten genügt die Mundpropaganda, es ist also kaum Werbung notwendig, und da die Herstellung sozusagen innerhalb des Familienbetriebs stattfindet, ist auch nicht an eine Ausweitung der Produktion gedacht, obwohl die Anlage noch einige Kapazitätsreserven hätte.

Der Karmelitengeist hat eine lange, traditionsreiche Geschichte: Sie beginnt auf dem Berg Karmel in Palästina, dem Ursprungsort des Ordens. „Dort entdeckten Einsiedlermönche eine Anzahl von Kräutern und Gewürzen, aus welchen sie das bekannte ‚Karmelwasser' destillierten."

Die verfeinerte, immer noch gültige Originalrezeptur des Heilmittels, das „bis zum heutigen Tage Millionen von Menschen Wohlbefinden gebracht hat", gelang im Paris des Jahres 1622 dem Karmeliterfrater Camillus, seit 1751 wird es auch in Wien nach einem besonderen Destillationsverfahren hergestellt und erlangte unter dem Namen „Ächter Melissengeist von den barfüßigen Carmelitern" größte Bekanntheit und Beliebtheit.

Die wichtigsten Hersteller außer den Karmelitern in Wien destillieren in den Klöstern in Regensburg und Venedig, früher auch in Ungarn, Prag und in Spanien.

Ausgangsprodukte des Trankes sind über zwanzig zum Teil heimische, zum Teil exotische Gewürze

Destillerie im Keller des Karmelitenklosters

und Kräuter, deren richtige Abstimmung das Geheimnis des Destillates ist. „Das uralte Klostergeheimnis wird unter eidlicher Verschwiegenheit nur von Mönch zu Mönch weitergegeben." Es wird aber nicht nur zusammengemischt, „sondern auch von A–Z destilliert". Trotz der genauestens weitergegebenen Originalrezeptur entwickelten sich im Laufe der Jahre regionale Unterschiede und Geschmacksvarianten. In Wien ist Pater Meinrad für die Zusammensetzung und Mischung der österreichischen Variante verantwortlich: „Ich darf ohne Übertreibung sagen, daß der österreichische Karmelitengeist geschmacklich als der beste gilt."

Die Herstellung verläuft nach dem immer selben Muster, das Geheimnis ist die Zusammensetzung der Kräuter: Die Kräuter werden gemahlen, trocken vermengt und vor der Produktion mit Alkohol in Fässern mindestens eine Woche lang angesetzt und von Zeit zu Zeit durchmischt.

Die Maische wird in den beiden Destillationskesseln erhitzt, sie verdampft, kondensiert und geht von dort in ein Mischgefäß, wo der Rohgeist graduiert und auf ca. 70 Grad Alkoholgehalt abgestimmt wird. Nach der Feinabstimmung wird er gefiltert und dann in Kanistern den Karmelitinnen zur weiteren Behandlung überstellt. Produziert wird nach Bedarf, Arbeitskapazitäten und Möglichkeiten.

Und obwohl immerhin ca. 5000 Liter pro Jahr produziert werden, nimmt die Destillerie nur sehr wenig Platz im Klosterkeller ein, vom Raumbedarf her gesehen könnte diese Menge also auch ohne weiteres in jedem größeren Hauskeller hergestellt werden, was auch dem neuen Trend zu Eigenbränden entspräche.

Studio MOTIVA

Studio Motiva
1., Mahlerstraße

Eine besondere Form der Kellernutzung ist das im zweiten Untergeschoß befindliche Studio MOTIVA in der Mahlerstraße im ersten Bezirk.

Auf ca. 500 m² Fläche sind hier im Keller ein „Kreativbüro" mit Ton- und Lichtstudio, und ein Showroom für exklusive Modekreationen untergebracht. Im Tonstudio, das für Plattenaufnahmen und Synchronisationen ausgestattet ist, wurde z. B. die deutschsprachige Version von „Cats" aufgenommen und eine ganze Reihe von Rundfunkwerbungen eingespielt.

Tonstudio im Studio Motiva

Das „Kreativbüro“ entwickelt aber auch exklusive Präsentationen, Events und Modenschauen. Zudem werden Licht- und Akustikausrüstungen konzipiert und ausgeführt bzw. verliehen.

Durch von der Rückseite beleuchtete „Potemkinsche“ Fenster wird der Keller in einigen Räumen nicht immer als solcher erlebt.

Über dem Studio, im ersten Tiefgeschoß, befinden sich normale Hauskeller. Die Kellerräume waren unter anderem schon eine unterirdische „Pferdetiefgarage“ mit einer Rampe an der Walfischgasse, später ein Keramikstudio und wurden 1974 zum heutigen Studio umgebaut. Während des Zweiten Weltkrieges waren sie wie die meisten Keller in der Innenstadt als Luftschutzräume genutzt, nur daß der

Ausgang zur Mahlerstraße damals Ausgang Nibelungenstraße (!) hieß.

Eine aufwendige Klimatisierung der Räume ist nicht notwendig, da die alte, über Lichthöfe und Belüftungsschächte sehr gut konzipierte Belüftung noch immer einwandfrei funktioniert.

Die Einrichtung und Ausstattung der Räume vermittelt eine angenehme großzügige Atmosphäre, die, durch keine Außeneinflüsse gestört oder beeinträchtigt, im Keller ein kreatives Klima entstehen läßt. Es muß also nicht immer ein Dachgeschoß oder Penthouse sein, um kreativ arbeiten zu können, es ist durchaus auch in der Tiefe der Stadt möglich.

Es genügt, in Dachböden und Penthouses zu wohnen.

Grams & Co Weingroßhandlung

Grams & Co
1., Singerstr. 26
Tel. 512 74 37
Öffnungszeiten:
übliche Geschäftszeiten

In einem Teil der von den Franziskanern vermieteten Klosterkeller ist das Lager der Weinhandlung Grams untergebracht. Schon in dem kleinen Verkaufsraum an der Singerstraße wird dem Besucher klar, daß hier vor allem Spezialitäten der gehobenen Qualitäts- und Preiskategorie gehandelt werden, die ihren Weg meist direkt zum Endverbraucher finden. Die Keller des Weinlagers, die durch zwei Büroräume zu erreichen sind, liegen an ihrer tiefsten Stelle ca. sechs Meter unter dem Straßenniveau, ein langes hohes und in dieser Form sehr seltenes Gewölbe verbindet die Kellerräume untereinander.

Die Keller sind, der Profession entsprechend, mit Flaschen vollgefüllt, aber nicht, wie man sich in

Grams-Weinlager im Keller der Franziskaner

romantischen Vorstellungen vielleicht ausgedacht haben mag, schön säuberlich Flasche über Flasche im hölzernen Weinlager, sondern meist in Kartons in Regalen und in Schachteln. Auf rund 700 m^2 Fläche werden fast ebenso viele verschiedene Sorten gelagert. Eine der Spezialitäten des Hauses sind Geburtsjahrgänge, d. h., hier können bis zu 100 Jahre alte Armagnacs und Portweine und etwas jüngere Weine und Sekte, wenn nötig auch Flaschen mit dem Namen des Käufers bzw. des zu Beschenkenden auf dem Etikett erstanden werden. Der Grams ist als Geschenkstruhe für Feinspitze bestens geeignet.

Im letzten Keller befindet sich das alte „Kellerstüberl", das fast wie ein „richtiger" Weinkeller im Weinviertel riecht. Es stehen zwar Tische und Bänke und auch einige leere Fässer herum, Verkostungen werden hier aber kaum mehr abgehalten, und Privatdegustationen finden nur selten im Keller statt. Merkwürdig sind die alten Wasserpumpen in den untersten Kellerebenen, die für die Folgen von starken Regenfällen angeschafft wurden und mitunter noch in Betrieb sind. Sie wirken hier wie eine Mischung aus einem urzeitlichen Weinbergbearbeitungsgerät und einem Science-fiction-Haustier für Mad Max.

Emis

Emis
1., Wildpretmarkt 7
Tel. 535 28 19
Öffnungszeiten: normale Geschäftszeiten

Ein besonderer „Gewandkeller" ist mit Emis, einem exklusiven Modengeschäft, am Wildpretmarkt 7 untergebracht. Allerdings stimmt hier außer Gewand und Keller nichts mehr mit den ehemals z. B. von Kisch im vorigen Jahrhundert als dunkel und unfreundlich beschriebenen Gewandkellern mit finsteren Räumen und Stiegen überein. Bei Emis ist alles hell, lichtdurchflutet und durchgestylt. Hier fragt man sich angesichts der hellen, an japanischem Design orientierten und durchgestalteten Räume eher, wie man ohne Mitgliedsausweis der Freunde japanischer Modeschöpfer oder doch zumindest ohne ein Foto seiner extracoolen Wohnung vorzuweisen, hineinkommt. Ganz einfach: wie im richtigen Leben und in andere Modengeschäfte auch – durch die Tür. Aber dann geht es schon los mit exklusivem Design von Yohyi Yamamoto, Comme des Garçons, Issey Miyake und Matsuda. Diese Mode verlangt eine dementsprechende Präsentation und Bedienung. Beides wird bei Emis geboten, und es wird auch besonderer Wert auf den

Verkaufsraum im modernen „Gewandkeller"

eigenen Stil gelegt, was sich in der Einrichtung, der Gestaltung des Verkaufslokales und der Verehrung der japanischen Stylisten und Modedesigner ausdrückt, deren Kreationen als die höchste Kunst der Modeschöpfung verkauft werden. Es werden nur und ausschließlich Japaner verkauft!

Zwar wird bei Emis noch lange nicht die Spitze im Preisgefüge der textilen Stadt erreicht, die Preise werden aber dennoch als Anlaß für genaue und eingehende Kundenbetreuung genommen. Die überwiegend dunkle, schwarze, blaue, graue und ein wenig grüne Mode strahlt eine ruhige gelassene Noblesse aus, die sehr modern zu sein scheint, hier kaufen junge erfolgreiche Menschen, solche, die sich dafür halten, und solche, die es wirklich sind.

Der Preis beinhaltet auch die Möglichkeit, mit dem wie für diesen Laden geschaffenen italienischen Verkäufer, der Deutsch spricht, englisch oder gegebenenfalls italienisch zu parlieren und über diesen Umweg den Preis zu relativieren, d. h., ein Teil kann als Fremdsprachenauffrischungskurs verbucht werden. Die Verkäufer beherrschen ihr Handwerk und sind erster und bester Berater in allen Mode- und Stilfragen. Um den Preis eines gebrauchten kleinen Kleinwagens für ein gesamtes Kopf-bis-Fuß-Ensemble fegt er dann auch mit der Geschwindigkeit eines mittleren Kleinwagens treppauf, treppab durch die Gänge und bedient seine Kunden zur größten Zufriedenheit derer selbst. Die Modenschau von Comme des Garçons im Video, mit Musik von Tom Waits unterlegt, rundet das ganze Bild perfekt ab.

Trachten Tostmann

Trachten Tostmann
1., Schottengasse 3a/ Melker Hof
Tel. 533 53 31
Öffnungszeiten: übliche Geschäftszeiten

Obwohl die Trachtenmoden vornehmlich im ebenerdigen Verkaufslokal präsentiert werden, entsprechen die unterirdischen Präsentationsräume des Trachtensalons Tostmann schon eher den Vorstellungen eines „Gewandkellers“: Zwar sind die Keller nicht dunkel und unbequem, dafür aber verwinkelt und über schmale Gänge und tiefe Stiegen zu erreichen. Aus dem Verkaufslokal führt eine Treppe in einen großen Raum, an den zwei kleinere Räume angeschlossen sind, eine schmale Treppe führt noch ein Geschoß tiefer in eine Reihe kleiner Räume, die im Stil des Hauses eine Verschönerung erfahren haben, die hintersten Kellerräume sind noch sehr ursprünglich, d. h. mit unverputzten Ziegelgewölben erhalten.

Raum für Präsentationen und Lesungen im ersten Untergeschoß

Die Keller waren ehemals Vorrats- und Lagerkeller des Stiftes Melk, das schon um 1438 an der Schottengasse Grund- und Hausbesitz hatte und hier den Melker Hof errichtete. Die unterirdischen Verkaufs- und Ausstellungsräume wurden nach und nach auf ihr heutiges Ausmaß ausgebaut.

Ihr unterirdisches Imperium hat sich die Frau Dr. Tostmann selbst erschlossen, indem sie mit einem Hämmerchen die Wände abklopfte und so neue, bislang unbekannte Hohlräume entdeckte. Diese Methode hat sich auch bei der Gründung des Kulturvereins „Die Bandlkramer", bewährt, einer eher konservativen Vereinigung, zu deren Lieblingen schon seit Jahren Claus Peymann und in jüngster Zeit auch das Museumsquartier zählt.

Wird in den Kellern gerade keine Kulturpolitik gemacht, treffen sich hier Hobbykünstler, oder es werden Kurse veranstaltet und die Räume für Lesungen, Vorträge, Ausstellungen und Weihnachtsbasare usw. genutzt.

Centro Form

Centro Form/ unter GRUND 8., Lenaugasse 9

Das Studio Centro Form, ein „Vermittler von Serienmöbeln für Objekteinrichtungen" der besonderen Art, besitzt in der Lenaugasse 9 im achten Bezirk einen der schönsten Präsentations- und Ausstellungsräume. Die Ausstellungsräume befinden sich in drei Stockwerke tiefen Gewölben aus dem 17. Jahrhundert, ehemaligen Weinkellern. Mit jedem Schritt in die Tiefe vergrößert sich die Ausstellungsfläche bis auf insgesamt 1000 m^2. Die Eingangssituation im Erdgeschoß ist sozusagen nur die Spitze eines im Untergrund befindlichen Eisberges von exklusiven und ausgewählten Designermöbeln und -einrichtungen.

Möbelpräsentation im ehemaligen Weinkeller

Die Gewölbe bieten Raum für eine großzügige Präsentation der Möbel, die durch entsprechende Beleuchtung auch ins rechte Licht gerückt sind. Die Restauration und Adaption der Gewölbe entspricht der Qualität der präsentierten Möbel. Außer Möbelpräsentationen finden hier auch regelmäßig Veranstaltungen und Ausstellungen zum Thema Design und Kreation statt. Im „unter GRUND", wie die Ausstellungsräume genannt werden, wird ein Forum für die Dokumentation zeitgenössischer Entwicklungen in den Bereichen Architektur und Design geboten.

Haas Korbstudio

Haas Korbstudio
9., Ecke Kramergasse/ Ertlgasse 4
Tel. 533 35 34

Ähnlich wie bei Centro Form werden auch hier, in den Kellern des Hauses Kramergasse/Ertlgasse 4, vor allem exklusive Einrichtungen, englische Möbel, Korbwaren, Antiquitäten, Stoffe, Tapeten und Accessoires präsentiert. Ausgehend vom Erdgeschoß führen die Ausstellungsräume drei Geschoße tief in den Keller und erschließen ein beeindruckendes historisches Gewölbe. Die Gewölbe sind in mehrere verschieden große Abteilungen und Räume unterteilt. Einige Meter tief unter der Erde kann man, sich selbst überlassen, seine Wohn-, Schlafzimmer- oder was auch immer -Einrichtung aussuchen.

Der Unterschied zwischen Centro Form und Haas-Ausstellungskeller liegt in der gänzlich unterschiedlichen Art der präsentierten Waren – hier die modernen Designermöbel und dort ein etwas konservativer Stil, teuer sind beide – und weniger in der Umgebung, in der die Möbel präsentiert werden, denn die ist in beiden Fällen einzigartig und beeindruckend.

„Eingerichteter" Keller im ersten Untergeschoß

Im ersten Untergeschoß des Haas-Kellers befand sich bis vor der Jahrhundertwende ein Weinkeller, ein Teil seiner Einrichtung, zum Beispiel eine kunstvoll gestaltete Säule im ersten Kellerraum und die Bodenfliesen aus dieser Zeit, sind auch heute noch erhalten. Die weiteren Keller wurden erst vor etwa zwanzig Jahren vom heutigen Inhaber des Geschäftslokales drei Geschoße tief wieder ausgegraben. Ein weiteres, viertes Untergeschoß, dessen Gewölbe im dritten Untergeschoß sichtbar werden, blieb allerdings zugeschüttet.

Die Geschichte des Haas-Kellers ist beispielhaft für das wechselhafte Schicksal vieler Innenstadtkeller, die, ursprünglich meist eingeschoßig angelegt, später weiter in die Tiefe vorgetrieben wurden, um als Lager, Werkstatt-, Verkaufskeller oder ähnliches zu dienen und später in den untersten Geschoßen wieder mit Bauschutt etc. verfüllt wurden. In Teilen des Kellers des Haas Korbstudios wurden bei der Ausgrabung Spuren, die sich bis auf die Römerzeit zurückführen lassen, gefunden. Bereits im 15. Jahrhundert befanden sich in der Kramergasse viele Gewerbelokale, ein Teil der Gasse hieß „Hutsteppergäßchen", möglicherweise befand sich hier auch einer der sogenannten „Gewandkeller", die am Hohen Markt angesiedelt waren und nach und nach in Kellerschänke umgewandelt wurden. Wenigstens die Umwandlung in einen Weinkeller ist beim Haus Kramergasse/Ertlgasse eine Tatsache, denn hier befand sich bis in die 80er Jahre des vorigen Jahrhunderts im ersten Kellergeschoß, dem das Schicksal der Verfüllung mit Bauschutt erspart blieb, der Weinkeller „Zum süßen Tröpferl".

Mit der neuerlichen „Ausgrabung" der verschütteten Kellergeschoße, der gefühlvollen Restaurierung und der Aktivierung als Verkaufslokal hat sich der Kreis der Geschichte dieser Kelleranlage geschlossen, es sei denn, es wird irgendwann wieder ein Weinlokal eingerichtet.

Der Kundentresor der Bank Austria Vordere Zollamtsstraße

Kundenzentrum Bank Austria AG 3., Vordere Zollamtsstraße 13 Tel. 71 19 10

Geld und Wertgegenstände werden seit altersher in den Tiefen der Erde eingegraben oder versteckt. So ist es auch kein Wunder, daß diese Tradition bei nahezu allen Bankhäusern bis heute beibehalten wird. Genauso traditionell ist auch das Mißtrauen der Banken gegenüber Außenstehenden, die sich für das Innerste der Bank interessieren, da ja niemand sicher sein kann, ob die gewonnenen Erkenntnisse nicht bei der nächstbesten Gelegenheit an eine internationale Einbrecherbande verkauft oder an die Enkel des berüchtigten Rififi übermittelt

Zugang zum Kundensafe

werden. Außer bei der Bank Austria stieß der Wunsch nach einer Expedition in die unterirdischen Tresorräume auf eine massive und breite Front der Ablehnung. Immer mit Sicherheitsbedenken begründet. Z. B. gibt es in der Nationalbank „nichts, was nach Publizität ruft oder sich gar dafür eignet", oder im Hauptmünzamt widerspricht ein Besuch Außenstehender der Sicherheitsstruktur des Hauses, und in der Kontrollbank wäre nach Auskunft eines der Direktoren der Zutritt in den zweigeschoßigen Tresorraum nur mit einem Interpol-Ausweis unter Umständen möglich.

Eine Besichtigung der Bankkellerräume war außer bei der Bank Austria nur mehr bei der neuen Filiale der Hypobank Tirol in der Renngasse möglich. Hier stand aber weniger der Tresorraum als vielmehr

Kundensafe mit Schließfächern

die Ausgrabungen, die im Zuge der Bauarbeiten gemacht wurden, im Mittelpunkt des Interesses.

An der Vorderen Zollamtsstraße befindet sich das 1965 erstmals fertiggestellte ehemalige Hauptgebäude der Zentralsparkasse, das heutige Kundenzentrum der Bank Austria. 1992 wurde der von Günther Domenig geplante Umbau des Gebäudes, der durch einen Großbrand während der Bauarbeiten beinahe zu einem Neubau geriet, abgeschlossen.

Im ersten Kellergeschoß des Kundenzentrums ist der Kundentresor, der vom Umbau unberührt blieb, noch mehr oder weniger in alter Form erhalten. Der Raum wird durch eine schwere Tresortür, die alle Ambitionen auf eine erfolgreiche Nachfolge der Panzerknackerbande im Keim erstickt, verschlossen.

Im großzügigen Tresorraum sind in „Regalen" die Schließfächer, die in verschiedenen Größen angeboten werden, untergebracht. Vom kleinen Fach bis zur Koje, in der man zur Not auch einmal bequem übernachten könnte, falls zu Hause die Koffer vor der Tür stehen. Die Mehrzahl der Fächer sind aber kleine Kästchen. Die Einrichtung des Raumes und die Schließfächer selbst stammen noch aus der Zeit der Errichtung des Hauses, d. h. den sechziger Jahren. Die elegante, aber einfache Gestaltung des Raumes scheint ein gewisses Understatement auszudrücken. Nie müssen die oft gold- und silberblitzenden Inhalte der Schließfächer mit einer ebensolchen Umgebung in Konkurrenz treten. Auf den ersten Blick wirkt der Tresorraum, als wäre er schon in einigen schwarzen französischen Krimis aufgetreten, sehr cool. Selbst die Sitzgarnitur mit edlem Holztisch und Ledersesseln paßt gut in die Filmkulisse. Überraschend ist nur die Größe der zentral angeordneten Sitzgruppe, als kämen hier ganze Familien oder Vereine zum lustigen Schließfachtauschen, vielleicht unter dem Motto: Zeig mir deines, und ich zeig' dir meines.

Apropos Krimi: Aus der Ferne sind Bohr- und Klopfgeräusche zu hören. Bauarbeiten oder vielleicht doch ein neuer unterirdischer Zugang?

Schießstand Waffen Seidler

Waffen Seidler
19., Heiligenstädter Str. 67
Tel. 36 25 79

In unmittelbarer Nachbarschaft zur Sektkellerei Schlumberger ist, ebenfalls in einem ehemaligen Weinkeller an der Heiligenstädter Straße, der Schießstand der Büchsenmacherwerkstätte Seidler untergebracht. Die Kellerröhre unter dem Wertheimstein-Park ist, durch ihre Lage und ein „Raum-im-Raum"-System, d. h., Boden, Wände und Decke sind abgehängt und zusätzlich isoliert, praktisch doppelt lärmgedämmt. Am Schießstand selbst ist ein Gehörschutz vorgeschrieben und absolut notwendig. Da es in Wien keine vergleichbare Anlage gibt, ist der Schießstand stark frequentiert.

Man darf sich allerdings nicht vorstellen, daß sich hier nun die Dirty Harrys und Doc Holidays der Stadt treffen und sich nach getaner Arbeit bei einem Glas Whisky, den Zigarillo im Mundwinkel, über Trefferquoten, Nachtzielgeräte und Munitionshersteller unterhalten. Der Großteil der Benutzer sind Sport- oder Hobbyschützen und Leute, die berufsbedingt mit Waffen ausgestattet sind, etwa Angestellte von Bewachungs- und Geldtransportfirmen oder Detektive und natürlich auch einige, die der fixen Überzeugung sind, daß das Leben in der Stadt nur bewaffnet einigermaßen sicher sei. Daß es sich bei der Stadt aber

Sportschütze bei der Ausübung seines Hobbys

um Wien und nicht um Dodge-City Mitte des vorigen Jahrhunderts handelt, wird geflissentlich übersehen.

Es kann vorkommen, daß einer der Hobbyschützen in einem Erklärungswirrwarr sein Hobby damit rechtfertigt, daß Amerika das Land mit dem lockersten Waffengesetz und der höchsten Handfeuerwaffendichte der Zivilbevölkerung gleichzeitig das sicherste Land der Welt sei. Was allerdings nur bedingt und dann vor allem für den Waffenbesitzer, „den Mann, der schneller zieht als sein Schatten“, stimmt.

Der Schießstand darf nur mit gültiger Waffenbesitzkarte benützt werden. Außer mit Revolvern, Pistolen und anderen Feuerwaffen wird hier mitunter auch mit Pfeil und Bogen oder Armbrust über eine Entfernung von 10, 15, oder 25 Metern auf normale Zielscheiben oder Mannscheiben angelegt.

Kellerschänke und Weinkeller

Der Untergrund und das Unterirdische sind seit jeher Orte bacchantischer Ausschweifungen und dionysischer Bewußtseinserweiterungen, wo im Bauch der Stadt – mehr oder weniger fröhlich, aber auf jeden Fall – getrunken und vielleicht auch gegessen wird. Glaubt man den zeitgenössischen Schilderungen, hatten die Wiener Weinkeller und Weinschänke im 18. und 19. Jahrhundert ihre Glanzzeit. Aber bereits seit Mitte des 19. Jahrhunderts wird das Ende der Weinschänke und Weinkeller teils nüchtern registriert, teils wortreich bedauert.

Die Kellerschänke waren laut Kisch gegen Ende des 18. Jahrhunderts die „Lieblingsschänken der Wiener". „Die engen Räume genügten damals ihrer Bescheidenheit, ja gerade das Knappe, das Stille und Verborgene des Ortes, das ewig herrschende Dunkel der Nacht hatte etwas anheimelndes, gemüthliches für sie und entsprach ihrer Genügsamkeit vollkommen, sie empfanden noch nicht das Bedürfnis nach Licht und Luft wie heut zu Tage schon fast jedermann."[1] Die Einschätzung der Beliebtheit der Kellerlokale, die sich reziprok zum Licht- und Luftbedürfnis der Besucher verhält, trifft jedenfalls heute nicht mehr zu. Entweder hat das Licht- und Luftbedürfnis der Besucher deutlich abgenommen, oder Klimaanlagen, Ventilatoren und Lichtanlagen erfüllen die ihnen übertragenen Aufgaben in ausreichendem Maße. Die Kellerlokale und Weinschänke, die Diskotheken, Clubs und Bars im Untergrund zählen auch heute noch zu den „Lieblingsschänken" der Wiener und Wienbesucher.

Stifte, Klöster und Freihöfe betrieben die ersten größeren öffentlichen Weinschänke. Jedem Bürger war es jedoch erlaubt, seinen eigenen Wein in seinem Hauskeller auszuschenken, ein Recht, das Mitte des 18. Jahrhunderts aber nur mehr selten in Anspruch genommen wurde. Ab dieser Zeit traten vermehrt „richtige" Weinkeller und Weinschänke im Sinne einer gaststättenähnlichen Einrichtung auf.

Einen Überblick über die Geschichte und Entwicklung der unterirdischen Weinschänke gestaltete 1875 Friedrich Schlögl, ein profunder Kenner der Wiener Weinlandschaft, des Weines und der Weinkeller, in seinem Bändchen „Alte und neue Historien aus Wiener Weinkellern, Weinstuben und vom Weine überhaupt" als eindrucksvolle und bildreiche Darstellung der „vergangenen großen Zeit: nur die bemoosten Häupter der jetzigen Generation wissen von den unentweihten Mysterien der alten Wiener Weinkeller zu singen."[2]

„Fast der größte Theil der Bevölkerung lief schon damals (im ausgehenden 18. Jahrhundert, B. A.) – und läuft auch noch heute – am liebsten dorthin, wo Tannenreisig und gemaltes Weinlaub die gastliche Herberge verkündet, die ‚misera plebs' natürlich in billigere Refectorien, also in die Keller."[3] Der Berliner Reiseschriftsteller Friedrich Nikolai bemerkt in einer 1781 verfaßten Beschreibung der wunderlichen Kaiserstadt Wien, die Unmäßigkeit der Wiener und „ihr leidenschaftliches Wirtshausgehen". Er gibt die jährliche Konsumation mit „600.000 Eimer österreichischen Wein (ohne fremden Wein), ungefähr 300.000 Eimer Bier und nicht wenig Branntwein und Liqueure" an. Ein gut Teil der 600.000 Eimer wurde in den äußerst beliebten Kellerschänken ausgetrunken. Derselbe Autor stellt auch fest: „Einem Fremden, der Wein zu trinken gewohnt ist, ist wohl kein österreichischer Wein, der in den Wirtshäusern unter 2 Siebenzehner kostet, trinkbar." Und weiter: „Wein trinkt auch der gemeinste Mann, der geringste aber ist so schlecht und sauer, daß ihn selbst der gemeine Mann den Darmreißer nennt."[4] Ein anderer Wien-Führer aus dem Jahre 1797 listet bereits die bekanntesten Wiener Weinkeller auf, deren es eine Menge gab. „Der gemeine Mann steigt in die unterirdischen Keller und trinkt dort Wein. (...) Die besten Weine aber bekommt man in den Kellern der noch nicht aufgehobenen Klöster."[5]

In einer 1808 erlassenen Kellerschankordnung wird festgehalten, daß die Kellerschank nur in der Stadt, nicht aber in den Vorstädten gestattet ist. Um 1820 bestanden in der Inneren Stadt

Alltägliche Weinkellerszene

mehr als sechzig Weinkeller und Weinstuben. Der Autor eines frühen „Wien, wie es ißt" aus dem Jahre 1833 beschreibt eine alltägliche Kellerszene folgendermaßen: „Es war 10 Uhr nachts. (...) Gemeine Soldaten, Holzhauer, Handwerksburschen u. dgl. saßen im friedlichen Cirkel beisammen, ohne daß es sehr laut herging, vielmehr schien sich einer vor dem anderen zu schämen, die Schlimmeren aber solcher Scham nicht mehr fähig, hatten erschöpft von der viehischen Schlemmerei, keine Lust mehr, großen Lärm zu machen. (...) Zwei Dirnen vom allergemeinsten Schlag spazierten von einem Tisch zum anderen, schenkten aus den Flaschen der Gäste ihre Gläser voll und leisteten hie und da einem der ehrenwerthen Burschen Gesellschaft. Ekelhafte Liebkosungen wurden gewechselt, ganz laut Unanständigkeiten gesagt und auch ausgeübt und nach einer solchen kurzen Unterredung entfernte sich eine der Grazien unter lautem Gelächter der Anwesenden, verfolgt von einem glühenden Doris."[6]

Zur Behebung solcher Übelstände verfaßte 1851 der „Magistratsrath" Wilfling in seinen „Grundzügen zur Regulierung des Gewerbewesens" eine Petition zur Aufhebung der Kellerschankbefugnis der Klöster, Dominien und Gemeinden mit der Begründung: „Weil bei einem größeren Zusammenflusse von Gästen aus Mangel des Zuganges einer reinen Luft die menschliche Gesundheit gefährdet erscheint, und weil andererseits gerade diese unterirdischen düsteren Räume zum Sammelplatze und Schlupfwinkel der entartetsten, bedenklichsten Menschenklasse dienen, welche darin der polizeilichen Beaufsichtigung und Überwachung weit weniger als in frei zugängigen, ebenerdigen Lokalitäten unterzogen werden kann."[7] Die Überwachungs- und Beaufsichtigungswünsche des Herrn Wilfling wurden allerdings nicht erfüllt.

Bereits 1875 beklagt F. Schlögl, daß von den mehr als fünf Dutzend Weinkellern, „die zu Anfang des glorreichen 19. Jahrhunderts Wien jenes markante Relief gaben", kaum mehr als ein Dutzend erhalten war, und selbst diese „haben ihre alte Eigenthümlichkeit längst eingebüßt, da man in mehreren der durchsäuertsten Dionysoshallen sogar Bier zu schänken begann, eine Concession an den Geschmack der Neuzeit, die den letzten traditionellen ‚haut gout' solch exclusiver Weinspelunken abstreifen mußte."[8] Auch heute ist es in den meisten Weinkellern durchaus üblich, Bier auszuschenken, entsprechend dem Geschmack der „Neuzeit" und dem vieler Gäste, aber während z. B. im Thomaskeller das Bier offen wie in einem „Wirtshaus" serviert wird, wird das Zugeständnis an die Neuzeit im Melkerkeller verschämt in der kleinen 0,33-Liter-Flasche angeboten.

Der Schmerz um den Verlust der alten Weinschänke läßt Schlögl als einen wahren Liebhaber des Weines und der Weinkeller erkennen: „Wo Bacchus einst seine dumpfigsten Tempelfilialen hatte, in deren lichtscheuen Räumen die hartnäckigsten Zecher ihre Meisterstücke schufen, die gelehrigen Jünger dieser Wissenschaft ihre Kräfte stählten und ihre Ausdauer erprobten

Schankraum im Esterhazykeller

(...) und auch sonst allerlei Kurzweil getrieben wurde, die unseren Altvorderen das Renommee von ausgepichten Hallodri's eintrug (...), die alten nun fast mythischen Stätten der wildesten Reben-(Saft-) Cultur, wo einst schwindelnde Steige in den schaurigsten Orkus führten, da hat die sanfte Hand der Civilisation die letzten Spuren einer wüsten Epoche längst verwischt, und stille, trauliche Magazine aufgebaut mit vielgestalteten Commissionswaren, oder Comptoirs über den Abgrund errichtet, mit fleißig radierenden Scontisten. Oder es geschah im unaufhaltsamen Wandel der Zeiten und Geschicke, daß gar ein Kistentischler die classischen Räume zu seinen profanen Zwecken benütze, oder, daß eine schnöde Greißlerei, ja selbst ein Kräutler-Einsatz nun dem forschenden Auge dort entgegengrinst, wo es ein Gewoge von weißsteinernen Weinkrügeln zu sehen hoffte."[9] Schlögls Abgesang auf die alte Weinkellerkultur gipfelt schließlich im Nachruf auf den einst berühmten „Seitzerkeller", der über fünfhundert Jahre, von

1335 bis 1838, als Weinschank bestanden hatte: „Was mag in diesen Räumen gelacht, geflucht, geseufzt, geträumt, gehofft und getrunken worden sein! Ein Ocean von Rebenblut ergoß sich hier aus den Lederschläuchen durch die Fässer in die neuen Schläuche. Kühlende Gießbäche aus den herrlichsten Rieden stürzten sich über den Rand der glühenden Lippen hinab in den Abgrund, verfolgt vom Gerölle zahlloser Würste und Rettige.“ [10]

Dem Nachruf auf den „Seitzerkeller“ folgen noch etliche Beschreibungen der ehemals berühmtesten Weinkeller wie z. B. der beiden „Bischofskeller“, des „Mirakelkellers“, des „Türkenkellers“, des „Tiefenkellers“, des „Knödelkellers“, des „Rothe-Mandl-Kellers“ und der Keller der Karmeliterinnen oder Siebenbüchnerinnen in der Sterngasse.

Die abenteuerlichsten Geschichten und Legenden rankten sich um den „Rothe-Mandl-“ und den „Siebenbüchnerinnen-Keller“. Der „Rothe-Mandl-Keller“ trug diesen Namen, der Sage nach, seit einem Besuch des Dr. Faust im Jahre 1538, der hier incognito einige Seidel zu sich genommen haben soll und, nach Bermann, einem Wiener Lokalchronisten, „eine kleinere Piece zum Besten gab, indem er eine Teufelsfigur, welche ein lustiger Künstler an die Wand gezeichnet, plötzlich in ‚Phosphor‘ erglühen machte, woher denn auch das Sprichwort: ‚Male nicht den Teufel an die Wand‘ stammen soll. (...) Wenn das Faktum richtig ist, so machte sich der Geheimrath Goethe, dem der Dr. Faust einen so glücklichen Stoff lieferte, eines vom rein österreichischen Standpunkte aus unverzeihlichen geographischen Schnitzers schuldig, indem er die Kellerscene seines Stückes bekanntlich nach Leipzig bei ‚Auerbachs‘ verlegte.“ [11] Nicht genug damit, veränderte Goethe auch noch das Kellerkunststück und ließ nicht den Teufel von der Wand springen, sondern Wein aus dem Tischrand fließen. „Die Gäste, die nach Faust's Besuch in späteren Jahrhunderten diesen Keller frequentierten, hatten jedoch nichts sonderlich Dramatisches an sich, obwohl es an ‚Brander's‘, ‚Siebol's‘, ‚Frosch's‘, ‚Altmayer's‘ hier auch nicht fehlte. Ihre Räusche waren nur weniger classisch, auch sprachen sie nicht in Versen.“ [12]

Ein Drache im Urbanikeller

Eine beinahe ebenso abenteuerliche, wenn auch nicht in die Weltliteratur eingegangene Geschichte ist die der Siebenbüchnerinnen. Die frommen Damen hatten in der Sterngasse einst Kloster und Kirche, wo sie „auch Wein schänkten und – nun kommt das Horrible: – um der Wirthschaft einen lucrativen Ruf zu verschaffen, abends incognito, d.h. als fesche Tirolerinnen verkleidet, in der Schänke sich herumgetrieben und sogar wacker – gejodelt haben sollen. Kaiser Josef, so geht die Sage weiter, hätte von dem allzu weltlichen Scandälchen der Himmelsbräute gehört, sei (ebenfalls incognito) einmal auf ein ‚Seidel' in die lustige Taverne gekommen und habe Tags darauf der ganzen Geschichte dadurch den Garaus gemacht, daß er das fidele Kloster der originellen Büßerinnen aufließ und an seiner Stelle das Straf- und Gefangenenhaus errichtete." [13]

Der „Untergang" der alten Weinkeller bedeutete aber keineswegs das Ende der „unterirdischen Lokalszene". F. Schlögl selbst war als Gemeinderat am Bau des „Neuen Rathauskellers" maßgeblich beteiligt, und viele andere Weinkeller wurden in alten Gewölben eröffnet und wieder geschlossen. Die bekanntesten sind heute der schon bei Schlögl erwähnte Esterhazykeller, der Augustiner-, Zwölf-Apostel-, Melker-, Thomas- und Urbanikeller und der Rathauskeller, die im folgenden beschrieben werden. Aber nicht nur Weinkeller wurden in den alten Gewölben eingerichtet, sondern auch Bierlokale wie der „Bierleutgeb" in der Bäckerstraße oder Diskotheken wie das riesengroße P1 in den ehemaligen Rotsälen in der Rotgasse. Legendär sind „Untergrundlokale" wie das „Wumm-Wumm", das heutige „Move" in der Daungasse, oder die „Camera" in der Neubaugasse und selbstverständlich das „U 4" in Meidling im Tiefgeschoß der U-Bahn-Überbauung. Die Kellerszene ist also, ganz gegen die Vermutungen F. Schlögls, lebendiger und vielfältiger geworden. Und Dr. Faust hätte wahrscheinlich einige Schwierigkeiten, das heutige Publikum mit seinen „Piecen" zu beeindrucken.

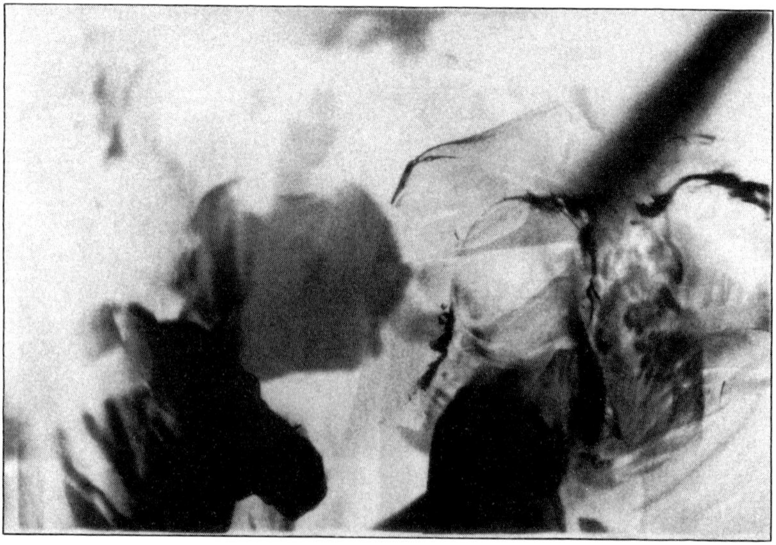

Diskothek U 4 kurz nach Mitternacht

Esterhazykeller

Esterhazykeller
1., Haarhof 1
Tel. 533 34 82
Öffnungszeiten:
Mo–Fr 11–22
Sa, So 16–22

Der „weit und breit berühmte Esterhazykeller" im Haarhof ist der einzige Keller, der bereits bei Schlögl beschrieben ist und heute noch existiert. Bereits 1808 erhielt Fürst Esterhazy die Bewilligung, ungarischen Wein „über die Gasse" auszuschenken, die „Mindestabnahmemenge" betrug allerdings „fünf Maß" in mitgebrachten Gefäßen. 1828 erhielt der Fürst die Berechtigung, „das transleithanische Landesproduct auch seidelweise in der cisleithanischen Reichshälfte zu verabreichen".

„Nichts hat sich an und in diesem Keller seither verändert. Dieselbe schmucklose decorative Ausstattung von aussen und innen; dasselbe, vielleicht noch aus Zeiten der Pfahlbauten stammende Ameublement, die verrostete Eisenthüre, die ausgetretene stockfinstere Stiege, mit dem aalglatten Strick als Ariadnefaden für die diversen Theseuse, welche in diesem Labyrinth sich zu Recht finden wollen. Außerdem eine forcierte, ganz unnöthige Unreinlichkeit, die aber der Sache den eigenthümlichen ‚Reiz' verleihen soll."[14] Ganz offensichtlich war der Gemeinderat Schlögl, sonst ein Verfechter aller Kellerschänke und Weinlokale, kein „forcierter" Freund des ungarischen Weines und der Esterhazyschen Ausschank desselben. Trotz der angeblich wenig animierenden Ausstattung des Lokales mußte aber auch Schlögl feststellen, daß der „Zudrang" ein fabelhafter war. „Das Publicum rekrutiert sich aus allen Ständen: Notabilitäten der Gesellschaft, Künstler, Gelehrte, Officiere, Beamten, wie Straßenbettler und Handwerksburschen sind hier zu finden. Jeder Fremde besucht die originelle Spelunke und sieht

„Seitenstollen“ im Esterhazykeller

sich staunend das Wunder an.“[15] Die Einschätzung des „Zudranges“ stimmt auch heute noch, was allerdings das Ambiente anbelangt, stimmt außer der steilen Stiege, die in den „Weinstollen“ führt, nichts mehr mit Schlögls Beschreibung überein.

Ohne Schnörkel und unnötige „Modernisierungen“, ist der Esterhazykeller ein einfacher alter und ursprünglicher Weinkeller mit großem Stammpublikum und vielen Freunden. Er hat, darin kann man allerdings mit Schlögl übereinstimmen, einen „eigenthümlichen Reiz“, der den Esterhazykeller zu einem der angenehmsten Weinkeller der Stadt macht.

Augustinerkeller

Augustinerkeller
1., Augustinerstraße 1
Tel. 533 09 46
Öffnungszeiten: tägl. 10–24 Uhr

Der Augustinerkeller in den ehemaligen Kasematten der Augustinerbastei, die, 1641 erbaut, vom Kärntnertor bis zur Hofburg reichten, wird seit 1954 von der Familie Bitzinger betrieben. Im „Curiositäten und Memorabilienlexicon von Wien" schildert „Realis" eine der „Zwischennutzungen" der Kasematten auf dem Weg von der Wehranlage zum Weinkeller: „Heute (1846, B. A.) dienen diese Mordkeller einem sehr friedlichen Gebrauch, es werden darin die Dekorationen und Requisiten des Hofoperntheaters aufbewahrt, statt Menschenblut fließen darin Ströme der verschiedenartigsten Farben zu Feenhainen und Liebestempeln und statt des furchtbaren Pulverdampfes steigen dort Rosenwolken mit Amorien empor."[16] In dieser Schilderung hat sich „Realis" zu einem kurzen, aber nicht ganz gefahrlosen literarischen Ausritt verleiten lassen. Heute (1993) geht es in den Kasematten unter der Augustinerbastei, im Augustinerkeller, schon wieder etwas mörderischer zu. Da steigt schon mancher wenn schon nicht Pulver-, so aber doch Dampf empor. Die Rosenwolken allerdings kommen und gehen nur mit den Rosenverkäufern. Ansonsten herrscht hier mehr der Geruch der Küche und des Weines vor, und die Farben der Feenhaine sind erst ab einer bestimmten Überdosierung zu sehen. Ein Liebestempel aber kann der Keller noch immer werden, zumal der Wein und die „lebendige Musik" das Ihre dazu beitragen. Der Augustinerkeller ist ein sehr beliebter, nicht zuletzt weil „ebenerdiger" Weinkeller, der als besonderes Kuriosum auch noch ein Obergeschoß hat. Dieses eigenartige Kellerni-

veau, „zur ebenen Erd' und im ersten Stock", ergab sich im Zuge der Demolierung der Augustinerbastei 1857. Die Bezeichnung „Keller" wurde aber wohl wegen der schönen Gewölbe beibehalten.

Zwölf-Apostel-Keller

Zwölf-Apostel-Keller
1., Sonnenfelsg. 3
Tel. 512 67 77
Öffnungszeiten:
tägl. 16.30–24

Wer noch nie in Wien war und es zum ersten Mal ist, wird in sieben von zehn Fällen von ortskundigen Bekannten oder eingeborenen Freunden in den Zwölf-Apostel-Keller geführt. Wer ohne Freunde und Bekannte reist, findet in drei von fünf Fällen dorthin.

Der Zwölf-Apostel-Keller mit seinem teils romanischen Mauerwerk, seinen gotischen und frühbarocken Gewölben und der einzigen in Wien noch

Drittes Untergeschoß im Zwölf-Apostel-Keller

erhaltenen gotischen Brunnenstube im unteren Keller ist eine durchaus eindrucksvolle Kelleranlage. Trotz der Geschichtsträchtigkeit der Räumlichkeiten wurde an verschiedenen Stellen mit einigem Erfolg versucht, unpassende und störende Veränderungen oder gar Modernisierungen vorzunehmen. Die Gäste stört das meist wenig, sie sind entweder zutiefst beeindruckt von den einzigartigen Gewölben oder an das Ambiente des Kellers gewöhnt.

Unter den einheimischen und städtetouristischen Gästen, die nach einem langen Tag des Staunens auch abends noch Gelegenheit finden, sich einer Wiener Sehenswürdigkeit zu widmen, befinden sich oft auch „Weiterbildungskursteilnehmer" aus dem übrigen Österreich, die sich nach einigen Vierteln gerne und angeregt über japanische Management-Methoden und deren Anwendbarkeit auf den Ober-Pitztaler Melkmaschinenmarkt unterhalten.

Ein interessantes Schauspiel ist regelmäßig im Zwölf-Apostel-Keller zu beobachten. Mit Fortdauer des Abends und der Konsumation kreisen immer wieder eindeutig als „Kellerneulinge" zu identifizierende Personen mit fragendem und suchendem Blick, der etwas Drängendes nicht verbergen mag, im untersten Keller einem Kellner entgegen. Wer vorher noch laut und bestimmt in den Raum gerufen hat: „Herr Ober, noch zwei Liter bitte", raunt ihm jetzt leise, mitunter mit einem schwachen Anflug von Verzweiflung in der Stimme, die immer gleiche Frage zu: „Wo sind denn hier ...?" Und nicht wenige, die auf die Antwort mit ungläubigem Staunen reagieren und im nächsthöheren Kellergeschoß dem nächstbesten Kellner dieselbe Frage stellen, jetzt aber schon etwas verzweifelter. Es hilft aber alles nichts, wer genau aufpaßt, merkt es schon beim Eingang: Wie bei so vielen Kellerlokalen sind auch beim Zwölf-Apostel-Keller die Toiletten das erste, was man zu sehen bekommt, und der unterste Keller ist gut drei Stockwerke entfernt.

Melker Stiftskeller

Melker Stiftskeller
1., Schotteng. 3
Tel. 533 55 30
Öffnungszeiten: tägl. 17–24 Uhr, So, Fei geschl.

Der Melker Stiftskeller ist ein Teil des Melker Hofes in der Schottengasse. Das Stift Melk besitzt bereits seit 1438 an der Schottengasse einen Hof, der bis 1774 ständig erweitert wurde. Während der zweiten Türkenbelagerung 1683 hatte der Stiftskeller auch eine strategische Bedeutung, zum einen diente der Schottenturm des Hofes zur Beobachtung der Feindbewegungen, und zum anderen wurde aus dem „Krautkeller" des Melker Hofes eine „Gegenmine" zu den feindlichen Stellungen gegraben. Der Melker Hof selbst war damals ein Lazarett für Schwerverwundete. Bereits 1629 wird der Weinkeller im Melker Hof erwähnt; zu dieser Zeit hatte das Stift schon das bis heute ausgeübte Recht, Wein auszuschenken.

Das Entree des Melker Stiftskellers, unübersehbar in den siebziger Jahren adaptiert, renoviert und modernisiert, darf nicht als Anlaß genommen werden, gleich die Flinte ins Korn oder das Viertelglas an die Wand zu schmeißen und wieder umzukehren. Einmal im Keller, ist die Eingangssituation schnell vergessen. Hohe Gewölbe, schwere dunkle Holztische und -bänke und alte Luster von der Decke machen aus dem Melker Stiftskeller einen angenehmen alten Weinkeller. Für den Liebhaber besonderer Details sind vor allem die alten elektrischen Leitungen, die ersten „Aufputzinstallationen", die wie die Schienen einer an die Decke gehefteten mehrspurigen Spielzeugeisenbahn aussehen, zu beachten. Und in der Glasvitrine an der Schank die „Pischinger-Torte" eine Waffelspezialität und ein untrügerisches Zeichen für ein traditionsbewußtes Wiener Lokal.

Der vordere große Gastraum im Melker Keller

An den vorderen großen und wirklich urtümlichen Kellerraum schließen noch mehrere etwas kleinere Gewölbe an, die aber zum Teil etwas eigenartig adaptiert und eingerichtet wurden. Es genügt also vollkommen, wenn man sich nur im vorderen Teil des Kellers aufhält und sich einer der knusprig gebratenen Schweinsstelzen, für die die Küche des Melker Stiftskellers bekannt ist, widmet, dazu ein Viertel Prälaten-, Kolomani- oder Konventwein.

Unterschiedlich wie die Eindrücke des Lokales ist auch der Besuch. Das Publikum ist mitunter, zumal samstags kurz nach der Öffnung, von ausgesuchter Viennesse: z. B. Mutter mit Tochter („Gemeinsam sind wir 150 Jahre alt"), ein halber Liter Weiß und eine Schweinsstelze: „Na die ist heute supergut, laß dir's gut schmecken." – „Du, das wünsch' ich dir auch." Und an anderen Tagen, wenn sich scheinbar alles in die Keller der Stadt zurückzieht, um zu trinken und zu essen, kann es vorkommen, daß der ganze große Keller kaum mehr einen freien Platz bietet.

An solch gut besuchten Tagen, wenn draußen oder besser: „oben“ auch noch Winter ist, dampft der Melker Stiftskeller gemütlich vor sich hin und wird zum Feuchtraum mit Trinkklima.

Thomaskeller

Thomaskeller
1., Postgasse 2
Tel. 512 74 46
Öffnungszeiten:
Mo–Sa 18–24

Vis-à-vis des „Engländers“, eines beliebten Fixpunkts für Streifzüge im nächtlichen ersten Bezirk, bietet der Thomaskeller in ruhiger Atmosphäre bei moderaten Preisen und bekömmlichem Wein eine hervorragende „Vorglüh“-Gelegenheit für den anschließenden Besuch im „Engländer“. Die steile Treppe des Thomaskellers führt ein Geschoß tief unter die Erde, wo drei nahezu idente Türen dem Gast die Wahl der richtigen erschweren. Als Erleichterung sei ein kleiner Hinweis mit auf den Weg gegeben: Bei genauerer Betrachtung ist nämlich zu erkennen, daß eine der Türen in zwei Flügel getrennt ist, wovon der eine mit einer kleinen Frau, der andere mit einem kleinen Mann geschmückt ist. Diese Türen führen nicht in den Gastraum. Ebensowenig jene, die in der direkten Verlängerung der Treppe liegt, dem an sich logischen Eingang, sie führt in die Küche.

Der Gastraum oder besser: das Gewölbe, das sich dann hinter der dritten Tür dem Gast eröffnet, ist eine auf den ersten Blick etwas eigenartige Mischung aus Wirtshaus, Weinkeller und Bundesländerhof. Über der wirtshausmäßig grün vertäfelten Holzwand erhebt sich ein hohes ziegelrotes Weinkellergewölbe, das mit den Fahnen der Landeswappen

Thomas-„Bundesländer“-Keller

der neun Bundesländer geschmückt ist. Ganz österreichisch dringt's auch aus den Lautsprechern: von Lanner bis Lehár und Strauß.

Die Konfusion, die der Thomas-„Bundesländer“-Keller im ersten Moment hervorruft, hält noch kurze Zeit, unterstützt durch die zwei Straßenlaternen und einige Verkehrstafeln an. Eigenartigerweise hängen auch Schilder mit Straßenbezeichnungen aus dem 10. Bezirk an der Wand.

Sind jedoch die ersten Momente der Verwirrung überwunden und ist ein Platz unter einer der Fahnen gefunden – es ist nicht notwendig, sein Ursprungsland zu bekennen –, entwickelt sich der Thomaskeller in kürzester Zeit zu einem recht sympathischen Weinkeller, in dem ohne weiteres ein Krügel Bier bestellt werden kann, zu dem ein Riesenschinkenbrot oder ein sehr großer kleiner Salat serviert wird.

St.-Urbani-Keller

St.-Urbani-Keller
1., Am Hof 12
Öffnungszeiten: täglich 18–1

Wahrscheinlich ist der St.-Urbani-Keller oder kurz: Urbanikeller das, was man sich erhofft hat auf der Suche nach einem schönen alten unverkitschten Wiener Weinkeller, obwohl er das eigentlich schon wieder nicht ist und auch nicht so alt ist, wie er zu sein vorgibt, aber darüber sieht man gerne hinweg.

Das Barockhaus am Hof, der schon Exerzierplatz der Römer und Turnierplatz der Babenberger war, wurde von Lucas von Hildebrandt erbaut. Die Gewölbe darin stammen zum Teil noch aus dem Mittelalter, einige Teile des Kellers wurden erst später „dazugegraben". Der Urbanikeller selbst wurde 1906 vom Großvater der heutigen Besitzerin gegründet. Gemeinsam mit dem Architekten Walcher von Molthein, der auch maßgeblich an Arbeiten bei der Burg Kreuzenstein mitwirkte, wurde der Urbanikeller im „romanischen Stil einer mittelalterlichen Taverne" eingerichtet. Bei der Einrichtung und Ausgestaltung des Kellers soll auch Fritz von Herzmanovsky Orlando beteiligt gewesen sein, die Form der figurativen Holzdekorationen sind ein Hinweis darauf.

Friedrich Achleitner bezeichnet die Einrichtung des Urbanikellers als „ein echtes nationalromantisches Produkt, mehr süddeutsch als wienerisch". Und weiter: „Das Interieur ist tatsächlich mehr von kultur- als architekturgeschichtlichem Belang. Das Interessante an der ‚romanischen Einrichtung' (was immer das heißen mag) ist eigentlich die eher literarische Collage von Gegenständen, mit deren Hilfe man eine ‚mittelalterliche Taverne' simulieren wollte."[17] Kultur- oder architekturgeschichtlicher Belang, die alten Gewölbe jedenfalls, die schweren Eichentische und

„Mittelalterliche“ Einrichtung im Urbani-Keller

die „mittelalterliche“ Einrichtung des Lokales übten seit ihrer Eröffnung eine besondere Anziehung auf ihre Gäste aus. Die Protagonisten in Josef Weinhebers Romanfragment „Die Philister“ hatten im Urbanikeller eines ihrer Stammquartiere, Ziel- und Ausgangspunkt für regelmäßige Betrinkungen, wo sie ein ums andere Mal das geborgte Geld in Wein umtauschten. Im Gästebuch ist einige Prominenz versammelt, darunter Thornton Wilder, Tyrone Power, Linda Christian, Peter Townsend und „einige Maharadschas“.

Unnötig, zu erwähnen, daß man im Urbanikeller auch gut essen und trinken kann. Mitunter erzählt die Chefin auch von der Geschichte des Hauses und den Geschichten der Gäste, eine Gelegenheit, die man sich nicht entgehen lassen sollte.

Wiener Rathauskeller

Wiener Rathauskeller
1., Rathauspl. 1
Tel. 42 12 19
Öffnungszeiten: 11.30–15, 18–23.30

Bereits bei der Planung des neuen Rathauses durch Dombaumeister und k.u.k. Oberbaurat Friedrich Schmidt wurden in den Kellergewölben Räumlichkeiten für die Einrichtung eines Restaurantbetriebes vorgesehen. Während das Rathaus aber zwischen 1872 und 1883 erbaut und 1885 vom Gemeinderat bezogen wurde, konnte der Rathauskeller erst 1899, nach langen Planungsverzögerungen und Bestellung einer Baukommission, eröffnet werden. Als er allerdings eröffnet war, übertraf der Besuch des Kellers alle Erwartungen, häufig mußte aus Sicherheitsrücksichten der Einlaß in den Keller zeitweise gesperrt werden.

Der Rathauskeller wurde unter anderem auch zum Schutz des Wiener Weines gegründet, da gegen Ende des 19. Jahrhunderts der Ruf Wiens als Weinstadt durch Weinpanscher und Weinfälscher ernsthaft gefährdet schien. Der Rathauskeller sollte den „Charakter eines Weinmusterlagers in Verbindung mit einer Kosthalle“ erhalten, in „welchem guter, echter, unverfälschter, heimatlicher Wein zu nachahmendem Beispiel zum Ausschanke gelangt“.[18]

Das Weinmusterlager mit angeschlossener Kosthalle bietet heute bei voller Besetzung in sechs Sälen knapp 900 Personen Platz. Die Räume wurden nach „Entwürfen Heinrich Leflers unter Mitarbeit der Maler Haßmann, Harlinger, Radl, Ranzoni und Suppantschitsch kunstvoll ausgestaltet. Die Ornamentalausschmückung stammt von Franz Wilhelm Ladewig. Der Stil sollte bewußt eine Mischung aus Neugotik und ‚Wiener Stil‘ sein und bewegt sich etwa zwischen dem Makartstil und dem nahenden Jugendstil.“[19] Am beeindruckendsten bewegt sich der „Wiener Stil“ im Rittersaal, The Knight's Hall oder La Salle des Chevaliers, und im Grinzinger Keller, der mit einem Teil eines riesigen 70.000-Liter-Fasses dekoriert ist.

Zu Zeiten allgemeiner Feierlichkeit zum Beispiel vor Weihnachten oder ähnlichen Anlässen, finden hier laufend geschlossene Gesellschaften wie Betriebsfeiern usw. statt. Während des Jahres ist der Rathauskeller aber ein normales Restaurant der gehobenen Klasse und (Motto: Alle Wege führen in den Rathauskeller) „über alle Wiener Hauptverkehrsstraßen oder öffentlichen Verkehrsmittel in Richtung Stadtzentrum erreichbar“.

Sagen und Legenden

Unter der Erde, in Kellern, Grüften und in Höhlen, wurden schon immer die tollsten und vielfältigsten Ereignisse und Geheimnisse vermutet und erwartet oder sagenhafte Wunderländer phantasiert. Diese Vorstellungen sind ein weites Feld der Psychoanalyse und erlauben die interessantesten Interpretationen. Abgesehen von diesen Interpretationen und den daraus ableitbaren Wunschvorstellungen, die mit „unterirdischen Phantasien" verbunden sind, ist auch die sozusagen „pure", d. h. interpretations- und analysefreie Darstellung der unterschiedlichsten „Untergrund"-Sagen und -Gerüchte ganz besonders interessant.

Diese Gerüchte und Sagen reichen natürlich bis weit in die Geschichte zurück. Eine sehr schöne Geschichte ist das Ergebnis mittelalterlicher stadtarchäologischer Aktivitäten. Beim Bau des heutigen „Adlerturmes" des Stephansdomes wurden 1443 zwei riesige Knochen, deren Herkunft nicht geklärt werden konnte, gefunden. Die Ausgräber vermuteten, die Überreste eines „Riesen-Urwieners" gefunden zu haben, und stellten den Fund beim „Riesentor" des Domes zur Schau. Spätere Forschungen identifizierten die Knochen des „Urwieners" aber eindeutig als Knochen eines Mammuts.

Viele Sagen beschäftigen sich mit unterirdischen Zugängen zur Stadt und der daraus resultierenden Bedrohung, zum Beispiel durch die Türken, die als „Meister der Minierkunst" galten. Die bekannteste dieser Sagen bezieht sich auf ein Haus im „Heidenschuß", einem Straßenteil in der Inneren Stadt, das lange Zeit eine Skulptur eines Sarazenen und ab 1852 einen säbelschwingenden Türken als Hauszeichen trug. Die Geschichte, die dazu führte, trug sich der Sage nach anläßlich der ersten Türkenbelagerung 1529 ungefähr folgendermaßen zu: Die Minen der Türken reichten bis weit unter die Stadtmauern; um die Grabungen der Mineure rechtzeitig zu erkennen, wurde in den Kellern ein raffiniertes „Vorwarnsystem" installiert: Auf einer gut gespannten

Trommel, die am Boden stand, lagen Würfel, die schon die geringsten Erschütterungen in der Erde anzeigen sollten und selbstverständlich die ganze Nacht über beobachtet werden mußten. Ein solches Vorwarnsystem befand sich nun im Hause eines Bäckers. „Um Mitternacht hörte der Meister (in anderen Versionen auch der Gehilfe, B. A.) unter sich plötzlich einen verwirrten undeutlichen Klang von fremden Stimmen und glaubte das Wort ‚Allah' zu hören. Er weckt alle Gehilfen und Nachbarn, und es wird der Entschluß gefaßt, Wasser in den bald entdeckten Gang zu gießen. Erst mit Eimern und dann mittels einer eingeleiteten Quelle. Die meisten der im Gang befindlichen Feinde fanden den Tod."[1]

Diese Geschichte vom „Heidenschuß" ist zwar sehr bekannt, beruht aber auf keinen nachweisbaren Begebenheiten. In nahezu allen, auch den älteren Sagensammlungen wird sie deshalb als Fälschung entlarvt. Zum einen war von dieser Seite der Stadt her nicht mit Minierungen der Türken zu rechnen, zum anderen reichten die unterirdischen Gänge der Türken nie so weit in die Stadt, daß sie unter Hausmauern drangen. Das wichtigste Indiz allerdings ist, daß bereits 1528, also schon ein Jahr vor der Belagerung durch die Türken, in einem Schriftstück das Haus, wo der „haydte scheußt", erwähnt wird. Andere Quellen sprechen davon, daß der Hausname schon weitere hundert Jahre früher bestanden haben soll und also nichts mit der Minierung durch die Türken zu tun haben kann.

Eine andere beliebte „Untergrundsage" Wiens, die sich ebenfalls im Hause eines Bäckers zutrug, handelt vom „Basilisken", dem bekanntesten unterirdischen Tier der Stadt.

Das Bäckerleben im alten Wien war offensichtlich besonders gefährlich, und man darf sich wundern, daß dieser Beruf in Wien nicht gänzlich ausgestorben ist. Wurde ein Bäcker nicht durch das sehr beliebte sogenannte „Bäckerschupfen", eine Strafe, die bereits im 13. Jahrhundert vorkam und erst unter Josef II. aufgehoben wurde, ins Jenseits oder dicht an dessen Schwelle befördert, waren die Vertreter dieses Berufsstandes der Sage nach durch vielfältige andere Gefahren bedroht, wie eben „minierende" türkische Belagerer oder durch den „Basilisken". Gegenüber diesen Gefahren war die Strafe des „Bäckerschupfens" für Wiener Bäcker, die untergewichtiges oder qualitätsmäßig nicht entsprechendes Brot verkauften, eine vergleichsweise leicht kalkulierbare Bedrohung. Die Schuldigen wurden dabei in einem geschlossenen Korb einige Male unter starker Anteilnahme der Bevölkerung in die Donau oder auch in Unrat getaucht. Unrat und giftige Ausdünstungen waren auch das Milieu des Brunnengeistes oder Basilisken.

Über das Aussehen des Tieres existieren mehrere Versionen, ebenso über seine Entstehungsgeschichte, nicht aber über die Tatsache, daß sich alles im Hause des Bäckers Martin Garhiebl in der Schönlaterngasse 7 am 26. Juni 1212 abspielte: Der schockierte Geselle des Bäckers erzählte, er habe, nachdem er in den Brunnen des Hauses, aus dem entsetzlicher Schwefelgeruch quoll, gestiegen war, „ein gar gräßliches Thier gesehen von der Gestalt eines großen Hahnes, mit einem großen Schuppenschweif, plumpen Füßen, glühenden Augen und einem feurigen Krönlein auf dem Kopf". Der hinzugerufene Doktor Heinrich Pollitzer erklärte: „Das ist ein gar wunderbares Thier, welches aus einem Ei entstand, das ein Hahn gelegt und eine Kröte ausgebrütet hat, schon der bekannte Naturforscher Plinius der ältere hat ein solches Thier beschrieben."[2] Der arme Bäckergeselle aber überlebte diesen Schrecken nicht und verstarb bald an den Folgen der giftigen Dämpfe und des schrecklichen Anblickes des Basilisken. Diese Wirkung wußte nun auch der weltgewandte und erfahrene Doktor Heinrich Pollitzer zu nutzen und schlug den Basilisken kurzerhand mit seinen eigenen Waffen, indem er ihm einen Spiegel vor sein schreckliches Antlitz halten ließ, worauf dieser es dem Bäckergesellen gleichtat und vor Scham über seine abgrundtiefe Häßlichkeit tot umfiel. Sicherheitshalber wurde der Brunnen auch gleich mit Erde und Steinen zugeschüttet.

Im „Curiositäten und Memorabilienlexicon" von 1846 führt „Realis" den Ursprung der Sage auf eine Laune der unerklärlichen Natur zurück, die tatsächlich einen Hahn Eier legen ließ. Die Überraschung des Eierlegens war für den Hahn offensichtlich derart groß, daß er daraufhin das im folgenden von „Realis" geschilderte Aussehen annahm: „Er sah aus wie ein kalkutischer Hahn mit einer großen blauen Nase, feurigen Augen, großen Stacheln am Hinterkopf, Halse und Rücken und mit Schuppen über den ganzen Leib bedeckt und drei Hörnern am Kopf."[3] Das Ereignis selbst und das Datum seines Auftrittes deckt sich mit den Angaben der anderen Quellen, nur gibt „Realis" dem Basilisken einen sehr poetischen Namen, er nennt ihn nämlich einen „Eidechsenkönig". Andere Quellen berichten davon, daß „Basilisken" auch anderenorts öfter gesehen wurden, „selbst von respektablen Personen", daß es sich dabei aber weder um einen Brunnengeist noch um einen launenhaft eierlegenden Hahn gehandelt habe, sondern um ein von Gauklern aus mehreren Tieren zusammengestelltes und in Naturaliensammlungen präsentiertes Fabeltier.

Josef Donner führt die Sage auf die teilweise katastrophalen hygienischen Zustände im alten Wien zurück: „In der Basiliskensage kommt äußerst dramatisch die kollektive Sorge und Bemühung um die Aufrechterhaltung der Wasserversorgung zum Ausdruck. Der Glaube an die Verunreinigung der Brunnen durch böse Brunnengeister existierte im Aberglauben vieler menschlicher Ansiedlungen. Mit Hilfe der Magie des Aberglaubens wurde versucht, die mangelnde Technik der Wasserversorgung auszugleichen."[4]

Eine weitere beliebte Geschichte hat mit den unmittelbaren Folgen dieser hygienischen Zustände, nämlich der Pest, zu tun und handelt vom „lieben Augustin", der eine Nacht in einer Pestgrube, einem Massengrab für Pestopfer, überlebte, zwar nicht unter der Erde, aber schon im Untergrund: Der berühmte Bänkelsänger, Sackpfeifer und Stegreifdichter Augustin hatte während der Zeit der großen Pest im Sommer 1679 die Schenke „Zum Roten Dachl" zur Stätte seiner Darbietungen erkoren. Selbst zur Zeit, als die Pest am heftigsten wütete und die meisten Wein- und Bierhäuser gänzlich gesperrt wurden, versammelte sich hier „insgeheim eine Gesellschaft von Waghälsen, um bei dem betäuben-

Der „Liebe Augustin" im Keller des Griechenbeisls am Fleischmarkt

den Gerstensaft und den erheiternden Klängen von Augustins Sackpfeife des allgemeinen Elends zu vergessen. (...) Eines Abends jedoch wollte durchaus niemand erscheinen; darüber wurde der sonst so unerschütterliche Augustin unwillig und suchte seinen Unmut durch eine bedeutende Menge braunen Biers zu dämpfen. Schließlich setzte er noch einen Halbseitelstutzen Branntwein darauf und verließ endlich wankend den Schauplatz seiner Triumphe." Der sonst trinkfeste Augustin zeigte an diesem Abend deutlich Wirkung, denn: „Die freie Luft hatte seinen Zustand nicht eben gebessert; außer der Stadt gab es auch keine Beleuchtung; daher schwankte und stolperte er fast bewußtlos fort. Plötzlich verlor sein ausschreitender rechter Fuß den Grund, und er fiel eine beträchtliche Höhe hinab, ohne daß er jedoch hart aufstieß.“[5] Als er am nächsten Morgen erwachte, lag er in einer noch nicht verschütteten Pestgrube inmitten schauerlicher Leichen. Er überlebte dieses Ereignis unbeschadet, wurde noch berühmter und zur Wiener Legende und starb erst viele Jahre später, nämlich 1702. Heute sitzt der „liebe Augustin“ als lebensgroße Puppe im Eingangsbereich des „Griechenbeisls“ im Keller, wo er durch ein Gitter im Boden zu sehen ist.

Auch Weinkeller haben, wie bereits im Kapitel „Kellerschänke und Weinkeller“ beschrieben, ihre Sagen und Legenden, z. B. der „Rothe-Mandl-Keller“, in dem der berühmte Doktor Faust einige „Piecen“ zum besten gegeben haben soll, oder der „Siebenbüchnerinnen-Keller“, in dem sich die Karmeliterinnen zur Belebung des Geschäftsganges als jodelnde Tirolerinnen verkleidet haben sollen. Eine jüngere, auch heute noch gerne bei Führungen erzählte Geschichte handelt von einem Lehrmädchen, das im „Melker Hof“ in den Keller stieg, sich verirrte und erst Stunden später (oder waren es Tage?) verstört in den Katakomben von St. Stephan wieder auftauchte. Bei dieser Geschichte zeigt sich wiederum sehr schön, daß alle unterirdischen Wege, auch wenn es sich nicht um Fluchtwege handelt, immer wieder zu St. Stephans Katakomben führen.

In diesem Zusammenhang scheint auch die Korrektur eines anderen Gerüchtes notwendig, nämlich jenes über die Ausdehnungen und Verbindungen des Kellers des bekannten In-Lokals „Alt-Wien“ in der Bäckerstraße. Jeder, der im „Alt-Wien“ war, hat schon die Tür in der Wand und das regelmäßige Verschwinden und Wiederauftauchen der Kellner oder der Küchenpersonals im Keller des „Alt-Wien“ bemerkt. Nicht wenige haben sich gefragt: Wie schaut es dort aus, ist der Keller wirklich so groß, wie gemun-

Der Keller im Café Alt-Wien

kelt wird, und gibt es tatsächlich die Verbindungsgänge in die Katakomben?

Und es stimmt, auch das „Alt-Wien“ hat einen Keller, der den Gästen nicht zugänglich ist. Der Keller ist ein kleiner reiner Lagerkeller mit nichts darin als Fässern, Flaschen, Kisten, einem Berg alter Sessel und einem zweiten Berg gebrauchten Gewandes, das im Lokal vergessen oder verschenkt wurde. Interessanterweise sind hier auch sehr viele Schuhe gelagert, die es einigen

Gästen wohl bei der einen oder anderen Trinkkur ausgezogen hat. Alles zusammen noch nicht besonders bemerkenswert, wäre da nicht die wahrscheinlich eigenartigste Gemäldesammlung der Stadt, die sich hier im Keller und immer noch nicht tief genug unter der Erde befindet. Die Kunstwerke sind wahrscheinlich Leihgaben oder Anzahlungen von plötzlich bargeldlos gewordenen Gästen oder gar Geschenke, die eben aufbewahrt werden.

Der Keller des „Alt-Wien" ist eingeschoßig. Oft werden auch Geschichten über Keller, die sagenhafte fünf, sechs, ja sogar bis acht Geschoße tief sein sollen, erzählt. Diese Keller, die zumindest in den untersten Geschoßen bereits als Swimmingpool nutzbar sein müßten, sind dann natürlich auch immer untereinander und in den schönsten Versionen auch mit kilometerlangen Fluchtgängen verbunden. Die meisten dieser Gänge haben allerdings immer nur in der Phantasie bestanden, wie eben der sagenhafte Verbindungsgang „Hofburg – Schönbrunn", der einmal als Fluchtweg, das andere Mal als praktische Verbindung zwischen Sommer- und Winterresidenz dargestellt wird, oder jener kilometerlange Verbindungsgang zwischen dem Franziskanerkloster am Franziskanerplatz und dem Kloster in Maria Lanzendorf oder die Verbindung der innerstädtischen Palais, die alle untereinander verbunden gewesen sein sollen. „Ein Blödsinn, stellen Sie sich vor, der Kinsky und daneben der Trautmannsdorf geht in seinen Keller hinein." Typisch für diese Flucht- und Verbindungswege ist, daß sie immer zur oder von der Hofburg weg führen oder zu den Katakomben von St. Stephan, im Idealfall erschließen die Gänge beide Destinationen. Sicher bestanden einige unterirdische „Flucht-" und „Verbindungsgänge", aber eben in weit geringerem Ausmaß, als gerne angenommen wird, und sicher nie mit Pferdegespannen befahrbar.

Nach dem Ende der Monarchie wurden auch den ab 1923 errichteten großen Gemeindebauten im Zuge der Bürgerkriegsereignisse vom Februar 1934 gerüchteweise Gänge und unterirdische Verbindungen unterstellt: „Der militärische Nachrichtendienst des Bundesheeres der ersten Republik Österreich hat behauptet, daß die

Regenüberfallsbauwerk, einer der Drehorte zum „Dritten Mann“

großen sozialen Wohnanlagen teilweise Festungscharakter hätten. (...) Es gäbe betonierte Gänge und Verbindungen der einzelnen Wohntrakte untereinander, (...) direkte Verbindungen zum Kanalnetz der Stadt als Flucht- und Verbindungswege.“[6]

Das Kanalnetz der Stadt diente auch Harry Lime, dem weltbekannten „Dritten Mann“, als Flucht- und Verbindungsweg. Während aber alle anderen Legenden und Geschichten des Wiener Untergrundes meist möglichst bunt ausgeschmückt werden, besteht bei der bekanntesten Geschichte, eben der des „Dritten Mannes“, oft das eigenartige Bestreben, darauf hinzuweisen, daß es sich dabei (no, na!) um einen Film handelt, der mit dementsprechenden Mitteln arbeitet. Typisch dafür ist ein Artikel über den „Dritten Mann“, in dem es heißt: „Wer sich allerdings selbst auf die Spuren des Dritten Mannes begibt (...), wird einige Überraschungen erleben. Raffinierte Filmschnitte verzerren das Bild von Wien (...), eine unscheinbare Litfaßsäule, die nie am Hof gestanden ist, hilft dem Schwarzhändler ins Kanalnetz zu flüchten.“[7] „Auch die genauesten Recherchen Graham Greens konnten allerdings nicht verhindern, daß die Authenzität (sic!) schließlich hinter spektakulären Szenen zurückstehen mußte.“[8] Und selbst ein Senatsrat der für die Kanalisation zuständigen Magistratsabteilung machte sich, unter dem Titel „Der Dritte Mann real gesehen“, Gedanken über die „Authenzität“ des Filmes von Carol Reed, indem er die Kanalszene, in der Harry Lime auf der Flucht erschossen wird, folgendermaßen analysiert: „Es ist dies (der Ort, B. A.) das Vereinigungsbauwerk des Ottakringer-Bach-Kanales (Profil 1,60/2,05 m) und seines Entlastungskanales (Profil 1,60/1,90 m), die unter dem Getreidemarkt verlaufen, mit dem linken Wienfluß-Sammelkanal (Profil 1,94/2,20 m) an der Kreuzung mit der Friedrichstraße nächst der Secession. Der Einstieg hiezu liegt in der Parkanlage um das Girardidenkmal.“

Unter anderen „Unstimmigkeiten und topographischen Fehlern des Filmes“ kritisiert er auch die berühmte Szene, bei der der sterbende Penicillinschieber Harry Lime die Finger weit aus dem Kanalgitter streckt: „Immerhin eine beachtliche Regieleistung, wenn man bedenkt, daß die Gitterstege sieben Zentimeter hoch sind und ebensoweit auseinanderliegen.“[9]

Anderenorts wird darauf hingewiesen, daß Orson Wells die Kanalwände vor den Dreharbeiten parfümieren“ ließ und ohnedies in vielen Szenen von einem Wiener Fleischhauer mit ähnlicher Statur, dem vor nichts grauste, „gedoubelt“ wurde. Ist der „richtige“ „Dritte Mann“ am Ende also doch ein echter Wiener?

Schacht der Kleintransport-anlage (KB) im neuen AKH

Verbindungs-gang zwischen Oper und Hanuschhof

*Entlüftungs-
schacht im
neuen AKH*

*Verbindungs-
gang der
Kanalisation
unter dem
Girardipark*

Römer

[1] Ortolf Harl: Römische Ruinen unter dem Hohen Markt. Informationsbroschüre im Eigenverlag der Museen der Stadt Wien.
[2] Ortolf Harl: Die Römische Wasserleitung. Presseaussendung der Geschäftsgruppe Kultur – Stadtarchäologie. Wien 1992.
[3] Vgl. W. Börner, O. Harl: Ein Tiroler Bankhaus mit Wiener Geschichte. Broschüre der Forschungsgesellschaft Wiener Stadtarchäologie. Wien 1992.
[4] Ebd.
[5] Joseph Edler von Kurzböck: Neueste Beschreibung aller Merkwürdigkeiten Wiens. Wien 1779, S. 56 f.
[6] Ebd. S. 61.

Grüfte und Katakomben

[1] Joseph Edler von Kurzböck: Neueste Beschreibung aller Merkwürdigkeiten Wiens. Wien 1779, S. 102.
[2] Kiesslings Wiener Baedeker. Wien – Berlin 1873, S. 64.
[3] Gerhard Roth: Eine Reise in das Innere von Wien. Frankfurt 1991, S. 176.
[4] Adalbert Stifter: Gesammelte Werke, Sechster Band: Kleine Schriften. Frankfurt 1959, S. 50.
[5] Ebd. S. 53.
[6] Ebd. S. 54.
[7] Ebd. S. 57.
[8] Ebd. S. 59.
[9] Ebd. S. 60.
[10] Ebd. S. 62.
[11] Ebd. S. 66.
[12] Ebd. S. 68.
[13] Ebd. S. 70.
[14] Ebd. S. 71.
[15] Gerhard Roth: Eine Reise in das Innere von Wien. Frankfurt 1991, S. 179.
[16] Vgl. Wilhelm Kisch: Die alten Straßen und Plätze Wiens und ihre historisch interessanten Häuser. Wien 1883, Neuauflage 1967, S. 102.
[17] Ortolf Harl: Stephansplatz und Virgilkapelle. Informationsblatt. Wien 1988.
[18] Ebd.
[19] Joseph Edler von Kurzböck: Neueste Beschreibung aller Merkwürdigkeiten Wiens. Wien 1779, S. 131.
[20] Fridrich Carl von Moser: Teutsches Hofrecht 2. Frankfurt – Leipzig 1754, S. 386.
[21] Vgl. Magdalena Hawlik-van de Water: Der schöne Tod. Wien 1989, S. 79.
[22] Ebd. S. 81.
[23] Ebd. S. 82.
[24] Joseph Edler von Kurzböck: Neueste Beschreibung aller Merkwürdigkeiten Wiens. Wien 1779, S. 133.
[25] Ebd.
[26] Wilhelm Kisch: Die alten Straßen und Plätze Wiens und ihre historisch interessanten Häuser. Wien 1883, Neuauflage 1967, S. 182.
[27] Friedrich Achleitner: Österreichische Architektur im 20. Jhd., Bd. III/1. Wien 1990, S. 26.

[28] Gerhard Roth: Eine Reise in das Innere von Wien. Frankfurt 1991, S. 23.
[29] Werner T. Bauer: Wiener Friedhofsführer. Wien 1988, S. 46.
[30] Wilhelm Kisch: Die alten Straßen und Plätze Wiens und ihre historisch interessanten Häuser. Wien 1883, Neuauflage 1967, S. 183.
[31] Ebd. S. 181.
[32] Ebd.
[33] Ebd.
[34] Ebd. S. 182.
[35] Ebd. S. 183.
[36] Gerhard Roth: Eine Reise in das Innere von Wien. Frankfurt 1991, S. 24.
[37] Waldemar Posch: Die Michaeler Gruft in Wien. Broschüre. Wien 1981, S. 2.
[38] Ebd. S. 10.
[39] Ebd. S. 7.
[40] Werner T. Bauer: Wiener Friedhofsführer. Wien 1988, S. 56.
[41] Gerhard Roth: Eine Reise in das Innere von Wien. Frankfurt 1991, S. 25.
[42] Ebd.
[43] Werner T. Bauer: Wiener Friedhofsführer. Wien 1988, S. 56.
[44] Richard Groner: Wien wie es war. Wien 1965, S. 603.

Klöster und Stifte

[1] Realis: Curiositäten und Memorabilienlexicon. Wien 1846, Bd. I, S. 284.
[2] Ebd.
[3] Ebd.
[4] Richard Groner: Wien wie es war. Wien 1965, S. 98.
[5] Dehio Wien. Wien 1954, S. 23.
[6] Richard Groner: Wien wie es war. Wien 1965, S. 514.
[7] Joseph Edler von Kurzböck: Neueste Beschreibung aller Merkwürdigkeiten Wiens. Wien 1779, S. 115.
[8] Ebd. S. 116.
[9] Ebd.

Mikwe

[1] Heiner Uber: Mit Haut und Haaren. In: Zeit-Magazin Nr. 38, 11. September 1992, S. 24.
[2] Ebd.
[3] Vgl. Hugo Gold: Geschichte der Juden in Wien. Tel Aviv 1966, S. 14.
[4] Ebd. S. 6.
[5] Heiner Uber: Mit Haut und Haaren. In: Zeit-Magazin Nr. 38, 11. September 1992, S. 24.

Hofburg

[1] Die Hofburg zu Wien. Wien 1974, S. 1.
[2] Ebd. S. 13.
[3] Ebd.
[4] Anonym: Beschreibung des kais. königl. Volksgartens, des Theseustempels, der in demselben befindlichen Statue des Theseus. Wien, 1824, S. 9.
[5] Ebd. S. 10.
[6] Die Hofburg zu Wien. Wien 1974, S. 20.
[7] Ebd. S. 24.

[8] Eva Gründel: In den Verliesen der Hofburg. In: 125 Jahre Ringstraße – Am Anfang war der Gips. Ausstellung in der Volkshalle des Wiener Rathauses. Wien 1990, S. 43.
[9] Ebd.
[10] Magda Strebl, in: Österreichische Nationalbibliothek (Hg.): Der Tiefspeicher. Unpaginierte Broschüre. Wien 1992.
[11] Hermann Frodl, in: Österreichische Nationalbibliothek (Hg.): Der Tiefspeicher. Unpaginierte Broschüre. Wien 1992.
[12] Joseph Edler von Kurzböck: Neueste Beschreibung aller Merkwürdigkeiten Wiens. Wien 1779, S. 52.
[13] Ebd. S. 47 f.
[14] Die Hofburg zu Wien. Wien 1974, S. 53.
[15] Ebd.
[16] Gerhard Roth: Eine Reise in das Innere von Wien. Frankfurt 1991, S. 17.
[17] John D. Dershowic: Reiseberichte. Unveröffentlichtes Manuskript 1987, S. 34.
[18] Gerhard Roth: Eine Reise in das Innere von Wien. Frankfurt 1991, S. 16 f.
[19] Georg W. Reinberg: Beeindruckendes Bauwerk – jedoch unsichtbar. In: Architektur Aktuell, Nr. 152, 1992, S. 98.

Schönbrunn

[1] Joseph Edler von Kurzböck: Neueste Beschreibung aller Merkwürdigkeiten Wiens. Wien 1779, S. 210.

Belvedere

[1] Richard Groner: Wien wie es war. Wien 1965, S. 62.
[2] Gerhard Roth: Eine Reise in das Innere von Wien. Frankfurt 1991, S. 159.

Neugebäude

[1] Dehio Wien. Wien 1954, S. 153.
[2] Holczabek, Winter: Die Sagen und Geschichten der Stadt Wien. Wien 1894, Bd. I, S. 88.
[3] Richard Groner: Wien wie es war. Wien 1965, S. 403.

Befestigungsanlagen

[1] Vgl. Walter Hummelberger, Kurt Peball: Die Befestigungen Wiens. Wien – Hamburg 1974, S. 10.
[2] Ebd. S. 14.
[3] Ebd. S. 27.
[4] Ebd. S. 53.
[5] Ebd. S. 57.
[6] Peter Csendes: In alhiesiegen Stadtgraben zur Arbeith condemniert. In: Wiener Geschichtsblätter, 26 Jg., 1971, S. 129 ff.
[7] Realis: Curiositäten und Memorabilienlexicon. Wien 1846, Bd. I, S. 111.
[8] Reinhard Pohanka: Die archäologischen Untersuchungen entlang der Linie U 3. In: Die U-Bahn-Linie U 3. Wien 1991, S. 70.
[9] Walter Hummelberger, Kurt Peball: Die Befestigungen Wiens. Wien – Hamburg 1974, S. 74.

[10] Eduard Wertheimer: Zur Geschichte Wiens im Jahre 1809. In: Archiv für österreichische Geschichte 74, 1889, S. 164 ff.
[11] Bilder und Träume aus Wien. Leipzig 1836.
[12] Fr. Steinbach: Die Basteien der Stadt Wien. Ein Blick nach vorwärts und – zurück. In: Dr. Joh. Nep. Vogl's Volkskalender 1859, S. 178.
[13] F. Maasburg: Die Strafe des Schiffziehens in Österreich 1783 bis 1790. Wien 1890, S. 31.
[14] Ebd. „Anhang".
[15] Ebd. S. 32.
[16] Realis: Curiositäten und Memorabilienlexicon. Wien 1846, Bd. I, S. 111.

Schutzräume

[1] Albert Elmar: Der „Schirachbunker" im Gallitzinberg. In: Wiener Geschichtsblätter, 34. Jg., 1979, S. 133 ff.
[2] Ebd. S. 138.
[3] Ebd. S. 133.

Theater

[1] Friedrich Achleitner: Österreichische Architektur im 20. Jhd., Bd. III/1. Wien 1990, S. 32.
[2] Richard Groner: Wien wie es war. Wien 1965, S. 546.
[3] Ebd. 506.
[4] Fritz Wendl: Ein halbes Jahrhundert Aufmüpfigkeit. Wien 1992, S. 3.
[5] Wilhelm Bardorff (Hg.): Der neue Brehm. Berlin 1962, S. 48.
[6] Programmheft Jugendstiltheater in der Fledermaus: „Susannas Geheimnis".
[7] Walter Rösler (Hg.): Gehn ma halt a bisserl unter. Berlin 1991, S. 83.

Museen

[1] Gerhard Roth: Eine Reise in das Innere von Wien. Frankfurt 1991, S. 21.
[2] Joseph Edler von Kurzböck: Neueste Beschreibung aller Merkwürdigkeiten Wiens. Wien 1779, S. 36.
[3] Ebd. S. 37 f.
[4] Rainer Nikowitz, in: Kurier Freizeit, Nr. 166, 1992, S. 24.
[5] Gerhard Roth: Eine Reise in das Innere von Wien. Frankfurt 1991, S. 21.
[6] Richard Groner: Wien wie es war, Wien 1965, S. 392.
[7] Programm MAK/OUVERTÜRE 26. 10. 1992.
[8] Das Technische Museum in Wien. Wien 1982, S. 7.
[9] Richard Groner: Wien wie es war. Wien 1965, S. 587.
[10] Hannelore Burger: Maschinenzeit Zeitmaschine. Wien 1991, S. 14.
[11] Das Technische Museum in Wien. Wien 1982, S. 41.
[12] Joseph Edler von Kurzböck: Neueste Beschreibung aller Merkwürdigkeiten Wiens. Wien 1779, S. 33.

Parlament

[1] Das österreichische Parlament. Wien 1989, S. 27.
[2] Ebd. S. 28.
[3] Ebd. S. 27.
[4] Ebd. S. 28.

Landesgericht

[1] Richard Groner: Wien wie es war. Wien 1965, S. 320.

Unterirdische Infrastruktur der Großstadt

[1] Josef Donner: Dich zu erquicken mein geliebtes Wien. Wien o. J., S. 9.
[2] Ebd. S. 11.
[3] Ebd. S. 13.
[4] Ebd. S. 61.
[5] Christian Röttinger: Wiener Kanalgeschichte von den Römern zum „Dritten Mann". In: Perspektiven, Heft 6/7 1990, S. 15.
[6] Hans Stadler: Die Entwässerungsanlagen der Stadt Wien. Wien 1960, S. 8.
[7] Ebd. S. 9.
[8] Heizbetriebe Wien: Fernwärmeverbund Wien, eine Information. Wien o. J., S. 2.

Neue Nutzungen

[1] Wilhelm Kisch: Die alten Straßen und Plätze Wiens und ihre historisch interessanten Häuser. Wien 1883, Neuauflage 1967, S. 29.
[2] B. Anwander, C. Loidl-Reisch: Kellergassen in Österreich. Wien 1989, S. 3.

Weinkeller

[1] Wilhelm Kisch: Die alten Straßen und Plätze Wiens und ihre historisch interessanten Häusser. Wien 1883, Neuauflage 1967, S. 29.
[2] Friedrich Schlögl: Alte und neue Historien von Wiener Weinkellern, Weinstuben und vom Weine überhaupt. Wien 1875, S. 58.
[3] Ebd. S. 43.
[4] Ebd. S. 44.
[5] Ebd. S. 46.
[6] Ebd. S. 55 f.
[7] Ebd. S. 56.
[8] Ebd. S. 59.
[9] Ebd. S. 59 f.
[10] Ebd. S. 62.
[11] Ebd. S. 77.
[12] Ebd.
[13] Ebd. S. 94.
[14] Ebd. S. 91 f.
[15] Ebd. S. 91.
[16] Realis: Curiositäten und Memorabilienlexicon. Wien 1846, Bd. I, S. 111.
[17] Friedrich Achleitner: Österreichische Architektur im 20. Jhd., Bd. III/1 , Wien 1990.
[18] Informationsblatt der Wiener Rathauskeller. O. J. unveröffentlicht.
[19] Ebd.

Sagen und Legenden

[1] Vgl. Holczabek, Winter: Sagen und Geschichten der Stadt Wien. Wien 1901, S. 91.
[2] Ebd. S. 6 ff.
[3] Realis: Curiositäten und Memorabilienlexicon. Wien 1846, Bd. I, S. 153.
[4] Josef Donner: Dich zu erquicken mein geliebtes Wien. Wien o. J., S. 11.
[5] Walter Zitzenbacher: Österreichs historische Legenden. Innsbruck o. J., S. 121 f.
[6] Walter Hummelberger, Kurt Peball: Die Befestigungen Wiens. Wien – Hamburg 1974, S. 97 f.
[7] Silvia Feffer, in: Wien extra Kurier, 11. 12. 1992, S. 7.
[8] Christian Röttinger: Wiener Kanalgeschichte von den Römern zum „Dritten Mann“. In: Perspektiven, Heft 6/7 1990, S. 16.
[9] Hans Stadler, zitiert nach Christian Röttinger: Wiener Kanalgeschichte von den Römern zum „Dritten Mann“. In: Perspektiven, Heft 6/7 1990, S. 16.

Friedrich Achleitner: Österreichische Architektur im 20. Jhd., Band III/1. Wien 1990.
B. Anwander, C. Loidl-Reisch: Kellergassen in Österreich. Wien 1989.
Anonym: Beschreibung des kais. königl. Volksgartens, des Theseustempels, der in demselben befindlichen Statue des Theseus. Wien 1824.
Wilhelm Bardorff (Hg.): Der neue Brehm, Berlin 1962.
Werner T. Bauer: Wiener Friedhofsführer. Wien 1988.
W. Börner, O. Harl: Ein Tiroler Bankhaus mit Wiener Geschichte Broschüre der Forschungsgesellschaft Wiener Stadtarchäologie. Wien 1992.
Hannelore Burger: Maschinenzeit Zeitmaschine. Wien 1991.
Peter Csendes: In alhiesiegen Stadtgraben zur Arbeith condemniert. In: Wiener Geschichtsblätter, 26 Jg., 1971, S. 129 ff.
Dehio Wien. Wien 1954.
John D. Dershowic: Reiseberichte. Unveröffentlichtes Manuskript 1987.
Josef Donner: Dich zu erquicken mein geliebtes Wien. Wien o. J.
Albert Elmar: Der „Schirachbunker" im Gallitzinberg. In: Wiener Geschichtsblätter, 34. Jg., 1979, S. 133 ff.
Hermann Frodl, in: Österreichische Nationalbibliothek (Hg.): Der Tiefspeicher. Unpaginierte Broschüre. Wien 1992.
Hugo Gold: Geschichte der Juden in Wien. Tel Aviv 1966.
Richard Groner: Wien wie es war. Wien 1965.
Eva Gründel: In den Verliesen der Hofburg. In: 125 Jahre Ringstraße - Am Anfang war der Gips. Ausstellung in der Volkshalle des Wiener Rathauses. Wien 1990, S. 43 ff.
Ortolf Harl: Die Römische Wasserleitung. Presseaussendung der Geschäftsgruppe Kultur – Stadtarchäologie. Wien 1992.
Ortolf Harl: Römische Ruinen unter dem Hohen Markt. Informationsbroschüre im Eigenverlag der Museen der Stadt Wien.
Ortolf Harl: Stephansplatz und Virgilkapelle. Informationsblatt. Wien 1988.
Magdalena Hawlik-van de Water: Der schöne Tod. Wien 1989.
Holczabek, Winter: Die Sagen und Geschichten der Stadt Wien, Bd. I. Wien 1894.
Walter Hummelberger, Kurt Peball: Die Befestigungen Wiens. Wien – Hamburg 1974.
Kiesslings Wiener Baedeker. Wien – Berlin 1873.
Wilhelm Kisch: Die alten Straßen und Plätze Wiens und ihre historisch interessanten Häuser. Wien 1883, Neuauflage 1967.
Joseph Edler von Kurzböck: Neueste Beschreibung aller Merkwürdigkeiten Wiens. Wien 1779.
F. Maasburg: Die Strafe des Schiffziehens in Österreich 1783 bis 1790. Wien 1890.
Fridrich Carl von Moser: Teutsches Hofrecht 2. Frankfurt – Leipzig 1754.
Rainer Nikowitz, in: Kurier Freizeit, Nr. 166, 1992, S. 24 f.
Reinhard Pohanka: Die archäologischen Untersuchungen entlang der Linie U3. In: Die U-Bahn-Linie U3. Wien 1991, S. 70.
Waldemar Posch: Die Michaeler Gruft in Wien. Broschüre. Wien 1981.
Realis: Curiositäten und Memorabilienlexicon, Bd. I. Wien 1846.
Gerhard Roth: Eine Reise in das Innere von Wien. Frankfurt 1991.
Walter Rösler (Hg.): Gehn ma halt a bisserl unter. Berlin 1991.
Christian Röttinger: Wiener Kanalgeschichte von den Römern zum „Dritten Mann". In: Perspektiven, Heft 6/7 1990, S. 15 ff.
Friedrich Schlögl: Alte und neue Historien von Wiener Weinkellern, Weinstuben und vom Weine überhaupt. Wien 1875
Hans Stadler: Die Entwässerungsanlagen der Stadt Wien. Wien 1960.

Fr. Steinbach: Die Basteien der Stadt Wien. Ein Blick nach vorwärts und – zurück. In: Dr. Joh. Nep. Vogl's Volkskalender 1859.
Adalbert Stifter: Gesammelte Werke, Sechster Band: Kleine Schriften. Frankfurt 1959.
Magda Strebl, in: Österreichische Nationalbibliothek (Hg.): Der Tiefspeicher. Unpaginierte Broschüre. Wien 1992.
Heiner Uber: Mit Haut und Haaren. In: Zeit-Magazin Nr. 38, 11. Sept. 1992, S. 24 ff.
Fritz Wendl: Ein halbes Jahrhundert Aufmüpfigkeit. Wien 1992.
Eduard Wertheimer: Zur Geschichte Wiens im Jahre 1809. In: Archiv für österreichische Geschichte 74, 1889, S. 164 ff.
Georg W. Reinberg: Beeindruckendes Bauwerk – jedoch unsichtbar. In: Architektur Aktuell, Nr. 152, 1992, S. 96–98.
Bilder und Träume aus Wien. Leipzig 1836.
Die Hofburg zu Wien. Wien 1974.
Das österreichische Parlament. Wien 1989.
Das Technische Museum in Wien. Wien 1982.
Informationsblatt der Wiener Rathauskeller. O. J. unveröffentlicht
Heizbetriebe Wien: Fernwärmeverbund Wien, eine Information. Wien o. J.
Programmheft Jugendstiltheater in der Fledermaus: „Susannas Geheimnis".
Programm MAK/OUVERTÜRE 26. 10. 92.